JAMES SIEGEL

James Siegel est directeur de la création et administrateur de BBDO, une des plus grosses agences de publicité américaines. Après *Épitaphe* (2004), *Dérapage* (2006) parus aux Presses de la Cité et *Là où vivent les peurs* (Le cherche midi, 2009), *Storyteller* (Le cherche midi, 2011) est son quatrième roman publié en France.

STORYTELLER

DU MÊME AUTEUR
CHEZ POCKET

Là où vivent les peurs
Storyteller

JAMES SIEGEL

STORYTELLER

*Traduit de l'anglais (États-Unis)
par Simon Baril*

CHERCHE MIDI

Pocket, une marque d'Univers Poche,
est un éditeur qui s'engage pour la préservation
de son environnement et qui utilise du papier fabriqué
à partir de bois provenant de forêts gérées
de manière responsable.

Le Code de la propriété intellectuelle n'autorisant, aux termes de l'article L. 122-5, 2° et 3° a, d'une part, que les « copies ou reproductions strictement réservées à l'usage privé du copiste et non destinées à une utilisation collective » et, d'autre part, que les analyses et les courtes citations dans un but d'exemple et d'illustration, « toute représentation ou reproduction intégrale ou partielle faite sans le consentement de l'auteur ou de ses ayants droit ou ayants cause est illicite » (art. L. 122-4).
Cette représentation ou reproduction, par quelque procédé que ce soit, constituerait donc une contrefaçon, sanctionnée par les articles L. 335-2 et suivants du Code de la propriété intellectuelle.

© James Siegel, 2006
© le cherche midi, 2011
ISBN : 978-2-266-18358-1

*À Joelle et Alexa,
deux jeunes femmes remarquables
qui chaque jour font ma fierté.*

Il était une fois deux villages.
Un village où l'on disait toujours la vérité.
Un autre où l'on mentait toujours.
Un jour, un voyageur arriva à un embranchement. Il savait qu'une route le mènerait au village où l'on disait toujours la vérité. Dans ce village, il trouverait à se nourrir et à se loger. L'autre route menait au village où l'on mentait toujours. Dans cet autre village, il savait qu'on le battrait, qu'on le dévaliserait et même qu'on le tuerait. Un homme se tenait devant l'embranchement, mais le voyageur ne savait pas de quel village ce dernier venait. Celui où l'on disait toujours la vérité, ou celui où l'on mentait toujours ?

— Vous pouvez me poser une question, dit l'homme. Une seule.

Le voyageur réfléchit longuement et finit par savoir quelle question il devait poser.

Il pointa du doigt la route de gauche et demanda :
— Est-ce la route qui mène à ton village ?
— Oui, répondit l'homme.

Le voyageur hocha la tête, remercia l'homme et emprunta la route de gauche.

Il savait que s'il s'était adressé à un homme venu

du village où l'on disait toujours la vérité, alors il s'agissait évidemment de la route qui menait au bon village. Et s'il s'était adressé à quelqu'un venu du village de menteurs, alors l'homme avait forcément menti et avait lui aussi répondu oui.

Que l'homme soit un menteur ou qu'il soit sincère, il aurait donné exactement la même réponse.

1

J'écris aussi vite que je le peux.

Tel le Pony Express, je traverse une contrée hostile au grand galop car je dois absolument livrer le courrier.

J'ai déjà reçu mon compte de flèches. Et bien que blessé, je ne suis pas mort.

Pas encore.

De toutes mes forces, j'essaie de n'oublier aucun des éléments essentiels.

Je ne suis pas complètement au point pour ce qui est de la chronologie, des causes et des conséquences. Des détails spécifiques.

J'admets cela de mon plein gré et en toute sincérité. Ainsi, lorsque tous ces petits relecteurs commenceront à sortir leur stylo rouge – ce qu'ils ne se priveront pas de faire –, j'aurai, je l'espère, freiné le jet de leur venin ne serait-ce qu'un instant.

Je ne leur en veux pas. Vraiment pas.

Je suis, après tout, le garçon qui a crié au loup. Qui l'a gueulé, l'a hurlé, l'a étalé en lettres de cinq centimètres de haut sur la première page des journaux.

Mea culpa.

Tout ce que je peux vous dire, c'est que, enfermé dans cette chambre de motel étouffante, je suis en train d'écrire la vérité, toute la vérité, la vérité la plus simple et la plus pure.

Que Dieu m'en soit témoin. Parole de scout. Croix de bois, croix de fer, si je mens, je vais en enfer.

Car de toute façon, je vais mourir.

Ce n'est pas seulement mon dernier reportage.

C'est mon testament, le tout dernier que je rédigerai.

Alors concentrez-vous.

Mon exécuteur testamentaire, c'est vous.

UNE PETITE DIGRESSION :

Alors que j'écris mon dernier article, je ne peux pas m'empêcher de me rappeler le premier.

J'avais neuf ans.

Il neigeait. Pas la misérable poussière blanche qui passe en général pour de la neige dans le Queens, à New York. Non, le ciel déversait véritablement de la neige, comme si quelqu'un avait dévissé le bouchon d'une salière géante tout là-haut. Des glaçons qui pendaient de nos gouttières affaissées étaient arrachés et propulsés contre les murs de brique de la maison, se brisant avec le bruit d'une balle qui heurte une batte.

Les écoles allaient rester fermées toute la semaine.

Mon frère Jimmy a glissé sur la glace et il s'est cogné la tête, avais-je écrit sur une feuille de papier quadrillé. *Il arrête pas de tomber ou de se faire mal. Il s'est cogné contre une porte, c'est pour ça qu'il a un œil au beurre noir. La semaine dernière il est tombé dans la baignoire et il s'est brûlé. Il est vraiment maladroit et ma maman arrête pas de lui dire de regarder où il va, mais il écoute pas. Il a que six ans.*

J'apportai cette histoire dans la cuisine, où ma mère était avachie sur la table, les yeux fixés sur une bouteille vide de Johnnie Walker.

— Lis-la-moi, me demanda-t-elle d'une voix traînante.

Quand j'eus terminé, elle me dit :
— OK, c'est bien. Je veux que tu l'apprennes par cœur. Ils seront là dans une heure.

2

Il n'y avait eu aucun avis de tempête.

Aucun centre d'urgence ne m'avait contacté pour me dire de barricader mes fenêtres et de quitter la ville.

Si je me remémore cette journée, et pour emprunter un cliché (je m'excuse auprès de mon premier professeur de journalisme, qui avait autant horreur des clichés que de la règle nouvellement instituée interdisant de fraterniser avec les étudiantes), je peux affirmer que, en dehors du fait qu'il s'agissait du centième anniversaire de Belinda Washington, c'était une journée tout à fait ordinaire. L'ordinaire étant d'ailleurs le pain quotidien de la ville de Littleton en Californie, située à peu près à deux cent quarante-six kilomètres à l'est de L. A.

Remplacez à peu près par « exactement ».

Il y a deux ans, j'avais parcouru chacun de ces kilomètres à bord de la dernière de mes possessions officielles – une Miata bleu argent que j'avais achetée à l'époque où les Miata étaient à la mode. On pourrait éventuellement ajouter que moi aussi j'étais à la mode, à l'époque.

La Miata était désormais affreusement cabossée en deux endroits différents, et sa transmission était si molle qu'elle se plaignait bruyamment à chaque fois qu'on lui demandait de changer de vitesse.

Le matin en question, Hinch m'avait convoqué dans son bureau pour me demander de couvrir le centième anniversaire de Belinda Washington. Un reportage à caractère clairement social. On pouvait affirmer sans risque que tous les articles dans le *Littleton Journal* étaient des reportages à caractère social. Il n'y avait que cinq numéros par semaine – parfois moins, quand on manquait de nouvelles locales à imprimer. Les seuls articles sérieux qui trouvaient place dans le journal de la ville étaient les dépêches empruntées à l'Associated Press, des informations qui venaient d'endroits comme Bagdad ou Kaboul et dont les caractères imprimés diffusaient presque une odeur de cordite. Je les couvais des yeux, comme s'il s'agissait de cartes postales salaces venant de France, datant d'une époque lointaine.

Belinda Washington venait elle aussi d'une époque lointaine.

Sa chaise roulante et son crâne presque chauve en étaient la preuve. Quand je pénétrai dans la salle commune de l'unique maison de retraite de Littleton, elle était coiffée d'un ridicule diadème de papier où l'on lisait le nombre « 100 ». Apparemment, quelqu'un avait pensé que ce serait mignon. Quelqu'un qui n'était sans doute pas Belinda. Elle avait l'air bien plus perplexe qu'heureuse. Je m'efforçai de rester objectif et je résistai à l'envie de le lui arracher de la tête.

Car désormais je me conformais strictement aux nobles dogmes de ma profession.

Je me présentai au directeur de l'établissement, un certain M. Birdwell, qui orchestrait l'auguste événement à l'aide d'un appareil photo numérique. Parfait.

Ça m'éviterait d'avoir à prendre moi-même des clichés. Au *Littleton Journal*, nous savions déléguer.

Je m'agenouillai devant Belinda et je me présentai en parlant plus fort que d'habitude.

— Bonjour, madame Washington. Tom Valle du *Littleton Journal*.

— Pourquoi est-ce que vous hurlez ? me demanda-t-elle en faisant la grimace.

De toute évidence, Belinda n'appréciait pas plus les journalistes condescendants que les diadèmes de papier.

— Enlevez ce truc de ma tête, ajouta-t-elle.

— Avec plaisir.

Je me relevai et lui retirai le diadème, le tendant à un des surveillants qui semblait personnellement vexé que je me mêle de leurs petits jeux.

— C'est mieux, dit Belinda.

— C'est vrai, dis-je. Eh bien, bon anniversaire, madame Washington. Quel effet ça fait d'avoir cent ans ?

— À votre avis ? me demanda-t-elle.

— Je n'en sais rien.

— C'était plus marrant d'en avoir dix-huit.

— Ça devait être... dans les années vingt, non ?

— 1922.

— C'est ça. À l'école, j'étais nul en calcul.

— Pas moi. Je suis bonne en maths.

Je m'étais attendu à interviewer un fantôme baveux. Pour l'instant, le seul à baver, c'était moi. Une des invitées de la fête était plutôt jolie. Cheveux auburn, la trentaine, vêtue d'un pantalon cigarette vert-jaune parfaitement ajusté et perchée dangereusement sur des talons de sept centimètres de haut. Parfois je me disais que mes jours de mateur étaient derrière moi, non pas à cause de mon âge (je frôlais la quarantaine), mais simplement parce que tout était derrière moi – toutes les bonnes choses, et cela n'incluait-il pas les femmes ?

Belinda leva une main squelettique.

— Il y a des choses qui me manquent.

L'espace d'un instant, je pensai qu'elle faisait référence au fléau traditionnel de la vieillesse, le fait d'oublier certaines choses : des conversations, des noms, des dates...

Mais non. Elle faisait référence à cet autre fléau des vieux jours :

— Des gens m'ont quittée – ils sont morts.

Elle sourit, à moitié par mélancolie et à moitié, me sembla-t-il, pour me séduire.

Ça ne me dérangeait pas. Devoir d'objectivité ou pas, j'aimais bien cette femme.

Belinda était noire, ce qui en faisait une rareté à Littleton – où il y avait des Latinos, certes, mais quasiment pas de Noirs. Sa peau était très foncée, comme de l'ébène. Le contraste avec ses yeux laiteux était saisissant, de même que celui avec ses paumes – roses comme les coussinets d'un chat.

D'une de ses mains noueuses, elle me fit signe de me rapprocher.

Je me demandais pourquoi elle m'octroyait ce privilège. Probablement parce que personne ne lui parlait plus, me dis-je. Sinon pour lui dire de prendre ses médicaments, d'éteindre sa lampe ou de mettre ce chapeau ridicule.

— Des gens m'ont quittée, répéta-t-elle, mais un d'entre eux est revenu.

— Revenu ?

— Oui. Pour me dire bonjour.

— Qui était-ce ?

— Hein ? Mon fils.
— Votre fils ? Vraiment. D'où est-il revenu ?
— Hein ? Je vous l'ai dit. Il est mort... y a longtemps, mais il est revenu me dire bonjour. Il m'a dit qu'il me pardonnait.
— D'accord. Je comprends.

J'étais tenté de lui demander ce qu'elle avait fait qui nécessitait d'être pardonnée, mais bon, quel intérêt ? Belinda n'avait pas cent ans pour rien, après tout. Quand je levai les yeux, un des surveillants haussa les épaules, comme pour dire : à quoi vous vous attendiez ? La femme au pantalon cigarette, apparemment venue rendre visite à un autre pensionnaire, me lança un vague sourire, légèrement encourageant.

— Il avait l'air aussi vieux que moi, dit Belinda.
— Votre fils ?
— Oui. Il avait l'air malade.

Je faillis faire une de ces blagues dont j'avais l'habitude à la vieille époque, quand je traînais dans le genre de cercles où l'on échange principalement des commentaires cyniques. C'était avant que je devienne moi-même une blague de dimension nationale. Je faillis dire : vu qu'il est mort, malade, c'est une amélioration.

Je ne dis rien. Si ce n'est :
— Je suis désolé pour lui.

Belinda rit, un rire doux et rusé, qui me fit me sentir un peu embarrassé, et un peu quelque chose d'autre.

Un peu nerveux.

— Je me moque pas de vous, dit Belinda. Et je suis pas folle.
— Je n'ai jamais dit ça, madame Washington.
— Non. Parce que vous êtes gentil.

Je changeai de sujet. Je lui demandai depuis combien de temps elle était pensionnaire de l'établissement. Où était-elle née ? Quel était le secret de sa longévité ? Toutes les questions anodines que l'on apprend à poser quand on écrit pour le journal du lycée. J'évitai de lui demander quelle famille il lui restait puisque, à l'exception de son fils décédé, aucun de ses proches n'avait fait le déplacement.

Au bout d'un moment, je pris conscience de l'odeur qui saturait la pièce – rance et médicale, comme une cave remplie de dossiers moisis. Il me devint impossible d'ignorer les grosses taches sur le linoléum, les brûlures de cigarette à l'allure de mélanomes sur la table de jeu bancale. Mme Washington était vêtue d'une robe à pois aux légers relents de camphre, mais les autres pensionnaires portaient des peignoirs tachés de jaune et des tee-shirts délavés. Il y avait même un homme qui n'avait qu'une chaussette.

J'avais envie de partir.

M. Birdwell prit une photo de Belinda coincée au milieu d'une scintillante forêt de chaises roulantes et de déambulateurs. Je tendis la main et lui dis au revoir.

— Encore une, fit M. Birdwell. Et cette fois-ci, je veux un sourire de la reine de la fête.

Cette dernière ne lui prêta aucune attention – de toute évidence, elle n'était pas d'humeur à sourire. Au lieu de cela, elle saisit ma main et la serra fort :

— Vous êtes un chic type.

Sa peau était glaciale.

3

Nous avions un terrible accident juste à la sortie de la ville.

C'est ce que m'avait dit la secrétaire d'Hinch – ou plutôt son « assistante », le politiquement correct ayant pénétré deux cent cinquante kilomètres à l'intérieur du désert californien. Les hôtesses de l'air étaient désormais des « membres d'équipage », les secrétaires des « assistantes » et les armées d'occupation au Moyen-Orient des « défenseurs de la liberté ».

J'approchais rapidement du deuxième anniversaire de mon arrivée dans le coin et, de façon révélatrice, quand Norma disait « nous », je pensais « nous ». C'était officiel : Tom Valle, autrefois résident de SoHo, NoHo et autres quartiers de New York à l'abréviation chic, était devenu un véritable Littletonien.

— Quel genre d'accident ? lui demandai-je.

— Un carambolage sur la 45. Une vraie boule de feu, nom de Dieu !

Pour une chrétienne pratiquante, Norma avait une étrange propension à utiliser le nom du Seigneur en vain. Les nom de Dieu, crénom de Dieu, bordel de Dieu, Dieu soit loué, Dieu seul le sait, ponctuaient régulièrement ses phrases.

— Mon Dieu, dit Norma. On se demande combien de personnes il y avait dans cette voiture.

Le shérif venait de téléphoner pour communiquer l'info, supposant qu'Hinch montrerait de l'intérêt pour un accident de la route bien sanglant comme il faut. « Si c'est un carnage, c'est pour la première page », comme dit le dicton. Hinch était sorti déjeuner. L'autre journaliste attitrée, Mary-Beth, était en congé maternité « adapté ». Quand elle en avait assez de contempler son chômeur de mari avaler des quantités faramineuses de bière Lone Star, Mary-Beth faisait un tour au bureau. Autrement, non. Il y avait un étudiant de l'université Pepperdine en stage au journal pendant l'été, mais il semblait s'être volatilisé.

— Peut-être que je devrais me rendre sur place, dis-je.

Norma, qui n'était pas le rédacteur en chef, mais son assistante, haussa les épaules.

Cette fois-ci, je pris mon appareil photo.

Contrairement à d'autres, je n'étais pas vraiment friand d'accidents.

L'odeur du sang les excite. L'aura de la mort. Ou peut-être est-ce simplement le soulagement que cela soit arrivé à quelqu'un d'autre.

Le problème, c'est que j'avais l'impression d'être ce quelqu'un d'autre.

D'être la victime malchanceuse d'un accident de la route. Le fait que j'avais été le conducteur, que j'avais en toute sobriété pris le volant et guidé la voiture droit vers la catastrophe, ne soulageait aucunement l'inconfortable sentiment d'empathie que je ressentais sur le lieu d'un accident.

Norma avait eu raison de parler de « boule de feu ».

La voiture fumait encore. On aurait dit un morceau de charbon de bois tombé d'un barbecue.

Un véhicule de pompiers, une voiture de shérif et une ambulance étaient garés au bord de cette route à deux voies. On remarquait immédiatement l'autre voiture qui était sur place, une Mercury Sable vert forêt. Son aile avant était complètement enfoncée, tandis qu'un homme que je supposais être le conducteur s'appuyait contre la portière en se tenant la tête entre les mains. Quasiment tout le monde le regardait.

Le shérif Swenson m'interpella :

— Hé, Lucas.

Que j'explique ce Lucas.

Il s'agissait de Lucas McCain, le personnage joué par Chuck Connors dans *L'Homme à la carabine*. Après la fin de la série, Chuck avait joué dans un feuilleton appelé *Le Proscrit*, où il interprétait un soldat nordiste accusé de s'être enfui de la bataille de Bull Run et à jamais stigmatisé pour sa supposée lâcheté. Il errait de ville en ville où, malgré ses actes désintéressés et héroïques, quelqu'un finissait toujours par découvrir sa véritable identité. On imagine que cela n'était pas chose facile dans l'Ouest de l'époque.

Dans l'Ouest d'aujourd'hui, si.

Le shérif Swenson avait tapé mon nom sur Google.

Il ne se souvenait pas du nom du personnage dans *Le Proscrit*, alors il m'appelait Lucas.

Cela valait mieux que de se faire appeler « le Menteur ».

— Salut, shérif.

Swenson n'avait pas l'air d'un shérif de petite ville. Peut-être parce qu'il avait passé vingt ans dans la police de Los Angeles avant de se tirer à Littleton avec une retraite complète. Il avait encore la mâchoire carrée, la coupe en brosse et une carrure de prof de gym – dégageant cette menace palpable qui avait dû contraindre plus d'un Rodney King à vider son sac sans que Swenson ait à sortir son pistolet à impulsion électrique.

Ce jour-là, il avait l'air plutôt placide.

Peut-être que les flammes dansantes l'avaient hypnotisé. Il avait ce regard qu'ont ceux qui ont trop longtemps contemplé le feu dans la cheminée.

En plus de la voiture calcinée, quelque chose d'autre valait la peine d'être mentionné. Quelque chose que tout le monde évitait poliment de remarquer, comme la présence d'un cousin SDF qui s'est invité à une réunion de famille.

Si vous n'avez jamais eu le plaisir de renifler de l'humain brûlé – c'est une odeur de miel, de goudron et de patate cuite au four. Une des pires odeurs qui existent sur terre.

— Ils étaient combien là-dedans ? demandai-je au shérif.

— Oh, racontez ce que vous voulez, finit-il par répondre.

J'imagine qu'il plaisantait... à moitié. Comme avec mon surnom.

— D'accord. Mais si je voulais m'en tenir aux faits ?

— Dans ce cas, dites qu'il y avait une seule personne.

Je lançai un regard à l'autre conducteur, qui gardait toujours son visage entre ses mains, comme s'il ne voulait pas contempler la scène. Quand le garagiste ferait un commentaire sur le triste état de la voiture, il pourrait dire : « Si vous aviez vu l'autre type. »

— Comment c'est arrivé ?

— Vous voulez dire, comment l'accident s'est-il produit ? dit le shérif.
— Oui.
— Vite.
— OK. Mais qui a percuté qui ?
— Il roulait vers le sud, expliqua le shérif en indiquant l'homme qui cachait ses yeux. Lui, il allait vers le nord, dit-il en hochant la tête vers la carcasse fumante. Et il a dévié sur l'autre voie – du moins, selon notre unique témoin.
— De qui s'agit-il ?
— Du seul survivant.
— Je peux lui parler ?
— Je n'en sais rien. Vous vous en sentez capable ?
— J'aimerais essayer.
— Alors faites-vous plaisir.

Je m'approchai de la Sable déformée ; l'homme avait enfin sorti sa tête de ses mains. Il avait ce regard – celui que l'on voit sur le visage de ceux qui viennent de tromper la mort. Affligés de la terrible conscience que la vie est ridiculement fragile. Avec des gestes hachés, il bougeait certaines parties de son corps au ralenti, comme si elles étaient faites de porcelaine extrêmement fragile.

— Bonjour. Tom Valle du *Littleton Journal*. Je pourrais vous parler une minute ?
— Hein ?
— Je travaille pour le journal. Je souhaiterais juste vous poser quelques questions.
— Le *journal* ?

Je n'avais rien dit qui ait permis de dissiper son air ahuri.

— C'est cela.

— Je n'ai pas vraiment envie de parler. Je suis... vous savez...

Oui, je savais. Mais il y avait certains principes dans ma profession, qui n'étaient pas forcément nobles. Celui, par exemple, qui disait que l'on devait obtenir l'information à tout prix. Même quand l'information consiste en une de ces tragédies individuelles qui remplissent de nos jours les colonnes des journaux. Vous savez de quoi je parle : épouses assassinées, bébés disparus, otages décapités, etc. Ce genre d'histoires était monnaie courante.

C'est très simple, même quand quelqu'un n'a pas envie de parler, il faut avoir envie de poser les questions.

— J'ai cru comprendre qu'il avait dévié sur votre voie, dis-je.

L'homme hocha la tête.

— Et ensuite, euh... quel est votre nom, monsieur... lentement, pour que je l'épelle correctement.

— Crannell. Edward Crannell. Deux *l*.

Je le notai soigneusement. J'avais toujours préféré au magnétophone la sensation tactile que procurait la prise de notes. Peut-être avais-je une aversion instinctive pour le caractère permanent de l'enregistrement sur cassette – même au début, bien avant que je me mette à prendre des libertés.

— Redites-moi d'où vous venez, monsieur Crannell ?

Une vieille technique : posez une question comme si la personne vous avait déjà répondu.

— Cleveland.

— Cleveland dans l'Ohio ?

Il hocha la tête.

— Vous êtes loin de chez vous.

— Je suis représentant. En produits pharmaceutiques.

— C'est une voiture de location, donc ?

Il fit une grimace, comme s'il venait de s'en souvenir. Peut-être avait-il couru le risque de ne pas prendre l'assurance pour les accidents.

— Alors il est passé de votre côté de la route et vous est arrivé droit dessus ? C'est ça ?

Il n'y avait pas la moindre petite courbe sur cette partie de la route 45 – elle avait la monotonie parfaite d'une ligne tracée avec une règle.

Crannell hocha la tête.

— J'ai appuyé sur le klaxon à la dernière seconde. Il a freiné brusquement... Faut croire qu'il n'a pas pu redresser son véhicule.

Il jeta un regard vague vers ses chaussures couvertes de poussière et secoua lentement la tête.

— Seigneur...

— Vous a-t-on examiné, monsieur Crannell ? Vous allez bien ?

Il hocha la tête :

— Je portais ma ceinture de sécurité. Ils m'ont dit que j'avais eu de la chance.

— Ça oui.

Swenson tournait autour de l'épave. Des cendres noires et fines tournaient dans l'air comme des moucherons. Le feu était quasiment éteint – apparemment les pompiers avaient aspergé la voiture de mousse carbonique.

— Vous avez une idée de ce qui a pu se passer ? Pourquoi a-t-il dévié sur votre voie ? Vous pensez qu'il s'est endormi ?

Crannell sembla y réfléchir un moment, puis il secoua la tête :

— Je ne crois pas. Je ne pourrais pas vous dire.
— D'accord. Eh bien merci.

Je m'éloignai de quelques pas et pris quelques photos. Une voiture noire, un ciel pourpre, un shérif à la chemise blanche, un cactus vert. Si le *Littleton Journal* était imprimé en couleur, ça aurait vraiment donné quelque chose.

D'un autre côté, le noir et blanc était sans doute plus approprié. Quand je vis la première page du *Littleton Journal* le lendemain, elle semblait avoir su capter le contraste immuable entre la vie et la mort.

4

J'avais intégré une ligue de bowling.

Un peu par accident. Le bowling de la ville, Muhammed Alley[1] – la propriété de BJ, un poids moyen raté qui trouvait le nom hilarant –, faisait aussi office de meilleur bar de la ville.

Je ne veux pas dire par là que le décor était sympa, que le menu des snacks était appétissant ni que les filles qui y venaient étaient jolies.

Je veux dire qu'il était mal éclairé, peu fréquenté, et qu'il aurait eu besoin d'une bonne fumigation. L'endroit puait la vieille chaussure de bowling.

Quand j'avais débarqué à Littleton, j'étais en mode « fugitif ». Je ne cherchais pas la compagnie : je faisais de mon mieux pour l'éviter.

Pendant un moment, à Muhammed Alley, j'y arrivais assez bien.

BJ jouait également les barmans et, contrairement à l'image que l'on a des gens qui tiennent les bars de petites bourgades, on ne percevait chez lui aucune curiosité particulière. Si ce n'est pour me demander

---

1. Un bowling (le lieu) se dit *a bowling alley* en anglais. (Toutes les notes sont du traducteur.)

ce que je voulais boire et pour me dire ce que je lui devais – trois margaritas sans sel pour un total de 14,95 dollars –, il fallut attendre plusieurs visites pour que BJ finisse par m'adresser un mot qui ne soit pas purement motivé par la nécessité.

Ce mot – deux mots, en fait –, ce fut un « beau match », lancé plus ou moins dans ma direction alors que le joueur de baseball Steve Finley venait de réussir une récupération acrobatique en plein champ centre.

J'étais parfaitement satisfait de mon absence d'interaction sociale. Je buvais la solitude comme je buvais la tequila – par petites gorgées amères.

Au bout d'un moment, la compagnie finit tout de même par me trouver.

L'un des deux agents d'assurance de la ville – Sam Weitz, venu de Nouvelle-Angleterre avec une femme obèse souffrant de diabète de type 2 – commençait à boire à peu près à la même heure que moi. Tard en fin de journée, généralement, quand presque tout le monde rentrait retrouver sa famille.

Pas nous.

Contrairement à BJ, Sam débordait de curiosité. Peut-être qu'on prend l'habitude de poser beaucoup de questions très personnelles quand on travaille dans l'assurance. Il engagea une conversation qu'il s'obstina à poursuivre, même face à mes réponses quasi systématiquement monosyllabiques.

Les choses s'enchaînèrent.

Vu que nous buvions dans un bowling, il proposa un soir que nous fassions une partie.

J'en étais à ma troisième margarita, je flottais dans cet état plaisant que j'appelle *purple haze* – une brume violette – en l'honneur d'Hendrix, une de mes idoles musicales. Après tout, est-ce que l'alcool ne permet pas d'embrasser le ciel, comme il le chante ?

Je dus marmonner une forme de consentement.

Ce soir-là, je me ridiculisai avec un score de 120 – évitant rarement les rigoles. Étonnamment, je prenais pas mal de plaisir à lancer une grosse boule le long d'une piste de bois, à envoyer valser les quilles dans toutes les directions – du moins celles que je réussissais à toucher. Je voyais une sorte de métaphore dans ces quilles à terre qui se remettent automatiquement en place, vous défiant presque de les faire à nouveau tomber. Il y avait là une leçon de courage, de résistance, qui pourrait m'être utile.

Quelque temps plus tard, Seth Bishop nous rejoignit. Seth, de son propre aveu le fauteur de troubles de la ville – du moins à l'époque du lycée, où on l'avait élu « élève le moins à même de réussir », une prophétie qui se révéla assez juste, étant donné qu'il subsistait aujourd'hui grâce à l'aide sociale et à quelques épisodiques travaux de plaquiste.

Le propriétaire de la station-service Exxon du coin – Marv Riskin – compléta notre quatuor.

Nous finîmes par nous inscrire dans une ligue – matchs les mardis soir à vingt heures.

Un soir, le shérif Swenson vint faire un tour. Il remarqua que c'est moi qui notais les scores et dit au président de la ligue de vérifier ma feuille.

Quand Seth me demanda ce dont il s'agissait, je lui dis que j'avais rencontré un petit problème éthique au journal où je travaillais précédemment.

— T'as baisé ta secrétaire ?

Il avait l'air d'espérer que je répondrais affirmativement.

— Quelque chose comme ça, oui.

Ce soir-là, nous affrontions une équipe composée de l'unique chiropracticien de Littleton, d'un des deux dentistes de la ville, d'un docteur et d'un comptable. Pas de chef indien.

Approchant de la fin de sa seconde Budweiser, le docteur se mit à parler du corps dans la voiture.

On lui avait amené la victime de l'accident pour qu'il remplisse le certificat de décès. Il n'y avait pas de coroner à Littleton, ce qui l'obligeait à remplir le rôle de médecin légiste.

— Il était bien calciné, dit le docteur. Ça ne m'arrive pas souvent de voir des corps brûlés. Pas à ce point-là.

— Merci de partager ça avec nous, Doc, dit Seth.

— Certains de ses organes internes étaient intacts, continua le docteur sans se laisser décourager. Pas joli à voir.

— Putain, tu pourrais pas changer de sujet ? s'exclama Seth. Nous parler d'une gentille fille de dix-huit ans morte d'une overdose, par exemple ? T'en as pas des comme ça ?

Le docteur n'avait pas l'air de trouver ça drôle. Quand il se mit à décrire en détail ce à quoi ressemblait un foie brûlé – à un pâté vieux de quatre jours, apparemment –, Seth se pencha vers lui :

— Laisse-moi te demander un truc, Doc. C'est vrai, ce que l'on raconte des docteurs ? Est-ce que vous devenez, comment dit-on... immunisés contre les chattes toutes nues au bout d'un moment ? Ça vous fait plus rien ?

Sam, qui s'apprêtait à lancer, s'interrompit pour écouter la réponse du docteur. On aurait dit qu'il avait la tête pleine d'images de parties génitales s'exhibant lascivement pour le plaisir du docteur. Pendant ce temps, chez lui, sa femme de cent trente kilos se bourrait de gâteaux à la crème.

— C'est une question débile, dit le docteur.

Traiter Seth de débile n'allait en aucun cas le vexer :

— J'imagine que ça veut dire que non.

— Est-ce qu'ils l'ont déjà identifié ? demandai-je au docteur.

Je sirotais une bière Coors Light, m'étant rendu compte que boire de la tequila et faire glisser la balle au milieu de la piste étaient deux activités qui s'excluaient mutuellement. Mon article titrait :

*Un homme non identifié périt brûlé
dans un accident de voiture*

— Oui, dit le docteur. Ils ont trouvé son permis.

— Il n'avait pas flambé ?

— Le type avait une sorte de carte métallique dans son portefeuille. Ça l'a isolé et ils ont pu déchiffrer son nom.

— Qui était-ce ?

— Je ne sais pas. Dennis quelque chose. Blanc, trente-six ans, habitant l'Iowa.

— L'Iowa ? C'est drôle.

Le docteur me regarda en fronçant les sourcils :

— Qu'est-ce que ça a de drôle ? C'est un État, non ?

— Oui, c'est un État. Je réfléchissais juste à l'ironie du grand projet cosmique. Un homme de l'Iowa s'emplâtre dans un représentant venu de Cleveland sur une route californienne. C'est drôle, un peu, tu ne trouves pas ?

— En fait, non.

Sam venait de réussir un sept et s'apprêtait à tenter un difficile split 2-1. Il prit une profonde inspiration, s'avança en se déhanchant et envoya la boule plein centre, ratant les trois quilles.

— Il y avait bien quelque chose de marrant, pourtant, dit le docteur.

— Hormis ce lancer ?

J'avais soigneusement noté le score de Sam. C'était le moment critique : nous avions vingt quilles de retard et il ne restait plus que cinq manches à jouer.

— Il était castré.

— Hein ? Qui ?

— Le défunt.

— Tu veux dire à cause de l'accident ?

Le docteur leva sa Bud, but une longue gorgée.

— Non, dit-il.

Il s'extirpa non sans difficulté de son siège, étant donné qu'il pesait une bonne quinzaine de kilos de trop, et alla chercher sa boule sur le râtelier.

— Qu'est-ce que tu veux dire ?

Il me fallut presque crier pour me faire entendre par-dessus le bruit des pistes, comme si j'essayais de parler en plein cœur d'une violente tempête.

Le docteur leva un doigt à mon attention : *attends*.

Il lança, réussit un strike et s'adonna à une danse de victoire qui me rappela le Freddy, une sorte de jerk spasmodique des années soixante que j'avais découvert en regardant l'émission « American Bandstand ». Une fois qu'il se fut rassis et qu'il eut méticuleusement inscrit une croix au crayon, il dit :

— Je veux dire qu'on l'avait castré.

— Quand ça ?

— Comment je le saurais ? Il y a un certain temps, j'imagine. Ça a été fait chirurgicalement.

— Il n'avait pas de couilles ? s'exclama Seth qui avait apparemment écouté.

Le docteur secoua la tête :
— Tu veux le dire encore plus fort ? Les gens au fond de la salle ne t'ont pas entendu.
— IL N'AVAIT PAS DE COUILLES ? cria Seth. Voilà, ils doivent être au courant maintenant.
— Ça ne va pas bien dans ta tête, mon petit, dit le docteur.
— T'imagines même pas, papa.
J'essayai de calculer le nombre de bières que Seth avait déjà bues – sept, d'après mon estimation. Sans compter le joint de Panama Red qu'il avait fumé sur le parking.
— Pourquoi est-ce qu'on aurait castré cette personne ? demandai-je au docteur.
— Bonne question.
— Il y a des raisons *médicales* de faire ça ?
— Pas vraiment. Peut-être un cancer d'un testicule, mais des deux testicules, ce serait extrêmement inhabituel. Pas comme ça.
— Le pauvre.
— Tu m'étonnes. Au fait, c'est confidentiel, d'accord ? Tu n'en parles pas dans ton journal ni à personne.
— Je crois que tout le monde dans ce bowling est déjà au courant.
— J'ai encore perdu une occasion de me taire, dit le docteur en rougissant.
À moins que ce ne soit Seth.

Cette nuit-là, je fis un rêve. J'avais neuf ans et un homme me pourchassait le long d'une route déserte. Il voulait me voler ma collection de billes.
Le symbolisme maladroit de ce rêve ne m'échappait pas.

5

Nous interrompons ce programme pour vous présenter un flash spécial.
La télé de mon motel ne diffuse que trois chaînes.
Il n'y a rien que j'aie particulièrement envie de voir. Je la laisse allumée pour qu'elle me tienne compagnie – pour repousser la peur qui me taraude.
Elle me tient lieu de veilleuse.
Il y a quelques minutes, quelqu'un a frappé à ma porte. J'ai cru que c'était eux.
Ici, avec moi, j'ai deux autres amis qui valent la peine que je les mentionne. *Smith* et *Wesson*.
Ce sont de nouveaux amis, mais on peut compter dessus quand les temps sont durs.
Je les ai pointés vers la porte de ma chambre de motel. J'ai visé.
C'était la femme de ménage.
Luiza – il me semble que c'est son nom – est une étrangère en situation irrégulière, à n'en pas douter. Ça m'inquiète. Ils peuvent faire des choses à quelqu'un comme elle. Lui faire faire tout ce qu'ils veulent.
OK, je sais.
J'ai l'air d'avoir perdu la tête, définitivement.
Montrez-vous patients avec moi.

Il faut que vous voyiez les choses comme je les ai vues.

Il faut que vous complétiez le puzzle.

Avant que mon père ne nous quitte, il nous emmenait, Jimmy et moi, petit-déjeuner chaque dimanche matin à l'Acropolis Diner.

Sur les sets de table en papier il y avait des points à relier pour faire apparaître des dessins.

La serveuse, jolie et souriante, m'apportait un crayon tellement usé qu'il n'en restait plus grand-chose, et je m'attelais à la tâche – jusqu'à ce que les pancakes à la myrtille et au sirop d'érable arrivent.

Mais le truc, c'est qu'il fallait toujours que j'attende d'avoir relié le dernier point pour savoir ce que je dessinais. Parfois même alors je ne voyais pas – malgré les généreux indices donnés en haut de la feuille.

Quelle créature à quatre pattes est parfois hennigmatique ?

De quel mammifère jaillit-il toujours quelque chose ?

Le cheval ? La baleine ? L'ornithorynque ?

Non, je n'arrivais pas à voir.

Relier les points et les choses, ce n'était pas mon fort. Par exemple, je n'arrivais pas à rapprocher mon père de la serveuse au joli sourire, avec laquelle apparemment il couchait très régulièrement. Avant que j'aie neuf ans, il nous quitta pour se mettre en ménage avec elle.

J'ai fait des progrès, depuis.

Mais pas tout de suite, pas au début de cette histoire. Pas avant que les choses ne deviennent vraiment étranges.

Un homme est mort dans un accident et une femme a eu cent ans, tous les deux le même jour.

La vie et la mort.

Ça arrive tout le temps, n'est-ce pas ?

Le lendemain matin, je me connectai à Internet.

Il existe un site peu connu qui recense tous les auteurs de délits sexuels aux États-Unis : NSOPR.gov.

J'avais auparavant appelé le bureau du shérif pour obtenir son nom. Dennis Flaherty. Résidant à Ketchum City, en Iowa.

Le site Internet est surtout visité par des mamans et des papas qui veulent s'assurer que le voisin qui a les yeux rivés en permanence sur leur petit de cinq ans ne s'est jamais livré à des actes pédophiles. Aujourd'hui, les autorités sont censées vous prévenir quand un pervers fiché emménage dans votre quartier. Parfois, elles oublient malencontreusement.

Dans certains États, les criminels sexuels peuvent éviter la prison s'ils acceptent de se rendre moins dangereux. Comment y parviennent-ils ? Pas en ayant recours à la psychothérapie. Ça ne marche pas quand on est vraiment attiré par les petits garçons.

Il faut accepter de se faire enlever les testicules.

Eh oui. Les récidivistes deviennent pareils à des batteurs nerveux face au lanceur Roger Clemens : ils en perdent la boule, ou plutôt les boules. C'est quasiment impossible de violer quelqu'un quand votre libido vous a été ôtée chirurgicalement.

Je ne trouvai aucun Dennis Flaherty sur le site.

J'essayai de l'épeler différemment.

Je n'obtins toujours rien.

Je persistai un moment. Je trouvai quelques Dennis, mais aucun qui habitait l'Iowa. Au bout d'une demi-heure, j'abandonnai.

Je consultai l'annuaire en ligne pour Ketchum City.

Il y avait trois Flaherty.

Le premier n'était pas chez lui.
Le deuxième me dit qu'il n'y avait pas de Dennis à ce numéro.
Alors je tentai le troisième.

— Allô ?
— Bonjour, ici Tom Valle du *Littleton Journal*.
— Le Littleton *quoi* ?

C'était une femme. D'un certain âge. Elle avait la voix lasse de ceux qui ont beaucoup vécu.

— Le *Littleton Journal*, répétai-je – me souvenant de l'époque où je pouvais impressionner les gens avec un nom plus prestigieux. C'est un quotidien. J'appelle au sujet de Dennis.
— Oh.

Bingo.

— Puis-je vous demander quelle relation vous avez avec lui, madame ?
— Relation ? Je suis sa mère.
— Est-ce que quelqu'un vous a contactée au sujet de Dennis, madame Flaherty ?
— Oui.
— Alors vous savez pour l'accident.
— Oui.
— Je vous présente mes plus sincères condoléances.

J'avais prononcé ces mots un nombre hallucinant de fois. Je les avais dits si souvent, à des mères, des pères, des oncles, des tantes, des grands-parents, des fiancées, des maris, des épouses, qu'ils s'étaient entièrement vidés de leur sens il y avait bien longtemps.

— Merci, dit Mme Flaherty.
— Cela a dû être un terrible choc pour vous.

Un silence. Puis :

— Oui.

— Dennis habitait-il avec vous, madame Flaherty ?
— Non. Je n'étais plus en contact avec lui.
— Depuis combien de temps ?
— Combien de temps ?
— Quand l'avez-vous vu pour la dernière fois ?
— Je n'en sais rien. Il y a cinq ans.
— Mais vous lui aviez parlé depuis ?
— Non.
— Quelle activité exerçait-il ?
— Activité ? Pourquoi ? Il est mort dans un accident de la route. C'est ça qu'ils m'ont dit. Quelle importance ça peut bien avoir, l'activité qu'il exerçait ? Il faut que je raccroche.

Mais elle resta en ligne. J'entendais sa respiration rauque, rapide. Une fumeuse, assurément. Sans doute veuve ou divorcée. « Je n'étais plus en contact avec lui », m'avait-elle dit en prononçant les consonnes avec l'accent du Midwest. « Je », pas « nous ». Elle avait l'air à moitié agacée par mon coup de fil à l'improviste, à moitié flattée qu'on se soucie d'elle. Elle n'avait peut-être pas envie de répondre à mes questions, mais elle n'arrivait pas à se convaincre de raccrocher. Pas encore.

— Dennis a-t-il déjà eu des ennuis avec la police ?
— Quoi ?
— Dennis a-t-il jamais été arrêté ?
— De quoi parlez-vous ?

De la castration de votre fils.

— J'aimerais savoir s'il a jamais fait quelque chose qu'il n'aurait pas dû. Quelque chose de – je ne sais pas – sexuel, par exemple ?
— Qu'est-ce que c'est que cette histoire ? Qu'est-ce que vous me demandez là ? Mon fils était quelqu'un

de bien. Tous les problèmes qu'il a pu avoir venaient d'elle.

— Elle ?
— Sa femme.

Dans sa bouche, « femme » sonnait comme la pire vulgarité que l'on puisse prononcer.

— Quels étaient ces problèmes ?
— Sa dépression. Le fait qu'il buvait. Essayez donc de vivre avec une traînée, pour voir.
— Ainsi ils ont connu des difficultés dans leur couple.
— Elle a *connu* chaque homme qui l'a regardée. Elle ne valait rien. Je ne sais même pas si mon petit-fils...
— Ils étaient encore mariés ?
— Non.
— Quand ont-ils divorcé ?
— Je vous l'ai dit. Il y a environ cinq ans.

Elle ne m'avait rien dit. Seulement qu'elle n'était plus en contact avec son fils depuis à peu près cette époque.

— Et donc il s'est mis à boire ?
— Je vais raccrocher. Je ne compte pas me laisser entraîner à médire sur le compte de quelqu'un qui est mort.

Uniquement sur le compte de l'ex-femme de ce mort.

— Une dernière chose... Dennis a-t-il jamais été atteint d'un cancer ?

Cette fois-ci, elle ne plaisantait pas en menaçant de raccrocher :

— Non, dit-elle avant de couper la communication.

Toute cette histoire aurait pu s'arrêter là.
À ce moment précis.

Qu'est-ce que j'avais, exactement ?

Rien.

Une observation curieuse faite par le docteur de service – c'était tout.

La victime d'un accident de la route qui n'avait plus de testicules.

Ça avait piqué ma curiosité, évidemment, mais c'était bien normal. Surtout ces temps-ci. Je faisais des papiers sur des fêtes d'anniversaire, sur des rodéos itinérants, sur l'ouverture de concessions automobiles. On m'avait pris ici par charité, je faisais discrètement pénitence.

Tout aurait pu s'arrêter là.

S'il n'y avait eu... deux choses.

Je louais la maison où j'habitais.

Quand je rentrai chez moi, un plombier était en train de s'occuper de mon chauffe-eau.

Il était au sous-sol, en train de taper avec une espèce d'outil.

Je n'avais pas appelé de plombier.

Quand je l'en informai, il me dit que ça devait être le propriétaire.

Je ne m'étais pas plaint au propriétaire.

Mon eau chaude était chaude. Il n'y avait aucun problème avec le chauffe-eau.

Il me dit alors que ce n'était qu'un entretien de routine.

Et pendant ce temps il gardait le sourire. Comme si nous menions une conversation légère lors d'une soirée.

Cela me mit mal à l'aise. Ça, et le fait de me rendre progressivement compte que lui et moi étions seuls au sous-sol : un endroit sombre, souterrain, où l'on descend à ses risques et périls – comme chaque gamin le sait. Et il y avait d'autres choses qui me rendaient mal à l'aise. Son visage, par exemple. Ses traits étaient étrangement indistincts – comme s'il n'avait en fait pas terminé son évolution. Et sa voix – sa voix était aiguë et couinante, comme s'il venait de respirer de l'hélium. Tout ça me donnait la chair de poule.

— Je peux vous demander quelle compagnie vous envoie ? dis-je.

Je ne pouvais ignorer ce qui se passa ensuite, fermer les yeux devant son hésitation.

Croyez-moi, j'essayai.

Certaines questions impliquent qu'on marque une pause avant d'y répondre.

Est-ce que tu m'aimes ?
Où étais-tu ce soir, chéri ?
Ce reportage est-il un faux ?

Oui, cette question-là aussi.

Mais « Pour quelle compagnie travaillez-vous ? » – non.

Je dus me reculer imperceptiblement en essayant d'accroître la distance entre nous sans vraiment bouger, comme l'on fait quand on se trouve en présence d'un chien errant qui a potentiellement l'intention de se jeter à votre gorge.

Il ne faut pas montrer sa peur – tous les gamins savent ça.

Mais au stade où on en était, il n'était plus question de cacher quoi que ce soit.

Je sentis le contact du truc en métal qu'il tenait avant même de le voir.

6

L'objet avait dû ricocher sur mon front.
Je le compris plus tard...
J'avais dû réussir à tourner la tête juste assez pour éviter de prendre le choc de plein fouet. Je n'eus pas vraiment mal à ce moment précis – mes terminaisons nerveuses étant anesthésiées par la peur.

Je dus mettre la main à mon front pour confirmer que quelque chose m'avait bel et bien touché – ça, je m'en suis rendu compte parce que mon avant-bras reçut le coup suivant. Et je tombai.

J'atterris sur un nuage blanc floconneux : le reste de la moquette à longs poils blancs style années soixante que j'avais laborieusement roulée et transportée au sous-sol le jour de mon emménagement – ce souvenir se baladait à l'intérieur de mon crâne tandis que quelqu'un essayait de me le défoncer.

Il murmura quelque chose de son inquiétante voix de fausset et s'avança vers moi.

Je me protégeai instinctivement, m'attendant à ce qu'une masse de près de cent kilos s'abatte sur moi. Ne sentant rien arriver, je soulevai la tête dans sa direction.

Il se tenait au-dessus de moi sans bouger, me regardant fixement.

Il se pencha, me tapota l'épaule, puis sourit avant de disparaître dans les escaliers.

Je restai allongé jusqu'au moment où la porte-moustiquaire se referma en grinçant.

« C'est toi. »

Voilà ce qu'il m'avait murmuré.

Le docteur Frank Futillo – mon adversaire au bowling – déclara que j'étais plus ou moins en état de marche.

— Une contusion au bras, une ecchymose sur la tête, ça s'arrête là. Avec quoi il t'a frappé ?

— Je n'en sais rien. Quelque chose de métallique.

J'étais assis sur un bout de ce papier cireux qui recouvre toutes les tables d'examen de cabinet médical en Amérique, et je m'efforçai de ne pas trop humer le parfum d'ammoniaque. C'était une odeur que j'associais immanquablement aux chutes de mon enfance. Pas les miennes, celles de mon frère Jimmy – c'est lui qui tombait tout le temps.

Moi jamais.

— Bon, ben au final je dirais que tu t'en es bien tiré, dit le docteur Futillo.

— Tu veux dire pour un gars qui s'est fait agresser dans le sous-sol de sa propre maison ?

— Tu en as parlé au shérif ?

Ouais. J'en avais parlé au shérif.

Le shérif Swenson avait écouté mon histoire d'agression tout à fait comme, à l'époque où je sombrais, un certain rédacteur en chef de New York avait écouté mes scoops de plus en plus improbables. Avec une expression d'incrédulité lasse, ennuyée. « Comme si je faisais des claquettes à Auschwitz » – c'est ainsi que j'avais présenté les choses au psy nommé par le tribunal. Plus j'approchais de la chambre à gaz, plus je m'efforçais de continuer ma petite danse.

— Bon, Lucas, m'avait dit le shérif Swenson. Vous cherchez à faire les gros titres ?

OK. Je m'attendais à un certain scepticisme. Mais j'étais planté dans le bureau du shérif avec une espèce de grand tatouage sur mon avant-bras et une contusion qui noircissait à vue d'œil sur le côté gauche de mon front.

— Je cherche à porter plainte. Ce n'est pas ce qu'on est censé faire quand on a été victime d'une agression ?

— Si, bien sûr. Vous voulez jeter un œil aux photos dans notre fichier de plombiers assassins ?

— Très drôle. Vraiment très drôle. Mais j'ai comme l'impression que ce gars-là n'était sans doute pas un vrai plombier. Juste une idée, comme ça, en passant...

— D'accord. Bon. Alors qu'est-ce que vous croyez qu'il était en train de faire ? Voler vos fils de cuivre ?

— Je n'en sais rien. Je lui ai demandé pour qui il travaillait et il m'a frappé. Nous n'en sommes pas venus aux détails de son intervention.

— Dommage. Le fait est que... Lucas...

— Je préférerais que vous ne m'appeliez pas comme ça.

— Ah bon ? Dites-moi quelque chose, alors. Pourquoi est-ce qu'Hinch vous a donné ce job déjà ?

— Croyez-le ou non, à une époque j'étais un bon journaliste.

— Ah bon ? Moi qui pensais qu'Hinch devait être cousin avec votre agent de probation. Je m'excuse de mon erreur.

D'ordinaire, je ne me serais pas offusqué.

Faire pénitence, comme me l'avait enfoncé dans la tête le psy nommé par le tribunal – qui s'appelait le docteur Payne[1], je ne plaisante pas –, impliquait que l'on accepte de faire face à sa faillite morale. Que l'on accepte de se l'entendre rappeler. Ça voulait dire qu'il fallait être prêt à tendre l'autre joue et à dire : « Allez-y, frappez-moi encore. »

Seulement j'avais déjà été frappé aujourd'hui – deux fois, et par quelqu'un qui avait sans doute encore plus de choses à se faire pardonner que moi. Je m'apprêtais à répliquer, à me défendre, quand Swenson m'avait désarmé.

— Ce que j'allais dire, Lucas... c'est que nous avons eu un bon nombre de cambriolages récemment. Apparemment, le type se balade avec une boîte à outils de plombier, au cas où on le surprendrait, ou bien si un voisin l'apercevait entrant dans une maison. Il la remplit avec son butin avant de ressortir. Vous n'êtes pas le premier à déposer une plainte. Je m'assurais simplement – vu votre passé – que vous n'étiez pas en train de me baratiner. Vous comprenez ?

Bien sûr, je comprenais.

Je rapportai au docteur Futillo les propos du shérif :

— Apparemment, il y a eu pas mal de cambriolages dans le coin.

— Tu as de la chance de ne pas t'être fait briser le crâne, dit le docteur.

Je me rendis compte que c'était la deuxième fois en deux jours que l'on disait à quelqu'un qu'il avait de la chance alors qu'il ne le ressentait pas vraiment comme ça. Ed Crannell, et moi.

---

1. Payne, homonyme de *pain* qui veut dire « douleur », « souffrance » en anglais.

— Est-ce que le corps a été rapatrié ?
— Quel corps ?
— Le corps de Dennis Flaherty. Est-ce qu'on l'a renvoyé à sa mère, en Iowa ?
— Ah, oui, absolument.
— J'ai consulté un site référençant les délinquants sexuels.
— Hein ?

Le docteur Futillo avait l'air de quelqu'un à qui l'on vient de confier un secret intime qu'il aurait préféré ne jamais connaître.

— Le National Sex Offender Public Registry – une sorte d'annuaire des pédophiles. Je me suis dit que la castration de notre ami avait peut-être été décidée par un tribunal.
— Eh bien, c'était le cas ?
— Je n'en sais rien. Je n'ai pas trouvé son nom sur le site.
— Il y a un drôle de truc, dit le docteur Futillo, au sujet de notre ami.

J'ai déjà mentionné que deux choses s'étaient produites.

Deux choses distinctes qui me firent me lever de mon lit, au lieu de tourner la tête sur l'oreiller et de me remettre à dormir – ce qui avait été mon occupation quasi unique à Littleton ces vingt derniers mois.

La première chose, c'est cette agression dans le sous-sol de ma propre maison.

Voici la seconde :

— Qu'est-ce qu'il y a de drôle ? demandai-je. Sa castration ?
— Il y a ça, c'est vrai. Mais aussi un autre truc. Si je ne savais pas ce que je sais, je dirais que notre mort était un Noir.

— Hein ? J'ai cru que tu m'avais dit qu'il était caucasien. Blanc.
— Oui, je sais. C'est ce qui était écrit sur son permis de conduire.
— Alors quoi ?
— Les os de ses cuisses. Ils sont plus longs, et plus épais au niveau des attaches. C'est caractéristique des Afro-Américains.
— Tu en es sûr ?
— Ben, je l'ai vu sur « Expert médico-légal ».
— Quoi ?
— Je l'ai vu sur « Expert médico-légal », l'émission de la chaîne juridique. Tu n'as jamais regardé cette émission ?

Si je ne savais pas ce que je sais, je dirais que notre mort était un Noir. Sauf qu'il ne savait vraiment pas grand-chose. Futillo était un médecin de campagne qui jouait à l'expert en criminalistique, ce qui faisait de lui quelqu'un d'à peine plus qualifié que l'idiot du village.

— J'ai parlé à sa mère, lui dis-je. À sa voix, elle ne m'avait pas l'air très noire. En plus, à moins que j'aie perdu la tête, Flaherty est un nom irlandais.
— D'accord, dit Futillo.
— D'accord ?
— Les os ne mentent pas, mon ami.
— Ne va pas te vexer, mais tu viens de me dire que tout ton savoir dans ce domaine provient d'une série télé.
— Parfait, ne me crois pas.

C'est drôle. L'espace d'une seconde, je crus m'entendre. Assis dans le bureau d'un quotidien extrêmement prestigieux – le genre de journal que l'on serait prêt à tout pour avoir seulement une chance de rejoindre –, adressant calmement, parfaitement sérieusement, cette phrase au rédacteur en chef épuisé assis en face de moi : « Parfait, ne me croyez pas. »

Ça avait marché, un moment.

7

La ville de Littleton en Californie a deux titres de gloire.

Sonny Rolph, un acteur de série B des années cinquante, est né là.

La ville est également connue pour le barrage d'Aurora qui, après avoir cédé, avait causé une terrible inondation.

Cela ne s'était pas produit à Littleton même, mais au niveau de sa petite ville jumelle, Littleton Flats, située trente-cinq kilomètres plus loin. Dans les années cinquante, le barrage avait été érigé sur l'Aurora, une rivière connue pour ses rapides de catégorie trois et ses eaux boueuses. Les entrepreneurs qui le bâtirent avaient dû obtenir le contrat en distribuant de généreux pots-de-vin. En tout cas ce qui est sûr, c'est que le travail fut bâclé et que de monumentales erreurs d'ingénierie furent commises. Selon les termes de la commission indépendante nommée par le gouvernement pour établir les responsabilités, ce barrage était une bombe à retardement.

Qui avait bel et bien fini par exploser.

Trois jours de pluie en avril 1954 avaient fait monter la rivière jusqu'à un niveau historique, provoquant l'écroulement des murs en béton vulnérables du barrage.

Littleton Flats était située en dessous du niveau de la mer, et directement sur le chemin des eaux. Elle avait été engloutie.

Le bilan faisait état de 893 morts, puis de 892 quand on retrouva une fillette de trois ans encore en vie.

Je savais tout cela uniquement parce que j'avais étudié les archives sur microfilm du *Littleton Journal* à l'époque où Hinch m'avait engagé mais ne me donnait encore rien à faire. Le fait que les anciens numéros soient encore sur microfilm et non sur support numérique ne me laissait plus de doute : j'avais fini de jouer en première division.

Beaucoup de gens à Littleton connaissaient au moins une personne qui connaissait quelqu'un qui avait péri dans la « terrible inondation ». Évidemment, c'était un sujet douloureux, ce dont je m'étais rendu compte quand j'avais essayé de proposer à Hinch un article rétrospectif pour le cinquantième anniversaire de l'événement.

— On a déjà tenté le coup, m'avait-il dit. Ton prédécesseur, tout du moins.

Mon prédécesseur s'appelait John Wren. Je le savais car je m'étais approprié plus que son bureau : je louais la maison qu'il avait occupée. De toute évidence, Wren était un gars qui ne jetait rien : j'avais retrouvé de vieilles factures d'abonnement au câble ou au téléphone, d'achats sur Amazon.com, toutes au nom de John Wren, et des mots gribouillés à la main, presque indéchiffrables et concernant Dieu sait quoi, dispersés un peu partout, ainsi qu'un de ses articles, traitant d'un vétéran du Viêtnam sans le sou, complètement perdu, qui avait atterri par hasard à Littleton et s'était installé dans le kiosque de la ville. L'article s'intitulait : *Qui est donc Eddie Bronson ?* Apparemment, il avait été sélectionné pour recevoir un prix de journalisme régional. Et il avait perdu. Mon premier jour au boulot, j'avais été accueilli par une liste collée avec du scotch dans le tiroir de mon bureau : *Les règles de Wren.* Règle numéro un : *Fais des copies de tes notes par mesure de sécurité.* Règle numéro deux : *Retranscris tes enregistrements au cas où !*

Selon Norma, Wren, originaire du Minnesota, avait été sévèrement atteint de démence du désert, ce qu'on appelle le syndrome de Santa Ana – la folle envie de fuite qui prend les personnes coincées dans des petites villes du désert californien, en plein milieu de nulle part – et il était parti pêcher la truite près de la frontière avec l'Oregon. Ou bien chercher de l'or dans le territoire du Yukon. Ou encore pêcher à travers la glace qui recouvrait le lac Michigan. Bref, les détails étaient flous.

— Tu veux essayer d'écrire un truc sur l'inondation, vas-y, m'avait dit Hinch. Si tu arrives à persuader quelqu'un de t'en parler.

Je n'y étais pas arrivé.

Hinch aurait pu m'en parler, mais il n'était pas vraiment assez vieux pour se souvenir de quoi que ce soit. Il avait passé toute son adolescence ailleurs – à Sacramento, je crois. Il était revenu à Littleton pour s'occuper de sa mère souffrante et n'avait en fait jamais ressenti le besoin de repartir. Peut-être que son mariage avec la reine de beauté du coin avait quelque chose à voir là-dedans. Il conservait une photo d'elle – *Miss Azalée 1974* – sur son bureau. Miss Azalée avait depuis été atteinte d'un cancer du sein et avait perdu deux fois sa chevelure à cause de la chimio. Je pense que cette photo aidait Hinch à garder l'image de ce que sa femme avait été autrefois ancrée fermement dans son cœur. Autant que je sache, Hinch lui était resté parfaitement fidèle – ce qui, d'après mon expérience, était rare avec les rédacteurs en chef, qui avaient tendance à vite oublier qu'ils étaient mariés.

J'ai été marié, à une époque.

Je n'ai pas envie d'en parler.

Je sortis de la ville pour aller faire un reportage sur une ferme d'alpagas.

Apparemment, il y a aujourd'hui un grand marché pour les alpagas – pas tant pour leur laine que pour les bêtes elles-mêmes, qui peuvent valoir plus de vingt mille dollars par tête.

Les propriétaires du ranch, M. et Mme Childress, me firent visiter les lieux, insistant pour que je donne à manger à leurs *bébés* et me régalant avec des histoires sur les tribulations inhérentes à l'élevage d'alpagas.

Selon moi, la chaleur du désert ne réussissait pas vraiment à ces animaux.

Ils avaient l'habitude de paître à des centaines voire des milliers de mètres au-dessus du niveau de la mer, dans les Andes. Leurs chevilles gonflaient les jours de canicule, ce qui les poussait à se coucher et à rester comme morts. Certains d'entre eux gisaient ainsi tandis que nous arpentions la propriété.

Je me fis la réflexion qu'on aurait dit des créatures de bande dessinée. Comme si un généticien peu porté sur l'esthétique avait croisé un agneau avec un chameau, puis contemplé le résultat et laissé échapper un « Oops ». Imaginez des pelotes de laine ambulantes, avec des franges de balai plantées négligemment sur la tête, couvrant leurs grands yeux mélancoliques.

Mais le pire était à venir. Mme Childress me conduisit entre des auges remplies d'avoine, jusque dans la fraîcheur obscure d'une grange. Elle voulait me montrer quelque chose. Au début, je crus qu'il s'agissait de deux alpagas allongés côte à côte sur un épais lit de paille.

Je me trompais. Il n'y avait qu'un seul alpaga.

Il avait deux têtes.

— Nous n'avons pas eu le cœur de le tuer, dit Mme Childress. Une de ses têtes est aveugle, le pauvre.

Je dis à Mme Childress que j'avais soif ; je voulais sortir de cet endroit.

Nous nous installâmes sur leur véranda pour boire un citron pressé. Quand je n'eus plus de question à poser et qu'ils n'eurent plus d'histoires à raconter, nous restâmes assis à siroter en silence, comme font les vraies familles, j'imagine.

Mon verre terminé, je me levai et pris congé.

— Merci d'être venu nous voir, Tom, dit Mme Childress. Roulez prudemment.

Ça devait être à cause des derniers mots de Mme Childress.

Je me mis à me demander qui n'avait pas roulé prudemment.

Au lieu de prendre à droite, je tournai à gauche sur la route 45, suivant un large cercle qui contournait Littleton. Je passai devant un panneau délabré annonçant Littleton Flats – on ne l'avait jamais enlevé, préférant le laisser là comme une espèce de monument commémoratif, je suppose.

Je continuai de rouler, et finis par retrouver l'endroit que je cherchais.

En ce début de soirée, le ciel se colorait d'une

palette brouillonne de roses et de pourpres, donnant au désert un aspect presque nucléaire. Les plaines au loin viraient au rouge, les cactus au vert luminescent.

La carcasse de la voiture avait été enlevée. Il n'y avait pas un seul véhicule sur la route.

Je m'arrêtai sur le côté et garai ma Miata à l'endroit où l'ambulance s'était trouvée.

Je sortis et aperçus un reptile d'un brun boueux rampant jusqu'aux broussailles. On voyait beaucoup de serpents à sonnette dans le coin. De temps à autre, quelqu'un se faisait mordre, n'arrivait pas à trouver un docteur à temps et mourait d'une mort effroyable et solitaire.

La mort de Dennis Flaherty avait été effroyable et solitaire.

Je marchai sur la route, jusqu'à l'endroit précis où les deux véhicules s'étaient percutés.

Je m'agenouillai sur les talons, les mains serrées fort sous le menton – je ne sais pas pourquoi, peut-être en guise de prière, de signe de respect envers les morts.

Puis je remarquai quelque chose.

L'absence de quelque chose.

J'essayai de me rappeler ce qu'Ed Crannell avait dit. Ses mots exacts.

Je me relevai et me mis à aller et venir, les yeux rivés au sol. Un grondement se fit entendre sur la route, comme un orage approchant. Je m'écartai sur le côté et regardai avec respect le très gros camion qui rugit devant moi, assez lourd pour faire littéralement hoqueter le sol.

De retour au bureau, je n'y trouvai plus personne.
Je sortis mes notes de mon tiroir.
« J'ai appuyé sur le klaxon à la dernière seconde »,

m'avait dit Ed Crannell quand je lui avais demandé ce qui s'était passé. « J'ai appuyé sur le klaxon à la dernière seconde. Il a freiné brusquement. »

Dennis Flaherty avait freiné brusquement pour éviter de heurter de plein fouet la voiture du représentant en produits pharmaceutiques.

Trop tard pour éviter la collision, bien sûr.

Quelque chose se produit quand on écrase la pédale de frein dans une voiture qui roule à quatre-vingt-dix – on peut supposer sans trop risquer de se tromper que c'était la vitesse à laquelle roulait Dennis Flaherty sur cette route quasi déserte, au petit matin.

C'est une question de pure physique.

Quand on écrase le frein d'une voiture qui roule à cette vitesse, les pneus glissent, c'est inévitable. Peu importe que le sol soit sec ou humide. Il y a forcément des particules de caoutchouc accrochées sur le bitume.

C'est cela dont j'avais remarqué l'absence.

Les traces de pneu.

Il n'y en avait pas une seule sur cette route.

8

Je mens, donc je suis.
Un jour, à New York, j'avais découvert ces mots gravés sur mon bureau à l'aide d'un couteau suisse.

Je *supposais* que c'était l'œuvre d'un couteau suisse, car l'un de mes collègues journalistes me l'avait autrefois montré. C'était son talisman porte-bonheur, m'avait-il expliqué. Grâce à lui il avait survécu à deux guerres et échappé de justesse à un kidnapping à Tikrit.

Il s'était récemment mis à lire mes papiers avec beaucoup d'intérêt. Il m'avait invité à boire un coup un soir et m'avait confié être émerveillé par mes sources. Par ma capacité à être toujours au bon endroit au bon moment. Par le *flair* qui me permettait d'obtenir les bonnes informations.

Il m'avait posé des questions complaisantes sur l'impressionnante célérité avec laquelle je dénichais la vérité.

J'avais fini par me rendre compte qu'il avait beau avoir payé un nombre incalculable de verres, c'était moi qui les buvais tous. Il n'avait pas bu une goutte de sa vodka – de la Grey Goose, sèche.

L'un de nous deux avait effectivement du talent pour dénicher la vérité, mais ce n'était pas moi.

Je mens, donc je suis.
Je plaide coupable.

*
* *

Après avoir relu mes notes – et regretté, une fois n'est pas coutume, de n'avoir jamais pris goût au magnétophone –, j'allai faire un tour au bowling Muhammed Alley. Je commandai une margarita sans sel au cousin de BJ, qui tenait le bar les soirs où ce dernier restait chez lui pour jouer au papa. BJ avait apparemment quatre enfants de trois femmes différentes, bien qu'il n'ait épousé aucune d'entre elles.

C'était un peu comme au bon vieux temps, me disais-je.

Si on retournait en arrière dans le temps. Loin, loin en arrière.

À l'époque où je venais de tomber amoureux. Où je m'inclinais devant les divinités qu'étaient pour moi Bob Woodward et Carl Bernstein[1]. Quand en leur nom j'étais prêt à tout sacrifier, notamment chaque heure de ma journée, abandonnant tout ce qui pouvait ressembler à une vie sociale. Quand je battais le pavé comme je tapais sur mon Mac – avec la frénésie des obsessions les plus profondes.

Cette époque-là.

Quand je croyais effectivement – et j'étais peut-être le seul à le penser – que j'avais un flair journalistique aussi fin que celui d'un chien de douane. Quelqu'un prononçait quelques mots de manière désinvolte – un membre du Congrès, l'assistant du maire, un policier

---

1. Les deux journalistes du *Washington Post* dont l'enquête permit de révéler le scandale du Watergate.

– et l'alarme se déclenchait. J'étais seul à l'entendre : les autres gratte-papier n'avaient pas l'ouïe assez fine. Je me mettais à creuser fébrilement, à la recherche de quelque chose de honteux, censé ne jamais être exposé à la lumière du jour.

La plupart du temps, je ne trouvais que de la boue. Opaque et sans consistance. Dans laquelle on ne pouvait traîner personne si l'info ne provenait pas de deux sources différentes, et s'il n'existait aucune preuve pour la valider.

Il y avait des exceptions, bien sûr. Des enquêtes qui occasionnellement révélaient des choses à moitié intéressantes. Rien de capital, rien de suffisamment incendiaire pour enflammer la conscience du public, mais tout de même assez important pour que mon article atterrisse quelque part avant la page 10.

Ces matins-là, quand j'admirais ma propre signature, très impressionné, plein de gratitude mais aussi d'humilité, je me disais qu'il était possible après tout que je sois du côté des anges.

L'alarme s'était enfin remise en marche.

Quelqu'un s'était pris le pied dans le fil, avait mis le circuit en marche, et cette sonnerie n'en finissait pas de résonner dans ma tête.

Seth passa faire un tour.

— Quoi de neuf ? me demanda-t-il en s'asseyant sur le tabouret à côté de moi.

Moi, avais-je envie de répondre, je me sens rajeuni !

— Je mène une petite enquête, répondis-je.

— C'est drôle, on dirait plutôt que tu bois un petit verre.

Très drôle.

J'aimais bien Seth, tel un raté qui ressent une empathie sincère envers un autre raté. Mais ce soir je ressentais, disons... un fossé entre nous. J'avais l'impression de me remettre tout à coup en selle, alors que lui... il patinait toujours dans la boue.

— Donne-m'en dix, lui dis-je.

— Tu frappes à la mauvaise porte, amigo, dit-il. J'ai plus un rond. Je le jure.

— Dix *minutes*.

— Oh.

Il eut l'air gêné – momentanément – et je me sentis soudain un peu salaud d'avoir traité un membre de mon équipe de bowling comme quelqu'un d'agaçant et de superflu – même un gars avec une coupe mulet.

— OK, dit-il en descendant de son tabouret avec une indifférence feinte. Pas de souci.

— Je t'offre un verre dès que j'ai terminé.

— Ça marche.

Terminé quoi, au juste ?

J'empruntai un stylo au cousin de BJ et me servis de ma serviette en papier pour noter deux ou trois choses, tout ce que je savais en réalité.

J'étais de retour à l'Acropolis Diner, je jouais à nouveau à relier les points.

Qu'est-ce qui a zéro testicule, zéro trace de pneu et deux races ?

Aucune idée.

Pendant que j'y étais, j'inclus même l'agression dans mon sous-sol – griffonnée au bas de ma serviette en papier comme un post-scriptum.

Mais je n'y voyais pas plus clair.

Enfin, il y avait des pistes, mais qui ne menaient nulle part.

Ou simplement des incidences aléatoires.

Ce qui en ferait des *co*ïncidences.

Je gribouillai dans les coins. Je traçai des lignes

allant d'une note à une autre. Je jouai à l'ardoise magique.

Je dessinai deux voitures et noircissais l'une d'elles jusqu'à ce qu'elle disparaisse.

J'écrivis leur nom. Ed Crannell et Dennis Flaherty – qui était peut-être noir, peut-être blanc.

Je décidai de commencer par lui.

Le mort.

Quand Seth revint pour demander son verre – un whisky-Seven Up, un choix dicté j'imagine par la nostalgie de ses années de lycée, à l'époque où Seth pouvait encore frimer et peut-être même rêver à un avenir prometteur –, je le fixai avec ce qui devait être une expression étrangement vide.

— Mon verre, vieux. T'as offert de me payer un cocktail, non ?

— Oui, oui. Vas-y, commande. Moi, faut que je file.

— Ah bon ? Pourquoi ça ?

— J'ai une notice nécrologique à écrire.

C'était comme ça que ça avait commencé.

Coincé dans un box surencombré, quand j'écrivais les notices nécrologiques de gens encore bien vivants – principalement des célébrités, bien sûr –, gravant leur épitaphe en prévision du jour où on en aurait besoin. Le plus dur, c'était d'utiliser le temps qui convenait, de parler de ceux qui se tenaient encore debout comme s'ils appartenaient déjà au passé.

Était à la place d'*est*. *Fit* à la place de *fait*. *Vivait* à la place de *vit*.

Mes premiers mensonges professionnels.

9

Ma Miata refusa de démarrer.

J'appuyai sur l'accélérateur une fois, deux fois, trois fois.

Je dus finir par noyer le moteur.

Je sortis de la voiture, ouvris le capot et contemplai l'enchevêtrement de fils, de tubes et de métal, comme si je savais ce que je faisais.

Ce n'était pas le cas. Je n'aurais pas pu distinguer un carburateur d'une transmission.

Peu importe. C'est ce que l'on fait quand sa voiture ne démarre pas. On ouvre le capot et on scrute le moteur comme si on y connaissait quelque chose.

J'espérais qu'une des parties de la mécanique élèverait la voix pour me dire : *Par ici, Tom, c'est moi, c'est moi le coupable.*

Malheureusement non.

J'étais agité, énervé – je me sentais enfin rebondir, et voilà que ma caisse me lâchait.

Je me demandai où mon ami Marv, le patron de la station d'essence Exxon, se trouvait au moment où j'avais vraiment besoin de lui. Je m'apprêtais à retourner à l'intérieur du bowling et demander à Seth de me déposer.

Mais ce ne fut pas nécessaire.

Une Coccinelle rouge cerise vint se garer sur le parking. Une femme en sortit et commençait à se diriger vers l'entrée du bowling quand elle tourna la tête et remarqua ma présence.

— Des ennuis mécaniques ?

— Ça expliquerait que mon capot soit ouvert, dis-je d'un ton plus caustique que je ne l'aurais voulu.

Elle se détourna et reprit son chemin vers le bowling.

— Attendez. Oui. J'ai des ennuis mécaniques. De graves ennuis mécaniques.

Elle s'arrêta, se tourna vers moi.

Je la reconnus.

Je sentis cette petite palpitation. Ce bond soudain de mon rythme cardiaque.

— Je vous ai vue à la fête d'anniversaire de Belinda Washington, lui dis-je.

— Ah oui, c'est vrai.

Elle s'arrêta à environ un mètre cinquante de moi. Cette fois-ci, elle portait une jupe en jean, qui descendait jusqu'en haut de ses mollets. Difficile de ne pas remarquer que ces derniers étaient bronzés, musclés, joliment galbés.

— Le journaliste, c'est ça ?

— Autrefois, oui.

— Autrefois ? Je croyais que vous faisiez un reportage.

— C'est vrai. Je pratiquais juste un peu d'auto-dérision.

— Vous devriez peut-être laisser ça aux autres, dit-elle.

Son sourire accentuait la jolie fossette de sa joue gauche. J'en avais eu une, moi aussi. Ma mère, durant l'un de ces moments sentimentaux qui alternaient avec des épisodes volcaniques et terrifiants – les deux étant provoqués par l'alcool, sans que l'on puisse savoir auquel on aurait droit tel ou tel jour –, m'avait dit que Dieu avait enfoncé son doigt dans ma joue après avoir terminé de me façonner. Passé un certain âge, elle avait tout simplement disparu.

— Ma voiture refuse de démarrer, dis-je.

— Oui, ça, j'ai plus ou moins compris.

Elle s'approcha et jeta un œil sous le capot.

Il était huit heures du soir. Cette journée de juin avait été caniculaire. On y voyait encore bien mais la lumière baissait de seconde en seconde. Elle adoucissait tout, c'était le genre de lumière qui pousse les impressionnistes à se jeter sur leur toile et leurs pinceaux. Qui fait d'une femme penchée au niveau de la taille quelque chose de si magnifique et de si rare que les sens s'en trouvent paralysés.

Clang. Bang. Clink.

Elle dévissa quelque chose, trifouilla dans le moteur.

— La bobine d'allumage était débranchée, dit-elle au bout de quelques minutes. Essayez maintenant.

Je m'assis au volant et appuyai sur l'accélérateur.

Vroooooooooom.

— Ça doit être ça qu'on appelle l'inversion des rôles, dis-je après avoir réussi à m'extirper de la voiture pour lui serrer la main. Merci.

— Mon père était mécanicien, dit-elle. Il vivait littéralement sous les capots. Si je voulais passer du temps avec lui, je n'avais pas le choix.

— Vous avez été une sacrée bonne élève...

Sa main était à nouveau sur sa hanche, mais je conservais l'impression que ses doigts m'avaient laissée : la chaleur de la chair et la fraîcheur de la laque.

— Assez pour apprendre à repérer une bobine débranchée, dit-elle. Ce n'est pas vraiment difficile.

Au moins me dit-elle ça avec un sourire.

— Tom Valle, dis-je pour me présenter.

J'avais conscience que la palpitation n'avait pas cessé, que mon cœur battait désespérément dans ma poitrine, comme si un papillon y était prisonnier.

— Anna Graham.

— Vous rendiez visite à quelqu'un ? À la maison de retraite ?

— Mon père. Il a Alzheimer.

— Je suis désolé.

— Moi aussi.

Silence. J'essayais de la dévisager, sans trop insister non plus. Un peu comme la première fois qu'on se retrouve sur une plage de nudistes. C'est plus facile avec des lunettes de soleil.

— Eh bien, dit-elle, j'étais sur le point d'aller au bowling.

Je faillis lui dire : « Quelle coïncidence, moi aussi, j'y allais. » Sauf qu'il était évident que j'en sortais.

— Est-ce que vous... euh... ?

— Quoi ?

Elle se protégeait du soleil avec la main, mais, même plissés, ses yeux étaient assez grands pour qu'on puisse s'y perdre.

— Est-ce que vous habitez ici ? demandai-je. À Littleton ?

— Je ne suis ici que pour quelques jours. J'habite à Santa Monica.

— Santa Monica. Ah.

— Sur Fifth Street, juste à côté de la Promenade.

— Vous êtes déjà allée boire un verre au Shutters ?

— Non.

— Ils ont un joli bar.
— C'est ce qu'on m'a dit.
— Eh bien, dis-je, peut-être que je vous y croiserai un jour.

Son expression me laissa entendre que c'était peu probable.

Je rentrai chez moi.

En franchissant la porte, je m'apprêtais à prendre le couloir qui menait à la chambre pour regarder des rediffusions de *I Love Lucy* sur Nickelodeon. J'aimais Lucy, oui, ou du moins je gardais pour elle une affection fidèle. Après tout, Lucy, Ethel, Fred et Ricky, les personnages de la série, avaient été nos baby-sitters, à mon frère et moi, pendant les longues après-midi où ma mère était présente mais occupée à autre chose, lorsqu'elle échangeait Jim, Jack ou Johnnie contre Tom, Dick ou Vinny, un défilé d'hommes sans visage qui m'ébouriffaient parfois gentiment les cheveux avant de monter à l'étage.

Mais je changeai d'avis. Au lieu d'aller regarder *I Love Lucy*, j'allumai la lumière du sous-sol en haut de l'escalier et je descendis. Prudemment. Prenant soin de m'arrêter à chaque marche et de regarder autour de moi.

Il semblait bien qu'il n'y avait personne au sous-sol cette fois-ci.

J'avais jeté un coup d'œil rapide après mon agression, quand j'avais finalement réussi à me relever et à me tenir à peu près droit sur mes jambes.

Quand je l'avais aperçu pour la première fois, il était agenouillé entre le chauffe-eau et le mur.

Il tapait avec le truc en métal qu'il tenait à la main. De toute évidence, il n'était pas en train de réparer quoi que ce soit.

Alors qu'est-ce qu'il foutait ?

S'il s'agissait d'un cambriolage, pourquoi descendre ici ?

Je passai la main sur le mur. Deux étagères étaient fixées de guingois dans le plâtre. Dessus, il y avait de vieux pots de peinture, des chiffons durcis, une radio cassée datant des années cinquante, posée sur un jeu de société tout cloqué. J'essuyai la couche de poussière. *Destins* de chez MB. L'espace d'un instant, je me revis en train de pousser une minuscule voiture bleue le long de la route labyrinthique qui menait au « Manoir du millionnaire », gardant jalousement ma pile de faux billets que ma mère lorgnait de ses yeux chassieux. Elle en voyait, des choses, ma mère. Quand Jimmy trichait, par exemple. Ça ne lui échappait jamais. Quand il se servait dans la banque comme *un petit voleur*.

Une sensation de terreur me frappa soudain au centre de la poitrine.

Je regardai en dessous des étagères, là où la plaque de plâtre rejoignait le sol. Une araignée marron fila se cacher sous un pot de peinture.

Un pot rempli de capsules de bouteille.

Un bâton de hockey fendu portant le logo à moitié effacé des San Jose Sharks.

Une balle de baseball dont la couture était distendue.

Quelques vieux livres. Une biographie du journaliste Edward R. Murrow. Une histoire de la guerre froide. *Viêtnam* de Stanley Karnow. *Hiroshima* de John Hersey.

Tout cela avait probablement appartenu à Wren.

De la poussière de plâtre recouvrait une photo de couverture où figurait un champignon atomique. En poussant de côté les livres, je découvris un trou dans le mur, large et irrégulier. Il aurait fallu quelque chose d'assez lourd pour faire ça, me dis-je, en essayant de me remémorer l'outil en métal dans la main du plombier. L'outil avec lequel il avait fini par m'assommer.

Je regardai dans le trou mais ne vis rien que du placoplâtre et des bouts de journaux déchirés qui servaient à l'isolation.

En poursuivant mon exploration du sous-sol, je marchai sur quelque chose.

Un petit objet en plastique.

Je m'agenouillai juste assez longtemps pour que la forte odeur de moisi m'assaille et ramassai le bidule.

Un couvercle de prise de téléphone. La vis pendait encore dans le trou.

D'où cela venait-il ?

Là. En bas du mur.

La prise de téléphone était ouverte, les fils rouge et jaune séparés de leur vis respective, se dressant dans l'air comme des doigts figés par la rigidité cadavérique.

J'amenai le couvercle sous l'unique ampoule électrique pendant au plafond. De toute évidence, la prise ne servait à rien – il n'y avait pas de téléphone au sous-sol. Le couvercle traînait peut-être par terre depuis des années.

Sauf qu'il n'y avait pas de poussière dessus.

Alors non, il n'était pas là depuis longtemps.

10

Cette fois-ci, Mme Flaherty se montra plus méfiante.
— Qu'est-ce que vous voulez encore ? me demanda-t-elle.
— J'enquête sur l'accident.
— Vous enquêtez ?
— C'est ça, oui. Je commence à croire que les choses ne se sont pas passées comme il les raconte.
— Qui il ? Je ne comprends rien.
— L'autre conducteur. Je ne crois pas que les choses se soient produites comme il les a décrites.
— Vous pensez qu'il ment ?
— Peut-être qu'il s'embrouille. Ou qu'il pense être responsable de l'accident, alors il a inventé certaines choses.
— On m'a dit que Dennis roulait sur la mauvaise voie.
— Oui. C'est ce que l'autre conducteur a déclaré.
Non. Je m'en rendis soudain compte : l'autre automobiliste avait dit que Dennis avait *dévié* sur sa voie.
Tout d'un coup, je comprenais.
Sa dépression, son problème de boisson...
Mme Flaherty pensait que Dennis l'avait fait exprès

– que des pensées suicidaires très nettes l'avaient poussé à donner ce coup de volant.

— Vous ne le croyez pas ? me demanda-t-elle. Cet autre automobiliste – quel était son nom : Earl ?

— Ed. Ed Crannell.

— Vous ne le croyez pas ?

— Peut-être pas, non.

— De toute façon, ça n'a pas d'importance, dit-elle doucement. Mon fils est mort.

J'entendis quelque chose qui ressemblait à un sanglot.

J'attendis. Il était huit heures trente-deux, le matin. Norma n'était pas encore arrivée. Les bureaux du *Littleton Journal* n'étaient qu'une simple boutique coincée entre le fast-food chinois Foo Yang et l'armurerie Ted's Guns & Ammo, qui offrait une cible à l'effigie de Michael Moore à chacun de ses clients qui achetait une arme de poing.

— Madame Flaherty ? Pouvez-vous me décrire Dennis ?

— Quoi ?

— Pouvez-vous me décrire votre fils ?

— Pourquoi ?

— Il n'était pas biracial, si ?

— Biquoi ?

— Dennis était-il bien caucasien ? Blanc ?

— Qu'est-ce que c'est que cette histoire ?

— Rien. J'essaie juste...

— Qu'est-ce que vous essayez de me dire ?

— Je veux seulement clarifier certaines choses...

— La police m'a dit qu'il s'agissait de Dennis. Je l'ai enterré.

— Bien sûr. Un mètre soixante-seize, cheveux châtains, yeux vert olive. C'est bien votre fils, Dennis ?

— Pourquoi m'avez-vous demandé si c'était un Nègre ?
— Écoutez, oubliez ce que...
— Vous pensez que ce n'était pas lui, c'est ça ?
— Non...
— C'est ce que vous dites, non ? Vous pensez que c'était peut-être quelqu'un d'autre. Un Nègre. Il a été entièrement brûlé... sa peau a été carbonisée.

Elle ne posait plus de questions ; elle affirmait. Sa voix était pénétrée par la ferveur de ceux qui retrouvent la foi.

J'aurais dû l'arrêter, bien sûr. Immédiatement. J'aurais dû dire que ce n'était pas du tout là que je voulais en venir, pas du tout, que je lui demandais simplement la description de son fils par souci d'exactitude journalistique.

Peut-être que les mots d'« exactitude journalistique » avaient été juridiquement bannis de mon vocabulaire. Comment gérer l'émotion que je sentais dans sa voix ? Le fait qu'elle soit si avide de croire ce que je suggérais ? J'avais déjà entendu cette séduisante musique : autour de la table lors de réunions éditoriales, quand je soumettais des projets de reportages qui recueillaient le doux murmure d'assentiment de mes collègues.

Comprenez et pardonnez. C'était comme de souffler de la fumée sur le visage d'un accro à la nicotine.

— Imaginons une seconde, dis-je à Mme Flaherty, que quelqu'un ait cambriolé Dennis. Qu'on lui ait volé sa voiture, son portefeuille. Puisque le corps était méconnaissable... J'essaie seulement de ne laisser aucune place au doute.

— Oui... oui, bien sûr. Dennis avait les cheveux châtains, les yeux vert olive – comme vous l'avez dit. Il avait une petite cicatrice sur la joue droite. Il est tombé d'une cage à poules quand il avait cinq ans. Est-ce qu'il serait possible... monsieur... ?

— Valle. Tom Valle.

— Est-ce qu'il serait possible qu'ils se trompent ? Ce serait possible, n'est-ce pas ? Que ce ne soit pas lui ? Que ce soit quelqu'un d'autre ?

Elle nota mon adresse pour m'envoyer une photo de Dennis.

Elle me raconta quelques détails concernant le triste simulacre de mariage qu'avait vécu son fils.

Elle me donna le numéro de téléphone de l'ex-femme de Dennis.

Elle me dit qu'il avait gagné cinq badges de mérite quand il était scout.

J'avais du mal à la faire raccrocher.

Quand Hinch arriva, il me demanda sur quoi je travaillais.

Hinch était un homme à la charpente massive, depuis ses épaules jusqu'à – plus récemment – son estomac. Certains matins, il venait au bureau avec un début de barbe grise sur le menton. Ces jours-là, je m'inquiétais de l'état de santé de Miss Azalée.

— Je bosse sur l'accident de voiture.

— L'accident sur la route 45 ? C'est déjà une vieille histoire, non ?

— Il reste deux ou trois choses que j'essaie d'éclaircir.

— Par exemple ?

Hinch se dirigea vers la machine à café, que j'avais été assez aimable pour mettre en route – c'était Norma qui s'en occupait d'habitude.

— Par exemple, le fait qu'il n'y a eu aucune identification formelle de la victime. Si l'on excepte le portefeuille qu'on a retrouvé.

— Et alors ?
— Alors je ne sais pas. Mais le légiste pensait...
— Le quoi ?
— Le docteur Futillo. Il était convaincu que...
— Le docteur Futillo ? ricana Hinch. Il est médecin légiste, lui ? Sûrement pas. Tu en sais un peu sur lui ?

En tant que propriétaire, rédacteur en chef et seul éditorialiste du *Littleton Journal*, Hinch se faisait un devoir de savoir à peu près tout sur tout le monde en ville.

— C'est un bon joueur de bowling, répondis-je.
— Il est surtout bon pour prescrire de l'OxyContin à des patients qui n'en ont pas réellement besoin. Il s'est réimplanté ici dans des circonstances, disons, assez louches. Si j'étais toi, je me méfierais des opinions du docteur Futillo. Surtout en ce qui concerne la médecine légale.

Je voyais bien où il voulait en venir. Il y avait deux personnes qui s'étaient réimplantées à Littleton dans des circonstances louches, et assurément aucune d'elles n'était digne de confiance.

Le shérif Swenson avait raison : Hinch était bien un cousin de mon agent de probation, qui m'avait demandé lors de notre dernière entrevue ce que je comptais faire de ma vie, maintenant qu'aucun journal dans un rayon de cinq mille kilomètres ne me donnerait du travail. La réponse était simple. Trouver un journal à cinq mille un kilomètres. Mon agent de probation en avait donc touché un mot au rédacteur en chef dudit journal – Hinch, son cousin du côté maternel. Ce journal était à peine plus qu'un prospectus, c'est vrai – mais le fait qu'il soit situé en plein désert avait de quoi satisfaire mon désir d'isolation et d'autoflagellation.

— Je n'écrirai rien sans l'avoir vérifié, déclarai-je.

Ce en quoi je répétais quasiment mot pour mot ce qu'Hinch m'avait dit le jour où j'étais arrivé dans ma Miata déglinguée. Qu'il ne publierait rien qui n'ait été auparavant vérifié.

Même si c'était un article sur la vente annuelle de livres à la bibliothèque de Littleton. Je n'avais pas intérêt à me tromper de date, d'accord ?

Je lui avais promis qu'il pourrait compter sur moi.

Hinch me dévisagea longuement, comme si la crédibilité était quelque chose qu'on pouvait apprécier à l'œil nu.

— D'accord, me dit-il.

Il se retira dans son bureau et ferma la porte.

Je m'étais acheté un iPod.

Norma avait réussi à me convaincre de ses innombrables avantages. Elle s'était récemment mise à consacrer sa pause déjeuner à des séances d'aérobic rythmées par le dernier album d'Outkast, enfilant un large jogging rose et chantonnant avec Andre 3000.

En très peu de temps, j'avais gonflé mon iPod avec mille trente-deux chansons. Essentiellement de très bons classiques.

L'intégrale d'Hendrix.

Pas mal de Jackson Browne.

Du Santana. Du Fleetwood Mac. Du Jethro Tull.

Quelques anomalies aussi : des chansons de comédies musicales de Stephen Sondheim, Sinatra en concert au Caesar Palace, une interprétation de *Where or When* par Judy Collins.

Si vous n'avez jamais entendu Judy chanter cette composition de Richard Rodgers, vous passez vraiment à côté de quelque chose.

J'écoutais *Where or When* en marchant vers ma voiture.
Je devais couvrir l'inauguration d'un nouveau grand magasin. Et peut-être aller enquêter sur autre chose.
Je me concentrai sur les paroles.
Des choses qui sont arrivées pour la première fois,
Semblent arriver de nouveau...
Oui.

11

On n'oublie jamais sa première fois.
Je ne m'étais pas réveillé.
J'étais censé prendre un avion pour Shreveport en Louisiane, afin d'aller interviewer la famille d'un membre de la Garde nationale – une des premières victimes de l'Afghanistan. À l'époque où la guerre contre le terrorisme semblait encore motivée par un juste désir de revanche.
C'était avant que nous débarquions en Irak à coups de missiles, à la recherche d'armes de destruction massive inexistantes, ouvrant grand la porte au chaos.
Peut-être qu'au fond de moi j'avais peur. De frapper à leur porte, d'insister pour leur dire à quel point j'étais désolé de déranger leur chagrin. Leurs visages ahuris – parce que c'est ahurissant, la mort, un tour de passe-passe comme le plus grand des magiciens ne saurait en réaliser : un instant un être est là, le suivant il a disparu. Les têtes baissées, les larmes qui provoquent l'embarras, les clichés tirés d'albums poussiéreux, sortis pour que je puisse les contempler avec respect. Les histoires datant de leur enfance, la visite de la chambre, le drapeau américain plié sur la tablette de la cheminée du salon. Peut-être que

j'en avais tellement peur que j'avais décidé de ne pas me réveiller.

Vous voyez bien : je connaissais ça par cœur, je n'avais pas besoin de le revivre pour l'écrire.

C'est exactement ce qui m'était venu à l'esprit tandis que je fixais avec des yeux embués mon radio-réveil, qui bizarrement indiquait une heure bien plus avancée que celle qu'il aurait dû être. Une heure si avancée qu'il ne m'était plus possible d'attraper simplement l'avion suivant, d'arriver quand même à temps pour faire cette interview et qu'elle paraisse dans l'édition de demain – celle du dimanche.

Je dois avouer quelque chose.

Il m'était déjà arrivé de tricoter de petits mensonges. Comme tous les journalistes.

Pas grand-chose.

Peut-être avais-je reconstruit un bout du dialogue ayant eu lieu entre moi et cet homme qui graissait la patte aux politiciens, lors de notre entrevue dans un garage désert en plein centre-ville. Ma version n'était pas du strict mot à mot, à coup sûr, mais elle donnait une impression tellement plus forte, un tour tellement plus dramatique.

Peut-être qu'ici ou là j'avais déjà décrit quelque chose que je n'avais pas réellement vu.

J'avais parlé à un accro au crack devant son immeuble en ruine, et pourtant certains détails de son appartement – où traînaient détritus et aiguilles usagées – avaient réussi à trouver leur place dans mon article.

Pourquoi pas ? Quel mal y avait-il à cela ?

C'est vrai, son appartement était sûrement jonché de détritus et d'aiguilles. Inclure ça dans l'article lui donnait de la texture. Et si je n'avais jamais pénétré à l'intérieur, si je ne l'avais jamais vu de mes propres yeux – qui le devinerait ? Ça ne faisait aucune différence substantielle, si ?

Évidemment, cette fois-ci ce ne serait pas la même chose. J'allais inventer quelque chose de toutes pièces. L'audace de ce projet me gardait cloué au lit, les yeux fixés sur mon réveil comme si la petite aiguille pouvait soudain avoir la bonne idée de revenir en arrière.

Je crois que je rédigeai l'article comme on se livrerait à une sorte d'exercice. Au début, du moins.

C'est ce que je me dis à ce moment-là, en tout cas.

Écris-le pour rigoler, murmurai-je, et vois ce que ça donne.

Imagine-toi la scène, me dis-je. À Shreveport, par un temps doux et plaisant. Tu marches le long d'un trottoir surplombé par des arbres, puis tu grimpes les marches en bois branlantes qui mènent à leur porte d'entrée. M. et Mme Beaumont reculent pour te laisser pénétrer dans l'obscurité étouffante de leur salon. Imagine : comment répondent-ils aux questions que tu leur poses ?

J'avais quelques véritables informations. Un passage rapide par Google m'avait permis de dégoter deux articles du Shreveport Journal. *Le sergent de première classe Lowell Beaumont était un excellent athlète au lycée, ce qui lui aurait valu une bourse de l'université LSU s'il ne s'était pas déchiré les ligaments du genou durant son année de terminale à Stonewall Jackson High.*

« Sa chambre est encore emplie de l'écho de ses exploits sur les terrains de football américain : des trophées récemment dépoussiérés ornent chaque côté de sa commode. »

Vous voyez, ce n'était pas si difficile.
Il y avait toutes les chances pour que sa chambre ressemble effectivement à cela.
Lowell avait deux sœurs cadettes, selon les articles. Mary et Louise.

« Mary Beaumont serrait entre ses deux mains une photo de son frère tombé au combat : "Il veillait toujours sur nous ; par exemple il s'assurait que nous rentrions toujours bien à l'heure." »

Quel grand frère ne garderait pas l'œil sur ses sœurs ? Et une sœur endeuillée ne saisirait-elle pas sa photo, ne serait-ce que pour fixer des yeux ce visage qu'elle ne verrait plus jamais en vrai ?
Lowell Beaumont travaillait sur une chaîne de montage à l'usine de pneumatiques du coin. Il avait incorporé l'armée une semaine après le 11-Septembre.

« Il pensait qu'il avait un devoir envers son pays, explique Mme Beaumont en secouant sa chevelure blanche, la tête courbée sous le poids de la douleur. Il était même prêt à lui sacrifier sa vie. »

Après la destruction des tours jumelles, l'unique raison qui pouvait pousser quelqu'un à s'engager dans la Garde nationale n'était-elle pas le devoir envers la patrie ? Le père ne serait-il pas déchiré par un curieux mélange de fierté et de tristesse ? S'il n'avait pas dit exactement ces mots-là à quelqu'un, il les avait assurément pensés.
Une fois lancé, rien ne put m'arrêter.
C'était plus facile que d'avoir à se référer constamment

à mes notes. Tellement plus facile. Mes doigts volaient littéralement au-dessus des touches.

À propos de notes...

Supposons que je remette effectivement cet article. Supposons que cette fois-ci – qui serait la première et la dernière, évidemment – je sauve ma peau en donnant libre cours à un peu de créativité. Si quelqu'un venait à remettre en cause mon reportage, je pourrais fournir des preuves. Pas sur cassette – après tout, j'étais un traditionaliste qui abhorrait les magnétophones, c'était bien connu. Je donnerais mes notes.

Quelles notes ?

Celles qu'au besoin je sortirais instantanément de mon sac.

La pensée d'un tel subterfuge, si brillant et si simple, me conforta et m'incita à aller de l'avant.

L'article terminé, je le relus et trouvai qu'il ressemblait exactement à ce que j'aurais pu écrire si je n'avais pas raté mon avion et si j'avais effectivement pénétré dans cette maison aux volets fermés de Shreveport.

Néanmoins, j'avoue que mes mains tremblèrent légèrement au moment où je remis l'article à mon superviseur ce soir-là.

Au moment où je regardai l'article passer du secrétariat de rédaction à la mise en pages.

Le lendemain matin, il m'appela dans son bureau.

Mon tremblement augmenta de façon exponentielle. Je vacillais, miné par la terreur que l'on ressent quand on doit se rendre dans le bureau du principal après avoir été surpris en train de pomper sur ses notes de cours lors d'un exam.

En chemin, je répétais mon histoire : « J'ai loupé l'avion, alors je les ai appelés et j'ai fait l'interview par téléphone... Cela ne se reproduira jamais plus... J'aurais dû vous le dire... Je suis vraiment, vraiment désolé... »

En franchissant le seuil de la porte, la première chose que je vis, ce fut le journal plié à la page de mon article. Première page, en bas à gauche.

« Le triste retour d'un soldat »

Il leva les yeux, me fixant par-dessus ses lunettes à double foyer démodées, l'air encore plus ébouriffé que d'habitude. Depuis que la ville de New York avait interdit la cigarette sur les lieux de travail, il s'était mis à mâcher tout ce qui lui tombait sous la main. Ce matin, il s'agissait d'un crayon rouge que ses dents avaient presque tranché en deux. Il l'ôta de sa bouche pour le pointer au-dessus de l'article aussi solennellement qu'un revolver dont on s'apprête à presser la gâchette.

— Bel article, dit-il. Émouvant sans être mièvre. Du très, très beau boulot.

— Merci, répondis-je.

Je crois bien que j'ai rougi.

12

Il fut un temps où Littleton aspirait à être une sorte de nouveau Palm Springs. Des travaux avaient débuté pour la construction de deux énormes hôtels et d'un terrain de golf signés par l'architecte Robert Trent Jones, Littleton souscrivant à la théorie de développement urbain selon laquelle il suffisait d'abord de construire pour qu'ensuite les gens viennent.

Ils ne vinrent pas.

Peut-être parce que Palm Springs avait Bob Hope et Shecky Greene et tout un tas de membres vieillissants du Friars Club, le club privé le plus huppé de Beverly Hills, tandis que Littleton avait Sonny Rolph.

Les choses ne s'arrangèrent pas quand le principal promoteur immobilier de Littleton fit faillite durant la crise des marchés financiers au début des années quatre-vingt-dix, au moment même où le billet pour Las Vegas devenait plus accessible pour les habitants de Los Angeles en quête d'un endroit où passer leur week-end.

Les hôtels ne furent jamais terminés – le golf en resta à seulement neuf trous.

Aujourd'hui, on s'enthousiasmait pour les inaugurations de centres commerciaux.

Celle-ci était de toute beauté.

Les clowns de rodéo distribuaient des ballons en forme de petits teckels roses. Des machines ronflantes tissaient des rouleaux scintillants de barbe à papa. Un sosie de Billy Ray Cyrus chantait une chanson country à propos de sa copine qui lui en faisait voir de toutes les couleurs, du rouge, du blanc et du bleu...

Qui se trouvaient être les couleurs du ruban que coupa d'une main experte le maire – déjà deux fois réélu – de Littleton. Le patriotisme était clairement à la mode ces temps-ci. La foule vorace se rua immédiatement par la porte gigantesque, en quête de bonnes affaires et d'air conditionné. Pas nécessairement dans cet ordre-là.

Nate Cohen, mon stagiaire venu de l'université Pepperdine, m'accompagnait pour couvrir cet événement hors du commun. Les camarades de son association étudiante l'appelaient « Nate the Skate », m'avait-il informé le premier jour.

Pourquoi ?

J'en sais rien, m'avait-il répondu, comme interloqué par la bizarrerie de ma question.

Nate avait l'habitude de me mitrailler de questions sur le journalisme lorsqu'il n'était pas pendu au téléphone avec sa petite amie. Ils avaient des portables assortis, m'avait-il déclaré avec fierté, et l'un comme l'autre pouvaient prendre des photos de haute qualité. Il l'avait prouvé en exhibant un cliché de sa petite amie, Rina, allongée nue sur une chaise longue.

— Elle est pas trop mignonne ?

— Tu es sûr d'avoir envie de montrer ça aux gens ?

— Vous êtes pas les *gens*. Vous êtes mon mentor. En quelque sorte.

— Peut-être qu'elle ne voudrait pas que ton mentor la voie toute nue ?

— Oh, elle s'en ficherait. On va à Black's Beach tout le temps.

Black's Beach est une crique au sud de La Jolla – un endroit connu car le port de vêtements n'y est pas obligatoire.

Nous nous acquittâmes de notre mission avec un professionnalisme tout ce qu'il y avait de plus machinal.

Étonnamment, interviewer des vendeuses de cinquante ans qui passaient leur temps à m'asperger d'*Eau de quelque chose* par Calvin Klein n'excitait pas particulièrement le reporter en moi. Même chose en ce qui concernait le responsable du rayon des appareils ménagers – malgré l'impeccable démonstration qu'il me fit d'un presse-fruits/ toaster deux-en-un ainsi que d'un aspirateur de table équipé d'une puce électronique.

J'étais préoccupé.

Belinda Washington avait vécu jusqu'à son centième anniversaire puis s'était brutalement éteinte. Je l'avais entendu à la radio ce matin même.

« Voici une nouvelle plus triste, avait dit le présentateur de la radio locale : notre centenaire de Littleton a tiré sa révérence aujourd'hui. Belinda Washington s'en est allée rejoindre la grande et belle maison de retraite là-haut dans le ciel. »

« Je nous souhaite à tous autant de chance », avait joyeusement renchéri le coprésentateur de l'émission.

Après avoir déposé Nate, je retournai à la maison de retraite.

Je ne sais pas exactement pourquoi.

Au moment où j'entrai dans le hall, M. Birdwell

raccompagnait un couple d'une cinquantaine d'années jusqu'à la porte.

— Alors tenez-nous au courant, leur dit-il. Le nombre de places est limité.

Il essayait déjà de trouver un nouvel occupant pour le lit de Belinda. Les maisons de retraite étaient devenues pareilles à des restaurants branchés : les « bonnes adresses » avaient des listes d'attente qui faisaient des kilomètres de long.

M. Birdwell se souvenait parfaitement de moi.

— Qu'est-ce qui nous vaut une autre visite de votre part, monsieur Valle ?

— J'ai appris pour Belinda. Je venais aux nouvelles.

Il me regarda d'un air perplexe, comme s'il attendait que je termine une phrase.

— Je me demandais de quoi elle était morte, dis-je.

— Elle avait *cent ans*, répondit-il comme si cela fournissait toutes les explications nécessaires.

— Elle avait l'air en forme, le jour où je suis passé.

— C'est son cœur, dit-il. Il a flanché.

— Je vois.

Je me souvins de la main de Belinda, glacée – à l'inverse de la poignée de main chaude d'Anna. Des extrémités froides étaient pourtant le signe d'une bonne circulation. Son *cœur*, ben voyons.

— Pourrais-je voir sa chambre ? demandai-je.

— Pourquoi ça ?

— Pour mon article.

Il n'y avait pas de nouvel article prévu. Alors même que mes lèvres prononçaient ces mots, je savais que j'étais en train de mentir.

— Il n'y a pas grand-chose à voir, dit M. Birdwell. Mais d'accord.

Il se retourna et me fit signe de le suivre.

Nous passâmes devant le bureau des infirmières, où les chaises roulantes étaient encastrées les unes dans les autres comme des caddies. Les infirmières avaient l'air très calmes aujourd'hui. Peut-être qu'elles aimaient bien Belinda, elles aussi.

Un homme en robe de chambre peinait cruellement à avancer le long du corridor malgré l'aide de son déambulateur et de son masque à oxygène. Il leva les yeux et les plissa dans ma direction comme s'il essayait de se concentrer. Je me rappelai l'avoir vu dans la salle de jeux l'autre jour, et je me demandai un instant s'il ne s'agissait pas du père d'Anna, cet homme qu'Alzheimer détruisait à petit feu.

La chambre de Belinda était située au bout d'un long couloir éclairé au néon.

Elle était ostensiblement vide, et en cela remarquable.

Belinda avait eu une chambre pour elle toute seule. Un lit double. Une télévision sur un plateau mobile était fixée à l'angle de la pièce.

Sur une petite commode marron, une unique photo encadrée était à moitié tournée vers le mur.

Je m'en emparai.

Une mère et son fils.

C'était *elle*, indéniablement – même avec soixante ans de moins.

Je reconnus le sourire qu'elle m'avait accordé le jour où je l'avais interviewée. Elle était assise sur un banc, un petit garçon lové dans ses bras.

Juste au-dessus de sa tête, on voyait un panneau suspendu avec des chaînes : *Littleton Flats Café*.

— Elle a grandi à Littleton Flats ? demandai-je à Birdwell en essayant de me rappeler si elle m'en avait parlé.

— Oh oui, me répondit-il. Belinda était notre star à nous. Vous connaissez ce type qui présente la météo sur NBC – Willard, comment s'appelle-t-il... Scott –, celui qui souhaite un joyeux anniversaire à tous les centenaires du pays ? Il a montré la photo de Belinda il y a quelques semaines.

J'observai maintenant le garçon assis sur ses genoux. *Il est décédé il y a longtemps...*

— Son fils. Est-ce qu'il est mort dans l'inondation ?

— Absolument, dit Birdwell en hochant la tête. Une véritable tragédie. Belinda travaillait comme employée de maison dans une famille, ici à Littleton. Apparemment, elle rentrait chez elle tous les week-ends. Mais pas celui-là. On lui avait demandé de garder les enfants de la famille. L'inondation a eu lieu un dimanche matin alors que tous les gens de Littleton Flats étaient chez eux. Son fils ne faisait pas exception.

Je tentai d'imaginer ce que l'on pouvait ressentir dans un tel cas : pendant que vous vous occupez des enfants d'autres gens, le vôtre se noie. Et vous n'êtes même pas là pour le serrer dans vos bras.

Il m'a dit qu'il me pardonnait, m'avait-elle confié. Je savais maintenant pourquoi.

— Est-ce qu'elle avait d'autres enfants ? demandai-je.

M. Birdwell secoua la tête.

— Elle l'a eu assez tard. Je suis quasiment sûr qu'il n'y avait que Benjamin.

Il y a des choses qui me manquent.

Oui. Et Benjamin lui manquait tellement qu'elle le faisait revenir à la vie de temps à autre. Une femme qui souffrait des premières affres de la démence et des dernières affres de la solitude.

— Puis-je la prendre ? demandai-je à M. Birdwell.

— La photo ? Pour quoi faire ?
— Mon article, mentis-je à nouveau.

Il hésita, débattant intérieurement des paramètres éthiques à prendre en compte avant de remettre un objet intime à un journaliste.

— Je vous la rapporterai, dis-je.
— Bon, d'accord. Je ne vois pas en quoi ça poserait problème.

Je l'avais déjà glissée dans ma poche.

Plus tard ce soir-là, après avoir descendu deux verres de tequila en regardant des épisodes de *Forensic Files*[1], je décrochai mon téléphone et composai quelques chiffres qui m'étaient familiers.

Je dus attendre quatre sonneries avant qu'il ne décroche et dise : « Allô, allô... ? »

Parfois, je lui réponds.

Silencieusement.

Je dis que je suis désolé, que j'avais depuis longtemps l'intention de l'appeler pour lui dire à quel point je suis désolé, et que je m'excuse d'avoir mis tant de temps. J'entends les mots dans ma tête, et ils sonnent sincères et contrits. Mais je ne les entends pas sortir de ma bouche. Ils se perdent quelque part entre mon cerveau et ma bouche.

Ce soir-là, je les entendais à nouveau et ils sonnaient différemment, légèrement imbibés d'alcool, un peu tristes.

« Allô ? Allô... Qui est à l'appareil ? »

C'est moi, dis-je sans parler. C'est moi. Tom. Je suis désolé, vraiment.

---

1. Série américaine réaliste mettant en scène des experts médicolégaux.

Il raccrocha. J'attendis jusqu'à ce que j'entende la tonalité déprimante d'une ligne coupée.

En me penchant pour reposer le téléphone, je découvris non sans douleur que la photo traînait par terre.

Elle avait dû tomber de ma poche quand j'avais essayé, sans y parvenir, de lancer mon jean sur le dos d'une chaise. Le verre s'était brisé et de petits éclats s'étaient répandus là où je venais de poser mon pied gauche.

Je saignais.

Sur un pied, je sautillai jusqu'à la salle de bains et réussis à localiser le flacon de teinture d'iode. J'extirpai l'éclat de verre planté juste sous mon gros orteil, que je désinfectai avant de le panser. Je me traînai avec précaution jusqu'à la chambre, ramassant soigneusement les éclats de verre qui restaient avant de les déposer dans mon sac-poubelle qui débordait et puait les restes de nourriture vieux de quatre jours.

Il me restait à m'occuper de la photographie blessée. Des petites gouttes de sang rouge vif avaient donné à la mère et à son fils un air d'accidentés de la route. J'avais l'impression d'avoir profané quelque chose d'inestimable et d'irremplaçable.

Je l'essuyai avec un mouchoir, mais le sang avait pénétré le papier et avait gondolé la photo. Je l'ôtai délicatement de son cadre fendu et soufflai légèrement sur sa surface.

Quelque chose tomba par terre. Un bout de papier plié qui avait été collé de l'autre côté.

Je posai la photo sur ma commode et me baissai pour récupérer le papier. Mon pied lacéré me fit mal à hurler.

C'était un mot.

Joyeux anniversaire de cent ans, commençait-il.

Je m'assis sur le lit et dépliai la lettre sur mes genoux.

Joyeux anniversaire de cent ans.
Je t'envoie cent baisers.
Je te serre cent fois dans mes bras.

Affectueusement, Benjy.
P.-S. : Meilleurs vœux de Kara Bolka.

13

Sam Weitz m'appela au bureau pour me demander si j'avais besoin d'une assurance vie.
— Pourquoi ? lui demandai-je.
— Parce que tout le monde devrait avoir une assurance vie. Est-ce que tu ne viens pas de te faire agresser ?
— Si.
— Ben voilà.
— Qu'est-ce que ç'a à voir avec ton truc ? Si je mourais, à qui est-ce que je laisserais cet argent ?
— De toute évidence, tu n'es pas au courant des dernières avancées en matière d'assurance. Ce n'est pas qu'une question de *décès*. Il existe des couvertures prévues pour les longues absences dues à des causes médicales, par exemple. Pour que tu puisses conserver ton salaire. Tu n'as pas vu ces publicités avec le canard ? Qu'est-ce qui se passerait si tu te retrouvais alité et que tu ne pouvais plus exercer ton métier ?

Je fus tenté de lui révéler le montant de ma paye, pour qu'il comprenne que si je perdais mon boulot au *Littleton Journal*, je pourrais toujours grimper dans l'échelle sociale en allant travailler chez McDo.

— Ça ira, dis-je. Je crois que je vais me passer d'assurance, si ça ne te dérange pas.

— C'est ton affaire. Qui ne fait pas mes affaires.

— Très drôle.

— Ah bon ? s'exclama-t-il d'une voix sincèrement réjouie.

En tant qu'agent d'assurance, Sam avait dû s'entendre qualifier d'un tas d'adjectifs différents : ennuyeux, agaçant, rapace – mais *drôle*, c'était peut-être une première.

— Bon, reprit-il, si jamais tu changes d'avis…

— C'est à toi que j'en parlerai, sans faute.

— Ça marche.

Norma me demanda si je voulais manger quelque chose. Elle s'apprêtait à passer au fast-food d'à côté. Nate lui avait déjà transmis sa commande : du moo goo gai pan et des wontons frits.

— Non merci, dis-je. Je n'ai pas faim.

— Tu dis toujours que tu n'as pas faim, après quoi je dois te donner la moitié de mon plat parce que je te prends en pitié.

— C'est tout moi, dis-je. J'ai un talent légendaire pour éveiller la compassion chez les autres.

Peut-être qu'en ce domaine Norma ne faisait que suivre l'exemple d'Hinch, qui avait eu suffisamment pitié de moi pour m'engager.

— Pourrais-je au moins te convaincre d'essayer une demi-portion de chow fun aux crevettes ?

— Pourquoi pas ? Ma vie manque un peu de fun.

Ma tentative de bon mot fut complètement ignorée par Norma.

J'avais raccroché le téléphone après le coup de fil de Sam, puis l'avais immédiatement redécroché, seulement j'avais oublié qui je voulais appeler.

Mais je me rendais maintenant compte que je n'avais rien oublié, il n'y avait simplement plus personne à appeler.

Il n'y avait aucun Ed Crannell figurant dans l'annuaire de la ville de Cleveland.

J'avais cherché partout dans un rayon de cent cinquante kilomètres mais n'avais rien trouvé.

Je voulais demander à Crannell si le visage qu'il avait aperçu à travers le pare-brise qui fonçait vers lui était noir ou blanc.

Il n'y avait aucune trace de Crannell à Cleveland.

« Cleveland dans l'Ohio ? » lui avais-je demandé, histoire d'être sûr que nous parlions bien de la même ville.

Il avait hoché la tête et m'avait raconté qu'il était représentant en produits pharmaceutiques.

Ce vers quoi j'orientai maintenant mes recherches. Je notai le nom de toutes les compagnies pharmaceutiques qui me venaient à l'esprit, puis les appelai les unes après les autres et demandai à parler à un certain Edward Crannell.

Pas de représentant portant ce nom sur notre liste de salariés, désolé.

Je suggérai qu'il ne travaillait peut-être qu'à temps partiel, voire en free-lance ?

Il y avait une représentante free-lance chez Pfizer qui s'appelait Beth Crannell. Se pourrait-il que ce soit elle que je recherche ?

Non, absolument pas.

OK. Aucune trace de pneu, aucune d'Ed non plus : une tendance claire commençait à apparaître.

J'appelai le bureau du shérif.

Il devait avoir les coordonnées figurant sur le permis de conduire de Crannell. Si tant est que ces renseignements aient quoi que ce soit de véridique, et que ce permis ne soit pas un faux vendu par correspondance.

Le shérif Swenson n'était pas dans son bureau, m'informa une adjointe. Il me rappellerait.

Quelque chose d'autre me démangeait, bien sûr.

Je n'avais pas oublié. Non. La note venant de la chambre de Belinda Washington était toujours bien présente à mon esprit ; je ne l'avais ni chassée de mes pensées, ni mise de côté sur la pile des choses très étranges.

Joyeux anniversaire de cent ans.
Affectueusement, Benjy.

Se pourrait-il qu'il s'agisse d'un autre Benjamin ?

Quelqu'un qui, comment dire, ne soit pas son fils décédé ?

Oui. Bien sûr que c'était possible. Vu que Benjamin Washington était mort il y a un demi-siècle dans la « terrible inondation », c'était même plausible.

J'appelai M. Birdwell.

— Est-ce qu'un homme noir d'une cinquante d'années a rendu visite à Belinda avant sa fête d'anniversaire ? demandai-je.

— Pas que je sache, répondit-il.

— Qui est au courant des visites dans votre établissement ?

— Les visiteurs doivent laisser leur nom à l'accueil. Mais de quoi s'agit-il ?

— J'essaie de retrouver la trace d'un membre de la famille de Belinda qui aurait pu passer la voir, expliquai-je. Ça vous embêterait de vérifier ?

Il soupira et me dit qu'il allait me rappeler.

Ce qu'il fit vingt minutes plus tard :

— Belinda n'a reçu aucune visite depuis des années.

— Vraiment ? Et si une personne ne souhaitait pas laisser son nom à l'accueil ? Si cette personne décidait d'aller voir directement Belinda ? Est-ce que ce serait possible ?

— Non, dit M. Birdwell.

Cependant il avait hésité avant de répondre – suffisamment sur la défensive pour me faire penser qu'il mentait.

Je retournai à la maison de retraite.

Je me garai à deux pâtés de maisons, devant une vieille pharmacie.

J'essayai d'oublier la chaleur de la mi-journée. Les natifs du coin aiment faire remarquer qu'il n'y a pas d'humidité dans le désert californien. C'est vrai. Mais ils oublient de préciser que la température en été dépasse les quarante degrés – ce qui vous donne l'impression de respirer en plein sauna – et qu'il y a les Santa Ana. Ces vents sont meurtriers, mais pas de la façon dont vous pourriez l'imaginer. Ils ne vous emportent pas comme le loup qui souffle à la porte des petits cochons ; ils vous tuent en vous usant, en soufflant sans répit jusqu'à ce que vous deveniez fous. Demandez à John Wren, tiens, dont on m'avait dit qu'il avait perdu la tête à Littleton – vivant comme un reclus, suffisamment loufedingue pour se barricader dans les bureaux du *Journal* toute une nuit, avant de se faire la belle sans laisser d'adresse. C'est vrai. Le taux de suicides explose durant la saison des Santa Ana.

En parlant de suicide...

J'admets y avoir songé une ou deux fois lorsque j'étais encore à New York. Pas sérieusement – pas comme si j'allais passer à l'acte à la seconde même, à la manière des agents de l'OSS tombés derrière les lignes ennemies qui devaient chercher à la hâte les capsules de strychnine cousues à la taille de leur pantalon. Ils savaient comment les interrogatoires de la Gestapo se déroulaient, alors ils devaient trouver réellement réconfortant de savoir qu'il leur suffirait d'avaler ce petit truc pour atteindre une paix définitive – si les choses tournaient vraiment mal.

Durant cette période d'agonie où j'avais eu l'impression de me transformer en punching-ball ambulant – j'étais chaque jour agressé par de nouveaux articles, allant de la révélation sensationnelle à l'analyse disséquant froidement comment de bons journalistes peuvent se fourvoyer –, il m'avait parfois été réconfortant de contempler les dix-huit étages qui séparaient la fenêtre de mon appartement du trottoir couvert de graffitis.

En arrivant à la maison de retraite, je dépassai l'entrée principale et fis tranquillement le tour du bâtiment.

Derrière, une étendue de gazon brûlé descendait en pente vers un bassin boueux étouffé par les joncs et les laiterons. Un portail en métal clôturait le jardin, mais je n'eus qu'à en soulever le loquet : de toute évidence, M. Birdwell s'inquiétait plus des résidents qui risquaient de sortir que des visiteurs qui pourraient entrer.

Personne n'était en train de se balader sur la pelouse.

Rien de surprenant à cela, étant donné que l'impact de la température extérieure aurait coûté la vie à presque n'importe quel octogénaire. Le bourdonnement tonitruant de l'énorme climatiseur faisait penser à une armée de cigales en colère. J'avançai jusqu'à la porte de derrière et tournai la poignée.

La porte s'entrouvrit.

N'importe qui aurait pu entrer par là. Quelqu'un qui ne voudrait pas être remarqué ni voir sa signature consciencieusement ajoutée au registre des visiteurs. Quelqu'un qui voudrait effectuer une visite surprise.

J'entrai et fus immédiatement enveloppé par l'air froid artificiel.

Je croisai deux aides-soignants ; l'un d'eux poussait la chaise roulante d'un patient qui avait l'air d'être dans le coma. Aucun des deux employés ne me demanda ce que je faisais ici, ne demanda à voir une pièce d'identité ni ne me dirigea vers l'accueil.

Je réussis à me rendre sans problème jusqu'à l'ancienne chambre de Belinda.

Elle me parut encore plus vide que la dernière fois.

La facilité avec laquelle une chambre oublie son précédent occupant a quelque chose de pathétique. Surtout quand il a vécu plus d'un siècle.

La porte de l'autre côté du couloir grinça et s'ouvrit. Un homme ratatiné avec une grosse tache de vin sur le front me regarda dans l'entrebâillement.

— Dan ? demanda-t-il.
— Non.
— Dan, c'est toi ? Dan ?
— Non, je m'appelle Tom. Je ne suis pas Dan.
— Oh...

Soudain perdu, il se retira derrière sa porte décorée avec des dessins d'enfant jaunis.

J'entrai dans la chambre de Belinda et m'assis sur son ancien lit.

Bonjour, maman. C'est Benjy. Joyeux anniversaire. Je te pardonne.

En sortant, je tombai sur M. Birdwell.

Quasi littéralement.

J'étais en train de marcher tête baissée, plus ou moins hypnotisé par les carreaux alternativement blancs et noirs du linoléum, et je rentrai en plein dans M. Birdwell au moment où il tournait l'angle du couloir.

Il n'eut pas l'air content de me voir.

— Qu'est-ce que vous faites ici ?
— Il fallait que je vérifie quelque chose.
— Que vous vérifiiez *quoi* ?
— Si j'arrivais à entrer sans que personne ne s'en aperçoive.

M. Birdwell eut l'air encore moins content. Il croisa les bras et me dévisagea comme si j'étais un de ses vieux patients qu'il venait de surprendre en train d'enfreindre une des règles de la maison. Chiper un biscuit supplémentaire à l'heure du goûter ou pincer les fesses d'une infirmière.

— Ce n'était pas très malin de votre part.
— Pourquoi ça ?
— Pour commencer, vous vous êtes rendu coupable d'une violation de propriété. Je vous avais expliqué que vous deviez laisser votre nom à l'accueil. Ensuite, vous n'êtes de fait *pas* entré ici sans que personne ne s'en aperçoive...
— Disons que je ne suis pas *sorti* sans que personne ne s'en aperçoive. Ce n'est pas exactement la même chose, il me semble. Pour ce qui est d'entrer, ça m'a été plutôt facile.
— Mais dans quel but ? Ça vous dérangerait de me le dire ?
— Je ne m'apprête pas à publier un reportage sur la sécurité dans les maisons de retraite, si c'est ça qui vous inquiète.
— Ce qui m'inquiète, c'est mon affaire. Vous avez pénétré dans mon établissement par effraction et j'aimerais savoir pourquoi.

— *Par effraction* me paraît un peu exagéré, non ? La porte de derrière était ouverte.

— Vous êtes entré sans *autorisation*.

M. Birdwell commençait à s'énerver. Ses joues avaient rougi ; il se balançait d'avant en arrière sur ses talons.

— Croyez-vous, poursuivit-il, qu'il est possible que nous laissions n'importe qui entrer dans cet établissement rempli de personnes malades et effrayées ?

— Absolument.

— Quoi ?

— N'importe qui peut entrer. C'est ce que je viens de faire.

— Notre conversation tourne en rond, monsieur Valle.

— Je souhaitais savoir si Belinda Washington avait pu avoir un visiteur dont vous auriez ignoré la venue. Vous m'aviez dit que c'était impossible. Je voulais vérifier. C'est tout.

— Quel visiteur ?

— Je n'en sais rien. Mais quelqu'un est venu.

— Formidable. Bravo. Attendez-vous à remporter le prochain prix Pulitzer. Pourtant, le monde de la presse ne vous rend pas vraiment gloire ces temps-ci, monsieur Valle, si je ne me trompe...

Il sourit. C'était le pire, à vrai dire – ce sourire. Pire que le fait qu'il sache, qu'il ait fait des recherches sur moi ou bien qu'il ait parlé à Swenson ou bien qu'il soit tombé sur Hinch et qu'il *sache*. Le pire de tout, c'était ce sourire, suffisant, condescendant.

Je ne pouvais rien répondre à ce sourire. Rien.

Il y a bien longtemps, mon père m'avait offert une loupe pour apprenti détective, à l'occasion du dernier anniversaire que nous fêtâmes tous ensemble, en famille. Après son départ, je pris l'habitude de m'asseoir dehors l'après-midi, sous le soleil brûlant, et de garder la loupe au-dessus de la paume de ma main jusqu'à ce que des cloques se forment et que je ne puisse plus supporter la douleur.

Voilà l'effet de ce sourire que je sentis dans mon dos alors que je m'éloignais rapidement. Un trou que des flammes creusaient en moi.

14

Où en étais-je ?
Je perds le fil.
Peut-être parce que je n'ai pris qu'un vrai repas au cours des deux derniers jours. Ou des trois derniers jours – je ne suis pas sûr. Je n'ai plus de crackers Nabisco, c'est bien triste. Ni de chips Tostitos ni de bonbons Jolly Ranchers ni de bâtons de bœuf séché – des provisions ramenées de ma dernière expédition commando à la supérette, quand je suis sorti de ma chambre de motel affublé de Ray-Ban et d'un chapeau de cowboy et que j'ai failli faire mourir de peur la caissière. Quand j'ai sorti ma monnaie de ma poche, elle a eu l'air soulagée que ce ne soit pas un flingue.
Je dois prendre des précautions.
Ils me cherchent. Je suis l'homme à abattre.
Alors où en étais-je, oui ?
Au moment où j'ai trouvé le mot ?
J'en ai parlé, non ? Le mot signé *Benjy*, avec les meilleurs vœux de la mystérieuse Kara. Kara Bolka. C'était qui, cette *Kara*, au fait ? La femme de Benjy ? Sa petite amie ?
Attendez. Soyez patient. Vous saurez bien assez tôt qui est Kara Bolka. Vous connaîtrez tout le monde.

Vous saurez pour l'accident et pour tout le reste. Les morts se lèveront tous et viendront vous saluer.

Mais pas tout de suite.

Il faut que je reprenne le fil.

Que je tisse la trame délicatement, soigneusement, voire même professionnellement.

Mon prof de journalisme avait l'habitude de dire que chaque journaliste a en lui une grande histoire à révéler.

Voici la mienne.

Je vous ai parlé du mot. Oui, je me rappelle très distinctement vous en avoir parlé.

Joyeux anniversaire de cent ans.

Affectueusement, Benjy.

Meilleurs vœux de Kara Bolka.

Comme un haïku.

Les haïkus ont l'air simple comme ça, mais ils sont pénétrés de mystère.

Attendez.

Je vous ai dit pour ma Miata ? Qu'elle était tombée en panne ?

Non, pas la première fois, pas au bowling.

La *deuxième* fois, à quelques centaines de mètres de la maison de retraite.

15

Je roulais et soudain... je ne roulais plus.
Le moteur lâcha et la voiture dévia vers le côté de la rue, comme frappée par une crise cardiaque.
Je l'avais mauvaise pour deux raisons.
Plus de voiture, plus d'air conditionné.
On crevait de chaud.
D'un autre côté, je me disais qu'au moins j'avais une chance de repartir. Anna avait parlé d'une bobine débranchée. J'avais une piste.
Je soulevai le capot brûlant et regardai à l'intérieur, porté par un vague espoir. Je scrutai l'endroit où j'avais vu les mains d'Anna s'activer. Et pas de surprise, je l'ai trouvée – cette bobine dont le fil traînait hors du fuselage.
Je réussis à la rebrancher. Je m'apprêtais à refermer le capot quand je vis les mots écrits sur le couvercle de la transmission. Je crois qu'il s'agit du couvercle de la transmission.
Du bout du doigt, quelqu'un avait tracé des lettres dans l'épaisse couche de crasse.
Il s'agissait d'un pseudo-Internet.
AOL : Kkraab.

Anna m'avait laissé ce qui de nos jours était l'équivalent de son numéro de téléphone.

Je trouvais ça plutôt mignon. OK, même un peu plus que ça.

Je ne vais pas vous raconter que ça ne m'a rien fait. Cela faisait bien longtemps que je n'avais pas plu à une femme qui elle-même me plaisait. Cela faisait bien longtemps que je n'étais pas tombé sur un point d'eau – comme disent les Bédouins.

J'étais assoiffé.

Je rentrai chez moi et me connectai immédiatement à AOL, où l'on me connaissait en tant que « Starreport », un pseudonyme que j'avais choisi avant que le procureur Ken Starr ne dépense quatre-vingts millions de dollars de l'argent des contribuables pour enquêter sur une fellation. Avant aussi que mes propres actions ne fassent d'un surnom dérivé de *star reporter* une énorme blague.

Je ne m'étais jamais soucié d'en changer.

Le profil de Kkraab présentait les détails suivants :

Nom : Anna Graham.

Habite : Un État où règnent la confusion et parfois même la ronchonnerie[1].

Sexe : Devinez.

Situation de famille : Excellente.

Centre d'intérêt : J'apprends à jouer aux énigmes.

Profession : Oui.

Sa citation personnelle était un vers tiré d'une chanson d'un certain Robert Zimmerman, alias Bob Dylan : *Tu ferais mieux de te mettre à nager si tu ne veux pas couler comme une pierre.*

---

1. *Crabbiness* en anglais, qu'Anna écrit « kkrabbiness » en jouant avec son pseudo.

Je trouvais son profil plutôt irrésistible – particulièrement son hommage à l'une des chansons les plus marquantes du vingtième siècle, une de mes préférées, qui avait une place indétrônable dans mon iPod.

Je vérifiai si Kkraab était en ligne... Non.

Je lui envoyai un e-mail.

Enfin, j'essayai. J'aurais voulu trouver le juste équilibre de ton entre le poliment amical et le brûlant de désir. Et y arriver d'une manière qui pourrait paraître un tant soit peu intelligente et subtile.

Je coinçai après *Bonjour*.

Comme je l'ai dit, ça faisait un moment... Fut un temps où j'étais capable de monter de toutes pièces des petites phrases badines et enjôleuses le plus facilement du monde. Bien sûr, c'était l'époque où je montais également de toutes pièces mes articles de presse. Peut-être que ça allait de pair, produire de la fiction au sujet des autres ou au sujet de soi-même. N'est-ce pas ce que font les gens dans la pénombre des bars – se fabriquer un personnage avec lequel ils espèrent plaire à quelqu'un d'autre ?

Maintenant que je n'inventais plus, je trouvais difficile ne serait-ce que de rédiger une phrase entière pour Anna.

J'y parvins tant bien que mal.

Bonjour, Anna, écrivis-je.

Quelle chance que ma bobine se soit à nouveau débranchée, sinon j'aurais peut-être mis du temps à trouver votre message.

Je me demandai un court instant si Anna n'y avait pas elle-même pensé et s'il ne lui était pas venu l'idée de la débrancher exprès. Non – me laisser aller à croire ça, même une minute, était faire preuve d'une incroyable arrogance.

J'espérais tomber sur vous. Je songeais à faire le voyage jusqu'à Santa Monica et à rester assis sur un banc de la Promenade jusqu'à ce que je vous voie passer. Êtes-vous encore dans le coin ? Si oui, j'adorerais vous offrir un verre. Ou une île. Tout ce qu'il faudra.

Après l'avoir envoyé, je me dis que ce message sentait vraiment le type désespéré.

Trop tard. Il y avait peut-être un moyen d'annuler l'envoi d'un e-mail, mais je ne le connaissais pas.

Cela me rappela le lycée. Bredouiller quelques mots au téléphone et immédiatement les regretter.

Enfin, peut-être qu'elle aussi était désespérée.

Il y avait pas mal de désespoir dans l'air, ces temps-ci.

Soirée bowling.

Muhammed Alley n'avait jamais été aussi rempli – et bruyant, même pour un bowling. Pour je ne sais quelle raison, les matchs de la ligue féminine avaient été reportés au même soir que nous.

Sam commença par me démarcher à nouveau pour que je lui achète une assurance vie. À nouveau, je déclinai l'offre.

Seth, c'était encore autre chose. Il était étrangement surexcité – comme un gamin de deux ans à qui il était grand temps de donner son cachet de Ritaline. Chaque fois qu'il réussissait un strike, il entonnait sa version très personnelle de *Who Let the Dogs Out*. Du moins il en chantait le chœur – *Ooho-ooh-ooh-ooh-ooh* – de la voix la plus gutturale possible, et accompagnait ça d'une série de déhanchements à la Lil' Kim.

Quelques-unes des femmes qui jouaient quatre pistes plus loin se paralysèrent au moment de lancer leur boule : elles n'arrivaient pas à croire ce qu'elles voyaient.

Je parlai à Marv de mes problèmes de voiture.

— La bobine d'allumage, tu dis ? Amène-moi ta caisse et je jetterai un coup d'œil. Gratis.

— Merci, dis-je.

— *No problemo.*

Marv était connu pour son côté zen. C'était une de ces personnes capables de regarder l'herbe pousser, réellement, et d'y prendre plaisir. Avec une attitude de celles qu'il est bon de trouver au bout du fil quand on appelle SOS suicide. Si jamais il m'était à nouveau venu l'idée d'en finir, c'est le numéro de Marv que j'aurais composé.

Cela dit, les idées que j'avais en tête en ce moment étaient d'un tout autre type.

L'enquête sur l'accident ne menait nulle part. Quand le shérif Swenson m'avait rappelé, au bout de plusieurs jours, il avait accueilli mes informations – aucune trace d'Ed Crannell à Cleveland – par un bâillement à peine réprimé. Il s'agissait d'un *accident*, me rappela-t-il. Il n'y avait donc aucune bonne raison de chercher la trace d'Ed Crannell, si ?

Et que penser de l'intrigant mais au bout du compte impénétrable mystère de la note signée Benjy ?

Et Anna, dans tout ça.

Elle m'avait répondu, figurez-vous.

Je prends l'île, m'avait-elle écrit. *De préférence avec des palmiers et de l'eau tiède. Le temps que vous fassiez toutes ces courses, je boirais bien un cosmopolitan.*

J'étais tellement heureux de recevoir ces trois lignes que c'en était un peu pathétique. Comme si elle m'avait murmuré les trois petits mots magiques. Je lui avais immédiatement répondu. Nous devions nous retrouver le lendemain soir au Violetta's Emporium, le seul restaurant italien correct de la ville.

J'étais surpris de me rendre compte que je me sentais presque heureux – du moins empli d'espérance. De toute façon, le bonheur n'est au final que nos espoirs divisés par la réalité, et mes espoirs avaient bel et bien grandi.

Quand je remarquai Seth aux prises avec deux hommes à l'air énervé, j'étais tout d'abord prêt à leur offrir une bière.

Apparemment, quelque chose avait échappé à mon attention. Ce soir, je faisais tomber toutes les quilles sur les pistes ; demain soir, j'avais l'espoir de faire tomber Anna dans mes bras. Mais deux hommes étaient en train de crier après Seth pour une raison que j'ignorais.

— Allons faire un tour dehors, dit l'un d'entre eux.

Seth ne semblait pas tenté par leur proposition.

— Allez vous faire foutre, s'exclama-t-il.

Il tenait sa boule de bowling dans sa main droite, et il la balançait d'avant en arrière comme s'il songeait à s'en servir comme massue.

Sam tenta de s'interposer :

— Et si tout le monde se calmait, d'accord ?

— Toi, le gros, t'en mêle pas, dit l'un des types. Ton connard de pote a insulté nos dames.

Insulté ?

Je compris soudain. Une des femmes s'était plainte en voyant Seth faire sa danse du chien. Les hurlements de Seth ressemblaient aux apostrophes que les ouvriers en bâtiment new-yorkais lancent aux passantes. Seth aurait pu leur dire qu'il y avait erreur, que ses cris de jubilation n'étaient adressés à personne en particulier.

Mais Seth était ainsi fait :

— Ces grognasses ? dit-il. C'est à elles que vous devriez mettre une muselière.

Il n'en fallut pas plus pour que l'un des types envoie Seth valser contre le râtelier. Seth se redressa et arma son bras.

Tout en me précipitant pour jouer les conciliateurs, j'aperçus BJ qui était en train de passer de l'autre côté du comptoir – une batte de baseball à la main. Je voyais déjà les choses finir très mal, avec à la clé un gros titre sur toute la largeur de l'édition du *Littleton Journal* du lendemain.

— Hé, les gars, dis-je. C'est un bowling, ici.

— Merci, trouduc, marmonna le plus grand des deux sans prendre la peine de me regarder. Moi qui croyais que c'était la bibliothèque.

Seth avait maladroitement lancé sa boule en direction de la tête du grand et avait raté de beaucoup sa cible. Son élan l'avait emporté en diagonale jusque dans la table des scores. Je me rendis compte que cinq ou six bières avaient pu affecter le sens de l'équilibre de Seth. Armé ou non d'une boule de bowling, Seth était une proie facile.

L'homme le frappa sur le côté de la tête. Il s'effondra. Une femme hurla quelque part dans la salle – sans doute pas une de celles qui avaient envoyé ces deux imbéciles pour défendre leur honneur.

Je réussis à attraper le bras de celui qui était le plus près de moi – il était peut-être moins imposant physiquement que son ami, mais je sentais quand même une bonne couche de muscles sous sa chemise de bowling.

Il se dégagea brutalement pour me faire face, le poing droit serré, prêt à partir. Je sentis une décharge tonitruante d'adrénaline, semblable à l'effet que me faisait la cocaïne coupée que je m'étais mis à sniffer durant mes derniers jours de tourment à New York. Je baissai la tête de sorte que son poing ricocha sur mon oreille gauche. Tout le monde semblait s'être précipité vers notre piste avant tout pour mieux voir le spectacle, même si certains avaient l'air d'espérer une bonne vieille bagarre générale.

Crack !

La batte de baseball de BJ s'abattit sur la table des scores, envoyant valser une bouteille et demie de Miller High Life.

Une quantité généreuse de bière atterrit sur le type rouge de colère que je tentais de retenir au péril de ma vie.

Il en reçut une partie dans les yeux : il jura, plissa les paupières, puis se couvrit le visage de sa main libre. Je profitai de sa cécité passagère pour le serrer très fort entre mes bras – un peu comme un ours, mais plus proche de Yogi l'ours que d'un grizzly.

Seth avait réussi à se redresser, et il était figé dans une position de boxeur pas vraiment convaincante. Tout le monde paraissait attendre quelque chose...

Peut-être un signe de l'homme qui tenait une batte de baseball au-dessus de sa tête.

— C'est pas le genre d'activité à laquelle vous voulez vous livrer ici, dit BJ d'une voix remarquablement calme.

Personne ne souhaita émettre une opinion différente, même pas le type que je tenais entre mes bras comme un vieil ami que j'aurais tout juste retrouvé.

Il sentait la sueur et l'aftershave. Je le relâchai lentement. À part faire un pas en arrière et me lancer un regard vaguement assassin, il ne montra aucune intention de reprendre les hostilités.

Seth vacillait toujours sur ses deux pieds.

— Il faisait la danse du chien pour ma copine, dit son agresseur, qui ressentait apparemment le besoin de se justifier. C'était peut-être à cause de son look de mauvais garçon tout droit sorti d'un talk-show trash – thème de l'émission : pourquoi je ne peux pas m'empêcher de taper sur tout le monde –, dû notamment à son crâne presque entièrement rasé et au tatouage ringard du groupe Judas Priest qu'il arborait sur son avant-bras droit.

— Il faisait le chien, dis-je. C'est tout. Il est comme ça. Très démonstratif.

Seth ne semblait pas vraiment apprécier mes efforts pour le défendre. Il était possible qu'il ne connaisse pas le sens du mot « démonstratif » et qu'il me soupçonne de l'accuser de quelque chose d'embarrassant.

— Eh ben voilà, dit BJ qui maintenait toujours sa batte de baseball d'un kilo au niveau de sa poitrine. Pas de blessé, pas d'expulsion, ajouta-t-il dans un effort pour trouver une métaphore sportive à peu près appropriée. Je pense que vous devriez en rester là ce soir, messieurs les durs à cuire.

Il me sembla que BJ faisait preuve de sarcasme en parlant de « durs à cuire ».

— Hé, dit Sam, pourquoi on ne se serrerait pas tous la main ?

Il tâchait d'être conciliant ; peut-être que quand nous aurions tous fait la paix, il essaierait de leur vendre des assurances-vie.

— Allons, reprit-il, ne se laissant apparemment pas décourager par le fait que personne n'avait réagi à sa suggestion. Qu'est-ce que vous en dites ?

Rien. Le type qui avait frappé Seth au visage émit

un petit grognement méprisant, préférant tourner le dos et s'éloigner.

Sam rougit et se tourna vers l'autre gars, lui tendant sa branche d'olivier un peu flétrie. Qui ne trouva une nouvelle fois pas preneur. Le type secoua la tête comme si Sam était un enfant, retardé mental de surcroît, et il suivit son pote au fond de la salle.

C'est à peu près à ce moment-là que je le vis.

Je regardais les deux gars s'éloigner, pour aller chercher les *dames* que Seth avait cruellement offensées, je suppose. Quelques types leur donnèrent des petites tapes sur les épaules, leur murmurèrent des paroles d'encouragement en passant.

Je connaissais un de ces types.

La dernière fois que je l'avais vu, il tenait un outil de plombier à la main. Ou autre chose. Peut-être seulement un truc qui permettait de faire un trou et d'arracher le couvercle d'une prise de téléphone. Il me fixait avec son visage aux traits flous, comme s'il avait en fait sauté son troisième trimestre de développement fœtal. J'aurais juré qu'il me souriait.

Je ressentis une légère nausée.

Je ne m'avançai pas, ne reculai pas non plus, ne criai pas : police !

Je me tournai vers Seth comme pour rechercher un soutien silencieux. Quand je regardai à nouveau en direction du plombier, il n'était plus là.

Je sais. J'ai l'air de quelqu'un qui a des hallucinations.

Mais ce n'était pas le cas.

Il n'était plus là, mais il l'avait été – suffisamment longtemps pour me sourire puis disparaître.

Je me frayai un chemin jusqu'à une table où deux couples d'âge mûr portant des chemises de bowling assorties mangeaient des frites bien grasses avec des hot-dogs au chili.

— Le type qui était debout, juste là – vous avez vu de quel côté il est parti ? leur demandai-je.

Ils me regardèrent d'un air méfiant. Et confus, aussi. *Quel* type qui était *où* ? semblaient demander leurs visages.

— Qui ça ? finit par demander une des femmes.

— L'homme qui était debout à côté de votre table...

— Vous voulez parler de l'homme avec qui vous vous battiez ? demanda la femme. Il est là-bas.

— Non. Pas lui. Le type qui lui a murmuré quelque chose quand il est passé devant lui.

— Qui a murmuré quelque chose à *qui* ? demanda un des hommes.

Il avait l'air plutôt pressé de me voir quitter le bowling, comme nous l'avait suggéré BJ. Quitter le bowling ou au moins les laisser tranquilles.

— Écoutez, je travaille pour le *Littleton Journal*... Je voudrais savoir qui ce type...

— On ne voit pas de quel type vous parlez.

C'était la femme, à nouveau. Elle avait presque l'air désolée pour moi.

J'en restai là. Je scrutai la salle. La plupart des gens avaient recommencé à jouer maintenant que le spectacle qui avait servi d'entracte à la soirée était terminé. Ça leur ferait quelque chose à raconter à leurs collègues durant la pause-café du lendemain matin : « Et alors il a pris la boule de bowling et... »

Je me précipitai dans les toilettes des hommes. Face au miroir, un lycéen était en train d'admirer le piercing sur sa langue. Personne d'autre en vue.

Quand je réussis à atteindre la sortie, je découvris que le plombier n'était pas non plus à l'extérieur.

Il n'y avait plus que les restes de mon équipe de bowling.

Seth racontait à Sam et à Marv comment il allait rendre la monnaie de sa pièce à « la tafiole » qui l'avait frappé au visage en traître.

— Attendez un peu pour voir. C'est comme si c'était fait, promit-il.

16

Une fois que mon article sur l'émouvant retour au bercail de Lowell Beaumont avait été accepté, une fois qu'il m'avait apporté une étreinte verbale de la part de « Celui qui doit être satisfait », sans parler des louanges éparpillées venues des bêtes de somme qui travaillaient au secrétariat de rédaction, je recommençai.

J'écrivis un article sur un soldat mercenaire américain qui louait ses services au plus offrant – en l'occurrence un seigneur de guerre taliban –, ce qui le mettait dans l'inconfortable position de devoir se battre contre ses propres concitoyens.

Mon reportage était alarmant, spectaculaire et même pathétique.

Mais en aucune manière il n'était véridique.

Je n'avais jamais rencontré ce mercenaire.

Il s'agissait d'un amalgame de différentes personnes avec lesquelles j'avais discuté, ou bien au sujet desquelles j'avais lu quelque chose, ou que j'avais peut-être inventées de toutes pièces.

Peu importe.

Ça passa comme une lettre à la poste.

D'autres articles suivirent, produits à un rythme

soutenu, éblouissante anthologie d'écrits à la foisonnante créativité.

Une troupe d'acteurs qui ne trouvait pas de boulot à Hollywood jouaient la comédie pour le compte de la mafia russe, acceptant de se faire passer aussi bien pour des vendeurs de matériel informatique que pour des chantres du temple.

Un groupe de réflexion constitué de républicains évangéliques qui demandaient l'avis de Jésus avant de donner le leur sur la moindre question politique.

Un nouveau sport, Auto Tag, qui se répandait dans tout le pays : des voitures qui jouaient aux autos tamponneuses sur l'autoroute, entrechoquant leurs pare-chocs à 130 kilomètres-heure jusqu'à ce qu'un des véhicules finisse en épave.

Une société secrète de pyromanes qui échangeaient les vidéos de leurs plus grands exploits sur Internet : feux de forêt, incendies ravageant des pâtés de maisons entiers, explosions de stations-service.

Bien sûr, tout ça avait quelque chose de grisant.

Inventer des histoires à partir de rien. Les faire imprimer noir sur blanc au milieu de faits bien réels. Raconter des bobards de plus en plus gros et retenir son souffle dans l'attente de voir si je réussissais à les faire avaler. À chaque fois c'était quitte ou double.

D'une certaine façon, j'étais devenu accro à ce jeu.

Accro aussi aux louanges que je recevais, aux encouragements. Accro même à la jalousie que je suscitais parmi mes pairs.

Eh oui, ils étaient jaloux de moi.

Bien sûr, un de ces journalistes jaloux finit par m'inviter chez Keats pour me noyer dans la tequila et, par la même occasion, recueillir des détails précieux sur ma fascinante série de scoops étincelants. Particu-

lièrement mon tout dernier – un reportage brûlant sur ce pédiatre qui posait des bombes dans les cliniques pratiquant l'avortement. Si je me souviens bien, mon collègue passa une grande partie de la soirée à me supplier de lui donner des détails : dans quelles circonstances avais-je rencontré ce médecin ? Où ça ? Comment m'étais-je rendu compte qu'il me glissait des anagrammes – concernant son lieu de naissance, son lieu de résidence ?

D'accord. Peut-être que mon camarade de bar n'était pas jaloux – peut-être qu'il faisait simplement preuve de zèle, tenant à protéger la profession qu'il s'était choisie de quelqu'un qu'il percevait comme une source de pollution nocive.

Bien sûr, il avertit un certain rédacteur en chef.

J'aurais dû m'en douter quand ce dernier demanda à voir mes notes.

Non que cela ne soit jamais arrivé avant. J'étais devenu remarquablement apte à sortir des notes copieuses chaque fois que c'était nécessaire.

Parfois, ça l'était. Quelqu'un – de réel cette fois – se plaignait que ce que j'avais écrit ne s'était jamais produit, que je ne l'avais jamais interviewé, qu'il ne m'avait jamais vu, qu'il n'avait même jamais entendu parler de moi. Heureusement, j'avais la bonne habitude de décrire la plupart de ces gens sous un jour peu flatteur. Il était ensuite facile d'attribuer leur réaction à la colère, à un simple désir de discréditer le journaliste fouineur qui les dénonçait à la face du monde. Bien sûr qu'il dit n'avoir jamais entendu parler de moi, expliquais-je, balayant les accusations du revers de la main. Qu'est-ce que vous feriez, vous, si j'avais révélé vos sales petits secrets dans le journal ?

Heureusement aussi que nous vivions dans un monde où il est de bon ton de tout démentir.

Vous n'avez qu'à lire les nouvelles du jour. Tout le monde dément tout :

On a sorti mes propos de leur contexte. On les a manipulés, mal entendus, mal compris, déformés ou tout simplement inventés.

Assumer ses propos n'est pas à la mode : demandez à notre président s'il a trouvé beaucoup d'armes de destruction massive en Irak ces jours-ci. Moi, j'étais un pur produit de l'époque, une créature qui n'aurait jamais pu exister dans un autre environnement.

Ce qui n'est en aucune façon une excuse.

Non.

J'aurais pu attirer la sympathie si j'avais pris le chemin des talk-shows, si je m'étais rendu chez Oprah Winfrey pour témoigner de mon enfance difficile dans son émission. J'aurais pu émailler ma demande d'absolution publique d'anecdotes choisies dans l'album de souvenirs d'enfance des Valle.

Une anecdote, en particulier.

Après tout, de nos jours, la seule chose qui soit mieux vue que nier ses péchés, c'est passer à la télévision pour les confesser. C'est pas grave de faire des choses pas bien, nous dit constamment l'Amérique, tant qu'on a une bonne raison.

Je résistai à cette tentation.

J'y résiste encore.

En parlant de tentation.

Voici à quoi ça ressemble.

À Anna.

Nous étions assis au Violetta's Emporium, tous les deux.

Notre table était pourvue d'une bougie qui brûlait dans un pot en verre entouré de tulle et projetait une lumière vacillante sur le remarquable visage qui me faisait face. Non que ce visage ait eu besoin d'un quelconque éclairage pour être mis en valeur. Pas avec ces yeux-là.

La table était suffisamment petite pour que nos genoux aient du mal à ne pas se toucher. Comme si j'essayais de l'éviter – au contraire je faisais tout mon possible pour que mes genoux frôlent les siens encore et encore et encore. Deux ans plus tôt, au cours de la traversée du pays qui devait me conduire jusqu'au lieu de mon infâme exil, je m'étais arrêté dans un hôtel en Arizona où j'avais dépensé mes derniers billets pour m'offrir un massage à la pierre chaude. C'est à ça que me faisaient penser les genoux nus d'Anna : des pierres chaudes, polies, qui envoyaient des électrochocs brûlants le long de mes jambes. Vers mes pieds, et aussi dans la direction opposée.

Je sais. Tout ça est d'une extrême mièvrerie.

J'essaie seulement de vous dépeindre la scène, d'esquisser un petit tableau de la situation telle que je la vivais.

Je commandai le même plat de pâtes qu'Anna, bien que je n'arrive guère à faire plus que remuer les spaghettis dans mon assiette.

Les femmes qui ont eu le malheur d'accepter un premier rendez-vous avec moi en sont général reparties avec l'idée fausse que je n'étais pas un gros mangeur.

Or je peux manger comme quatre.

C'est juste que mon appétit pour certaines choses prend généralement le pas sur mon appétit pour d'autres. D'après le docteur Payne, qui s'était efforcé de fouiller dans mon passé pour mettre au jour les raisons de mon comportement sociopathe, je suis perpétuellement affamé, certes, mais d'amour et d'approbation.

« Vous aviez un père absent, une mère alcoolique et brutale, avait-il conclu. Alors est-il surprenant de vous voir rechercher constamment les formes de félicitations les plus démonstratives et les plus extrêmes ? »

Cela me paraissait logique, oui.

Après tout, cela pouvait expliquer aussi pourquoi tant de mes premiers rendez-vous n'avaient pas réussi à susciter de seconds rendez-vous. Apparemment, ces besoins que j'avais ne me rendaient pas attirant – ce n'était pas ce que les femmes recherchaient chez un homme. La seule qui avait trouvé cela touchant m'avait épousé. Elle l'avait regretté amèrement.

Anna et moi échangeâmes des banalités.

Elle me demanda de lui parler du métier de journaliste.

— J'ai pris des cours de journalisme à la fac, me dit-elle avec une petite moue censée sans doute témoigner de son inaptitude en la matière. Quoi, quand, où, comment... quelle est la cinquième question ? Enfin, ce n'était pas moi du tout. Je ne suis pas une *observatrice*. Je manque d'objectivité. Je me suis plantée.

— Bon, vous n'êtes pas journaliste. Alors vous faites quoi ? Ce n'était pas marqué dans votre profil.

— Si, c'était marqué « oui », vous ne vous rappelez pas ?

— Je me rappelle. Un peu facile.

— Vous trouvez ?

— Ouais.

— OK, je travaille pour une société à but non lucratif, me dit-elle. Très Berkeley de ma part, même si la société en question se trouve en plein Santa Monica.

— Oh ? Et de quoi s'occupe-t-elle, cette société à but non lucratif ?

— Rien de bien original. Sauver la planète, lutter contre la corruption, dénoncer la censure – tout ce qui est cher au cœur des citoyens de gauche.

Son majeur caressa le rebord de verre du bougeoir, ramassant au passage une petite goutte de cire chaude qu'elle approcha de la flamme en grimaçant.

— Vous avez déjà essayé ?

— Essayé quoi ? demandai-je.

— La cire chaude.

Elle gloussa et but une gorgée de chianti.

— De quelle façon ? Qu'on m'en *verse dessus* ?

— Oui, dit-elle, tout à fait.

— Je me le suis fait à moi-même, ça compte ?

— Je n'en sais rien. C'était de l'autoflagellation ?

— Je remplissais des bouchons en plastique avant une partie de scully. J'avais sept ans à l'époque.

— Alors je dirais que non, ça ne compte pas. C'est quoi, le *scully* ?

— Un jeu qui se joue dans les rues de New York. On remplit des bouchons de cire fondue, on dessine un carré à la craie sur le trottoir et on essaie de faire sortir son adversaire, comme au bocce, mais à coups de bouchons en plastique.

— Alors comme ça vous êtes new-yorkais...

— Ouais. Vous n'aviez pas remarqué l'accent ?

— Si, mais je m'étais dit que vous étiez originaire de Lituanie. Il faut croire que je ne suis pas bien maligne.

Je voulais lui dire qu'elle était tout sauf idiote. Même si je savais qu'elle plaisantait. Je voulais lui dire qu'elle était la femme la plus étonnante, la plus unique, la plus désirable que j'avais jamais vue. Bien sûr, j'avais déjà dit la même chose à d'autres femmes dans d'autres Violetta's Emporium. J'avais la regrettable habitude de tomber désespérément amoureux après deux verres. Recherchant seulement *les formes de félicitations les plus démonstratives et les plus extrêmes*, n'est-ce pas, docteur Payne ?

— Qu'est-ce qu'un New-Yorkais peut bien faire ici ? demanda Anna.

— Améliorer son bronzage.

— Non, sérieusement. Pourquoi est-ce que vous êtes ici ?

— J'avais besoin de faire une pause.

C'était le genre de réponse qu'une commission parlementaire qualifierait de trompeuse, tout en restant moins grave qu'un faux témoignage.

— Pourquoi une pause ? insista-t-elle.

Le vin rehaussait la couleur de ses pommettes : de la crème brûlée avec un disque de coulis de framboise dessus.

— J'ai rencontré quelques difficultés au dernier journal où j'ai travaillé, dis-je avant de changer rapidement de sujet. Alors, vous avez un petit ami ?

— Un petit ami ? C'est quoi, ça ?

Je ressentis soudain une bouffée d'espoir qui me fit un bien immense.

— C'était il y a si longtemps que ça ?

— Oh oui. Je suis mariée.

L'espoir me tira sa révérence, explosant devant mes yeux comme cette voiture sur la route 45.

— Ne prenez pas un air si triste, me dit-elle. Je songe sérieusement à le plaquer.

— Ah bon ?

— Disons qu'il vit avec une prof de Pilates de

vingt-quatre ans. Alors oui, l'idée m'est venue à l'esprit.

— Vous allez divorcer ?

— Je n'en sais rien. À terme, oui. Bien sûr. Mais ce n'est pas si facile. Nous avons un fils.

— Ah oui ? De quel âge ?

— Il a quatre ans.

— Il s'appelle comment ?

— Cody. Ça vous dérange si je me comporte en mère tout ce qu'il y a de plus banale et que je vous montre sa photo ?

— Est-ce que ma réaction doit être tout aussi banale et consister à m'extasier sur cette photo ?

— Absolument.

— Ça marche.

Elle sortit son portefeuille et l'ouvrit devant mes yeux.

— Allez-y. Extasiez-vous.

Un bout de chou blond pédalant comme un fou sur une espèce de tricycle, avec Anna qui suivait juste derrière lui.

— C'est quoi, ce truc que vous tenez ? lui demandai-je.

— Vous n'avez jamais vu cette nouvelle invention qui permet d'insuffler à votre petit bonhomme confiance en lui et indépendance ?

— Eh bien non.

— Ça s'appelle un tricycle. Votre enfant pédale pendant que vous poussez. Il s'imagine en train de brûler le macadam comme Dennis Hopper dans *Easy Rider*, mais c'est vous qui le dirigez. C'est salaud, non ?

— Ouais. Je pourrais m'en procurer un ?

— La prochaine fois que je passe chez Toys R

Us, dit-elle, je vous en prends un. Bon, et vous dans tout ça ?

— Moi quoi ?

— Célibataire ? Marié ? Divorcé ? En instance de ?

— Je coche la troisième case.

— Ahh. Ça se passe comment, alors ? Un divorce ?

J'hésitai suffisamment longtemps pour qu'Anna s'excuse de sa curiosité.

Je lui répondis quand même :

— C'était principalement ma faute. J'ai plus ou moins tout foutu en l'air.

Un souvenir m'assaillit. Je n'en avais pas envie – une personne commence à parler de l'échec de son mariage et les souvenirs toxiques flottent jusqu'à vous comme de la fumée de cigarette – ma douce et fidèle épouse qui était sortie un jour boire un café chez Starbucks et n'était jamais revenue. Qui avait marmonné quelque chose au sujet d'un frappuccino à la vanille et de son besoin de réfléchir à tout ça avant de refermer la porte de l'appartement derrière elle. *Tout ça* : c'est-à-dire la supercherie très médiatisée que j'avais perpétrée à l'encontre d'un grand quotidien américain – et de mon mariage, aussi, je suppose, puisqu'elle avait dit oui à un authentique journaliste d'investigation qui, en fait, n'en était pas un. Mon ex, une architecte spécialisée dans les gratte-ciel, avait tendance à concevoir la vie en termes de structure : le plan qu'il fallait suivre pour réussir une relation de couple demandait qu'on bâtisse les fondations sur la confiance. J'avais été la cause de trop de fissures dans les murs porteurs, le bâtiment ne pouvait tenir debout.

— Désolée que ça n'ait pas marché, dit Anna.

— Je le suis aussi.

Je lui demandai pourquoi elle ne m'avait pas

simplement donné son numéro de téléphone, l'autre soir sur le parking.

— C'est ce que j'ai fait. À ma manière.

— Vous avez marqué votre pseudo AOL sur ma transmission. Comment pouviez-vous savoir que j'irais regarder là-dessous ?

— Je n'en savais rien. Mais si vous avez regardé, c'est sans doute que c'était écrit.

— Le destin ?

— Peut-être. Votre moteur est en ruine – est-ce que vous avez changé l'huile ne serait-ce qu'une seule fois ? J'étais sûre que vous retourneriez bientôt voir sous le capot. D'ailleurs, c'est sur le carburateur que j'ai écrit, pas sur la transmission.

Je ris et elle aussi et, en tendant le bras pour prendre mon verre de vin, je le lui renversai sur les genoux.

— Merde, dis-je.

Nous nous levâmes brusquement tous les deux, Anna pour que le vin s'égoutte tandis que j'attrapai une serviette en papier, la plongeai dans l'eau et tentai maladroitement d'essuyer le bas de sa robe. Il était clair que celle-ci était fichue.

Et là, Anna fit quelque chose d'adorable. Plus adorable encore que de se retenir de me traiter de Shrek et de quitter rageusement le restaurant.

Elle me dit :

— Si vous teniez à m'agresser sexuellement, vous n'aviez qu'à le demander.

17

Nate m'informa qu'« une bonne femme » m'avait appelé.

Il fit tourner son doigt près de son oreille, le geste qui universellement désignait quelqu'un de complètement maboule.

Si Nate avait dû répondre au coup de fil de cette personne déséquilibrée, c'est que je ne m'étais pas réveillé à temps pour être au bureau à l'heure.

Je m'étais réveillé avec un grand sourire idiot sur le visage. Il était encore là lorsque après ma douche je regardai dans mon miroir embué. Pour une fois ce n'était pas Monsieur Grise Mine qui me faisait face mais plutôt Monsieur Idiot, de retour après un long exil dans les ténèbres. Elle m'avait manqué, cette tête-là.

Quand j'arrivai au bureau, le pas joyeux, Norma ôta ses lunettes et fronça les sourcils.

— Tu as l'air changé, commenta-t-elle.

— Comment s'appelait-elle ? demandai-je à Nate.

Le portable contre l'oreille, il était probablement en pleine conversation avec sa petite copine nudiste.

— Je sais pas. Son numéro est sur votre bureau.

C'était Mme Flaherty. Elle se demandait sûrement si j'avançais dans mon enquête – la réponse étant non.

Je ressentis soudain un pincement au cœur pour toutes les personnes seules et opprimées de ce monde, une couche sociale à laquelle j'appartenais il n'y a pas si longtemps encore.

Je ne la rappelai pas immédiatement. Non.

Je savourai mon café du matin, bénissant les pauvres Colombiens qui avaient sué sang et eau dans les plantations pour qu'il arrive jusqu'à moi. J'imagine que lorsqu'on reçoit suffisamment d'amour et d'approbation, on se met à distribuer l'excédent autour de soi.

À Hinch, par exemple.

Il sortit de son bureau le regard vide. Les poils gris de son visage étaient presque assez longs pour qu'on puisse parler de barbe. Sa chemise froissée sortait à moitié de son pantalon.

— Comment va ta femme, Hinch ?

Norma se mit à trier des papiers sur son bureau.

— Quoi ? fit Hinch.

Il me regarda comme si j'étais un témoin de Jéhovah venu sonner à sa porte un dimanche matin.

— J'avais juste envie de savoir comment allait ta femme.

Les yeux d'Hinch devinrent rouges. Brutalement. D'abord flous, perdus, puis annonciateurs d'une pluie torrentielle. À en craindre une nouvelle « terrible inondation ».

Il s'essuya maladroitement un œil, puis regarda vers ses chaussures en marmonnant quelque chose.

— Pardon ? Je suis désolé, Hinch, je ne t'ai pas entendu.

— Comment va ma femme... Ce n'est pas tes affaires.

Il ne le dit pas méchamment. Seulement avec beaucoup de tristesse.

— Je suis désolé. J'espère... bon, que tout va, tu sais...

Ma tentative de lui apporter un peu de consolation sombra dans l'incohérence.

Hinch retourna dans son bureau.

Un silence pesant s'ensuivit. Nate, qui avait marqué une pause au téléphone, murmura un « Faut que j'y aille, mon bébé » dans l'appareil. Norma me lança un regard de biais et laissa échapper un soupir.

— Elle est à nouveau à l'hôpital, Tom, me dit-elle à mi-voix. Dieu sait qu'il n'y a plus beaucoup d'espoir.

— Désolé. Je n'étais pas au courant.

Ma bonne humeur expansive s'était évanouie d'un coup. Je me dis que je n'avais plus qu'à rappeler Mme Flaherty.

— Vous voulez lui parler ? me demanda immédiatement Mme Flaherty.

— Parler à qui, madame Flaherty ?

— À Dennis.

— *Dennis ?* Qu'est-ce que vous voulez dire ?

Je n'aurais pas dû être aussi surpris. *Mon fils est revenu me dire bonjour*, m'avait dit Belinda la centenaire.

C'était en train de devenir une mode.

Nous eûmes une conversation plaisante.
Dennis et moi.
Le temps de parole n'était pas tout à fait équilibré, vu que Dennis Flaherty n'était pas du genre loquace et qu'on aurait dit qu'il parlait sous l'eau. Je tapai le combiné contre le bureau avec l'espoir d'obtenir une réception plus claire. Mais ça n'avait rien à voir avec la réception ; c'était Dennis.

— C'est la faute des cachets, me dit Mme Flaherty après que Dennis lui eut rendu l'appareil et fut parti faire une sieste dans sa chambre d'enfant. Elles l'endorment.

De quels cachets s'agissait-il ?

Ceux que l'hôpital psychiatrique pour anciens combattants donnait à Dennis pour qu'il reste docile et heureux.

— Savez-vous que vous avez eu un accident mortel ? demandai-je à Dennis après m'être présenté.

— Ouais, répondit-il d'un ton monocorde lugubre dont il n'allait pas se départir tout au long de la conversation.

— Comment expliquez-vous ça ?

— J'en sais rien.

— Quelqu'un avait votre portefeuille.

— Ouais.

— Dennis, vous comprenez ce que je suis en train de vous dire ? On vous a enterré.

— Ouais.

— OK. Où est-ce que vous avez perdu votre portefeuille ?

— J'en sais rien. Dans la rue.

— Dans la rue ? Vous voulez dire que vous viviez dans la rue ?

— Ouais.

— D'accord, quand est-ce que vous l'avez vu pour la dernière fois ?

— J'en sais rien. Je l'avais pas à l'hôpital.

— Quel hôpital ?

— Pour anciens combattants.

— Vous étiez hospitalisé ?

— Ouais.

— Pour quelle raison ?

— Ma tête va pas bien.

— Votre tête va pas bien. Ça veut dire quoi ? Vous avez... des problèmes psychologiques ?
— Ouais.
— Est-ce que vous êtes jamais venu à Littleton en Californie, Dennis ?
— Où ça ?
— Vous n'étiez pas en Californie il y a une semaine, si ?
— Hein ?
— Peu importe. Vous comprenez que quelqu'un est vraiment mort dans l'accident. Ce n'était pas vous – mais quelqu'un d'autre qui, pour une raison étrange, avait sur lui votre portefeuille.
— Ouais.
— Mais vous ne savez pas comment il est tombé dessus ? Ni comment vous l'avez perdu ? Vous pensez que c'est arrivé quelque part dans la rue, c'est ça ?

Nate s'était approché de mon bureau, comme attiré par un irrésistible arôme de moo goo gai pan. Entendre ne serait-ce que la moitié de cette conversation devait être incroyablement intrigant. Quelqu'un de mort était bien vivant. Ce genre de choses n'arrivait pas souvent.

Dennis n'avait pas répondu à ma dernière question. Il me semblait l'entendre ronfler.

— Dennis ? Dennis, vous êtes là ?
— Hein ?
— Je vous ai demandé si vous pensiez avoir perdu votre portefeuille dans la rue.
— Je suis fatigué. Bon sang, qu'est-ce que je suis fatigué...
— Juste une minute, encore quelques questions, d'accord ?
— Quelle heure est-il ? Il fait nuit ?
— Il est une heure de l'après-midi, Dennis, dis-je

en tenant compte du décalage horaire. Deux questions, c'est tout.

Je n'avais plus de questions. Dennis était bourré de cachets et complètement abruti. À un moment donné il avait perdu son portefeuille. Et celui-ci avait atterri dans la poche de la victime d'un accident, tellement défigurée par les flammes qu'elle n'en était plus identifiable.

Dennis dut passer le combiné à sa mère, car c'est la voix de celle-ci que j'entendis ensuite :

— Vous aviez raison, Tom, murmura-t-elle. Après notre conversation, je suis allée à l'église. Pour la première fois depuis une éternité. J'ai allumé un cierge. J'ai prié pour que Dennis soit encore en vie et qu'il rentre chez nous. C'est ce qu'il a fait.

— Combien de temps a-t-il passé à l'hôpital ?

— Qu'est-ce que ça peut faire ? C'est un miracle, vous ne voyez pas ? Mon fils est de retour.

— Oui, oui, c'est un miracle.

Je pris une seconde pour faire signe à Nate qui traînait près de mon bureau de s'éloigner.

— Pourrais-je vous rappeler, madame Flaherty ? J'aurais peut-être d'autres questions.

— Bien sûr, Tom. Vous pouvez m'appeler quand vous voulez. Je vous remercie.

— Pour quoi ? Je n'ai rien fait. Votre fils n'était pas mort. Quelqu'un a volé ou trouvé son portefeuille. C'est cette personne qui conduisait la voiture. Dennis serait rentré chez vous que je vous aie appelée ou non.

— Ah, vraiment ? fit-elle. Moi je ne crois pas.

18

Je résistai à la tentation et gardai tout cela pour moi.
J'évitai de partager la nouvelle avec Nate, malgré son évidente curiosité.
Je sortis du bureau après avoir pris une cigarette à Norma, qui me gronda parce que j'étais censé avoir fait une croix sur cette mauvaise habitude. « Juste une, lui avais-je dit, en souvenir du bon vieux temps. »
Je l'allumai sous l'auvent qui abritait Foo Yang, le fast-food chinois, du soleil brûlant pendant que la fille de treize ans de M. Yang me regardait d'un air absent à travers la vitre couverte de poussière.
L'afflux de nicotine accéléra mes pensées.
L'accident.
Deux personnes s'étaient rentré dedans sur cette route.
Dennis Flaherty et Ed Crannell.
Sauf qu'il ne s'agissait ni de Dennis Flaherty ni d'Ed Crannell.
Il n'y avait aucune trace de l'existence d'Ed Crannell. Dennis Flaherty était manifestement en vie.
Jouons au rédacteur en chef.
Imaginons que cette enquête – au point où elle en était actuellement – ait été déposée sur le bureau

d'un rédacteur en chef. Vous savez de quel rédacteur je veux parler. Celui qui porte des lunettes bifocales et cet air d'être fatigué du monde entier dont il a incontestablement gagné le droit de se parer. L'article en question serait soumis à son approbation par un journaliste ayant vu des jours meilleurs, c'est sûr – un journaliste dont la réputation serait celle d'un moins que rien et qui aurait littéralement déshonoré sa profession.

Observons ce rédacteur en chef sortir avec lassitude son crayon mâchonné de sa bouche tandis que je lui expliquerais que Dennis Flaherty ne s'est jamais trouvé dans cette voiture.

D'accord, me dirait-il, *donc le docteur ne se trompait pas. L'homme qui est mort était noir. Il avait volé le portefeuille de Dennis, à moins qu'il l'ait trouvé ou qu'il l'ait acheté à un truand dans la rue. Quoi qu'il en soit, il l'avait en sa possession. Et alors ?*

Vous oubliez *l'autre* voiture. Personne n'a jamais entendu parler d'Ed Crannell.

Cet homme – Ed Crannell – a menti sur son identité. Et alors ? Les gens mentent constamment au sujet de leur identité. Peut-être qu'il conduisait alors que son permis lui avait été retiré. Peut-être qu'il avait un casier judiciaire. Peut-être qu'il avait des retards de pension alimentaire en Californie. Ou peut-être qu'il était bel et bien Ed Crannell, mais qu'il n'était pas représentant en produits pharmaceutiques. Et qu'il n'habitait pas à Cleveland. Peut-être qu'il a vraiment menti là-dessus. Ça arrive.

Il n'y avait aucune trace de pneu.

Vous ne m'écoutez donc pas ? Ed Crannell a menti. C'est un concept qui ne vous est pas totalement étranger, n'est-ce pas, Tom ? L'accident, c'était de sa faute.

Il était en train de tourner le bouton de la radio, de papoter au téléphone. Il admirait le paysage, il rêvait, ses yeux se voilaient. Et avant qu'il ne s'en rende compte, il a causé un accident. Se trouvant être l'unique survivant, il a concocté sa propre version des faits : l'autre véhicule a dévié de sa voie, l'autre conducteur s'en est aperçu trop tard, a écrasé le frein. Sauf que personne n'a écrasé le frein. Crannell a tout inventé.

J'en suis sûr, le rédacteur en chef me regarderait avec un petit sourire suffisant. Pire encore. Il aurait cet air épuisé et contrarié que l'on a face à un menteur chronique. *N'insultez pas mon intelligence,* dit cet air-là. *Ça suffit.*

Il n'y a pas que l'accident, suggérerais-je alors.

Il soupirerait, secouerait la tête avec lassitude.

Il n'y a pas que l'accident. Il y a Belinda.

Belinda, dirait le rédacteur en chef. *Ah là là.*

Elle m'a dit que son fils décédé était revenu lui dire bonjour. Je sais, elle avait cent ans. Peut-être qu'elle était toquée. Sauf que j'ai trouvé ce mot de Benjy : *Joyeux anniversaire de cent ans.* M. Birdwell m'a dit que personne n'avait rendu visite à Belinda – mais Benjy est venu. Quel autre Benjamin lui aurait rendu visite et lui aurait écrit ce mot ?

Son fils est mort, répondrait le rédacteur en chef. *Vous comprenez le sens du mot « mort », n'est-ce pas, Tom ?*

Le fils de Mme Flaherty lui aussi est mort. Sauf qu'il est vivant.

Avez-vous seulement vérifié s'il y avait un autre Benjy dans cet établissement ? Vous n'avez donc pas changé depuis New York, Tom... Le rédacteur en chef pointerait la porte du doigt ; il voudrait que je sorte de là. *Il n'y a aucun rapport. Vous me parlez de deux choses qui n'ont aucun lien entre elles.*

C'est là que je le dis. Je ne sais pas pourquoi je ne l'ai pas dit avant. Mais là j'y viens. Je prends mon crayon usé et je l'approche du set de table à l'Acropolis Diner. Je trace une ligne tremblante qui relie le fils décédé de Belinda au conducteur carbonisé – à *lui*.

Mon père sourit, tend le bras au-dessus de la table pour me caresser les cheveux.

C'est bien, mon garçon.

Je sais ce que vous êtes en train de penser, docteur Payne.

Mon père. Mon rédacteur en chef.

Je ne vous écoute pas.

19

— J'imagine qu'il va falloir que j'appelle l'Iowa pour leur demander d'exhumer le corps.

Le shérif Swenson parlait du même ton que quelqu'un qui parcourt sa liste de courses. Il faut que je ramène du lait et de la margarine, que je prenne un sac de frites surgelées et une demi-douzaine de conserves de thon et, ah oui, que j'appelle l'Iowa pour leur demander de déterrer le corps du faux Dennis, où qu'ils aient bien pu l'enterrer. Enfin, si ça les intéresse... car lui-même ne semblait pas trop intéressé.

J'étais de retour dans l'étroit bureau du shérif, à respirer son air conditionné froid et stérile. Rien à voir avec un commissariat de police de ville – on se serait plutôt cru dans le bureau d'un assureur implanté dans le centre commercial du coin. Tout était propre, bien rangé et préfabriqué.

Aucun crime n'avait été commis. Voilà qui résumait assez bien le point de vue de Swenson. Aucun crime n'avait été commis, du moins autant qu'il puisse en juger. Le vol du portefeuille de Dennis Flaherty était peut-être un crime, mais quand bien même, il avait eu lieu en dehors de sa juridiction dans ce cas, non ? L'accident ne s'était peut-être pas produit comme

Crannell l'avait raconté, mais ça restait quand même un accident. Et si Crannell avait menti sur son identité, OK, tant mieux pour lui. Ça ne méritait pas qu'on forme une unité spéciale pour enquêter là-dessus.

— Qu'est-ce qui vous intéresse tant que ça là-dedans ? me demanda-t-il, moins comme s'il attendait une réponse que comme s'il me congédiait pour retourner à des affaires de police plus pressantes, émettre des contraventions au code de la route par exemple.

Je ne lui parlai pas du mot que j'avais découvert à l'intérieur du cadre à photo de Belinda.

— Deux personnes sont impliquées dans un accident et il se trouve qu'aucune d'entre elles n'est celle que l'on croyait. Ça ne vous chiffonne pas ?

— Pas vraiment.

Peut-être que ça ne le chiffonnait pas uniquement parce que c'était moi qui lui posais la question.

— Il n'y a pas une inauguration de concessionnaire automobile que vous pourriez aller couvrir ? demanda-t-il.

Oui, ça devait être moi qui lui posais problème.

— J'ai revu le plombier, dis-je.

Le shérif Swenson décroisa ses jambes, qui reposaient sur son bureau dans une attitude qui semblait dire : C'est moi le patron ici. Il est difficile de ne pas se sentir rabaissé quand on doit fixer des yeux les semelles des bottes de quelqu'un. J'imagine que c'était précisément le but.

— Ah oui ? dit-il. Où ?

— Au bowling. L'autre soir.

— Ah oui. Vous en êtes sûr ?

— Oui. Absolument sûr.

— *Ça*, ça m'intéresse. Pourquoi ne m'avez-vous pas appelé ?

— Il s'est enfui.

— Il s'est *enfui* ? Qu'est-ce que ça veut dire ? Vous l'avez poursuivi ou quoi ?

— Non. Il était là, et la seconde d'après il avait disparu. Quand il a vu que je l'avais remarqué, il s'est barré.

— Il s'est barré. Super. Et il avait encore cette tête que vous aviez décrite la dernière fois ?

— Oui – ç'aurait été dur de ne pas le reconnaître. Il y en a eu d'autres depuis ? demandai-je.

— D'autres quoi ?

— Cambriolages.

Il ne me répondit pas :

— Vous auriez dû m'appeler, Lucas. Vous vous en rendez compte ?

— Oui.

— OK, c'est bon. S'il vient assister à votre prochaine partie de bowling, vous me préviendrez, d'accord ?

— Sans faute.

J'allais me retourner pour m'en aller, mais je m'arrêtai :

— Vous savez beaucoup de choses sur l'inondation ?

— Quelle inondation ?

— Quand le barrage de l'Aurora a cédé. Dans les années cinquante.

— Qu'est-ce que vous voulez savoir ?

— Eh bien... parmi les gens qui étaient censés avoir péri... est-ce qu'on en a retrouvé certains vivants par la suite ? Des gens qu'on avait à l'origine comptés parmi les victimes, mais qui en fait avaient survécu ?

L'espace d'un instant, je crus qu'il allait dire oui.

Dire quelque chose d'autre que :

— Je ne suis pas assez vieux pour avoir connu l'époque de l'inondation. Alors qu'est-ce que vous voulez que j'en sache ?

Mais c'est ça qu'il dit.

Juste avant de décrocher le téléphone – une façon de me signaler qu'il était temps pour moi de partir.

Je demandai à Norma si John Wren avait par hasard laissé des notes derrière lui.

Quand j'avais demandé à Hinch l'autorisation d'écrire un article sur le cinquantième anniversaire de l'inondation de l'Aurora, il m'avait souhaité bonne chance en m'expliquant que mon prédécesseur avait déjà essayé.

— Non, me dit Norma. Et s'il en avait laissé, on les aurait jetées depuis le temps.

— Tu es sûre ?

— À quatre-vingt-dix-neuf virgule neuf pour cent.

Norma essayait de lire le dernier numéro de *Us*, lire étant un terme assurément trop généreux étant donné qu'il s'agissait d'un hebdomadaire dont la couverture montrait Britney Spears avec un voile de mariée sur le visage. Le titre s'inspirait d'une chanson de la vedette : *Oops, She Did It Again* – elle a remis ça !

— Bon, et si jamais on ne les a pas jetées, où est-ce qu'elles peuvent être ?

— Mon Dieu… C'est trop dur pour toi de laisser une assistante de direction lire ses âneries en paix ?

— J'aimerais bien, mais ce que je te demande, c'est justement une mission pour assistante de direction.

Norma posa Britney face contre terre. Elle traîna les pieds jusqu'au meuble classeur qui servait également de support pour la machine à café et le fax. Norma avait été mariée à un chef de chœur qui s'était tiré avec l'organiste de l'église : elle avait entendu dire par la suite qu'ils avaient commandé des serviettes de toilette marquées *Hymn and Hers*[1]. Elle approchait de l'âge mûr – elle en était d'ailleurs plus ou moins proche selon qu'elle était dans une de ses périodes de régime et d'exercice ou non. En ce moment, elle suivait le fameux régime South Beach et pratiquait l'aérobic sur la musique d'Andre 3000 et de ses amis. Elle ouvrit le troisième tiroir et commença à fouiller.

— Eh non, fit-elle. Rien que des dossiers vides, comme je te disais.

Elle avait sorti quelques chemises en carton fatiguées qui paraissaient parfaitement vides.

— Je peux les voir ?
— Il n'y a rien dedans, Tom.
— Juste pour me faire plaisir...

Elle les laissa tomber sur mon ordinateur portable.

— Tu sais, cette Britney est complètement maboule.

Les chemises portaient des onglets sur lesquels Wren avait inscrit différents sujets d'article. Je reconnaissais son écriture, ayant retrouvé suffisamment de ses papiers glissés ici ou là dans ma maison.

Une litanie composée principalement des sujets les plus banals : la plus grande collection de hula-hoops du monde, défilé du 4-Juillet, concours de cow-boys. Cela ressemblait à mon programme pour les mois à venir.

Il y avait quelques exceptions. Une chemise marquée : *Article sur le vétéran*.

Cette chemise n'était pas vide, enfin pas entièrement – quand je l'ouvris, deux photos en tombèrent.

Le monument aux soldats morts au Viêtnam à Washington.

1. Jeu de mots sur « *his and hers* », « à lui et à elle ».

Il y avait une vue panoramique avec ce V de granit noir qui réussit on ne sait comment à être à la fois terriblement gracieux et terriblement imposant. L'autre photo était prise de plus près – on pouvait voir la longue et sinistre liste des noms des morts gravés dans la pierre.

Il s'agissait de l'article que j'avais trouvé dans ma maison.

Cette triste histoire.

L'ancien combattant traumatisé qui avait débarqué à Littleton une après-midi d'octobre, et qui était resté suffisamment longtemps pour qu'on puisse apprendre qu'il n'avait pas de maison, pas de famille qui voulait de lui. Même son nom avait été emprunté à un soldat porté disparu aux côtés duquel il s'était battu dans le delta du Mékong. *Qui est donc Eddie Bronson ?* Un ancien troufion du Viêtnam torturé par ce sentiment de culpabilité affectant ceux qui étaient revenus vivants – voilà tout ce que Wren avait pu apporter comme réponse avant qu'on déménage ce soldat inconnu du kiosque de la ville et qu'on le fasse interner. Le journaliste s'était servi de ce triste incident pour écrire un petit article émouvant sur les conséquences destructrices du rejet rencontré par les vétérans de cette guerre que l'Amérique préférait oublier.

— Norma, est-ce que Wren s'est rendu à Washington pour voir le monument aux morts du Viêtnam quand il a écrit cet article sur le vétéran ?

— Hinch ne lui aurait jamais payé le voyage. Pourquoi ?

— Il a dû y aller quand même. Il a pris des photos.

— OK.

Norma s'était vite rassise à son bureau pour se replonger dans la vie des gens riches et ridicules.

Je contemplai la photo prise de près. On lisait clairement *Eddie Bronson* – le nom du soldat porté disparu que le vétéran s'était approprié – gravé sur un lit de granit noir, même si ses os pourrissaient dans un tunnel à Chu Lai.

Wren avait écrit un bel article qui n'avait cependant pas reçu un accueil particulièrement enthousiaste. D'après Norma tout du moins. D'abord, Hinch pensait que les quotidiens de petites villes devaient se cantonner aux nouvelles locales. Les inaugurations de centres commerciaux, par exemple. Ensuite, une part du rejet destructeur que rencontrait l'ancien combattant venait directement des bonnes gens de Littleton, qui n'appréciaient pas qu'un vagabond dépenaillé et à moitié fou s'installe dans le kiosque de la ville pour en faire son chez-lui.

Cela coïncida avec la période où Wren perdit lui aussi quelque peu l'esprit. Peut-être que toute cette animosité l'atteignit personnellement. Peut-être fut-il victime des vents Santa Ana qui balayaient la ville. À moins que la chaleur écrasante, incessante, n'ait fini par lui cuire la cervelle.

Quoi qu'il en soit, il semblait que son incursion dans un journalisme sérieux, à portée sociale, lui ait donné la folie des grandeurs. Les inaugurations de centres commerciaux, c'était pour les scribouillards. Il s'était donc immédiatement plongé dans une enquête historique sur l'inondation de l'Aurora. Je le voyais à la date soigneusement inscrite sur la troisième chemise, marquée simplement : *Inondation*. Une semaine après l'article sur Eddie Bronson.

Cette chemise-là était vide.

— Tu crois qu'il les a pris avec lui ? Norma... ?

— Pris quoi ? demanda-t-elle en me jetant un regard par-dessus les seins siliconés de Britney.

— Ses notes. Ses dossiers. Tu crois qu'il les a pris avec lui, ou est-ce que tu les as jetés après son départ ?

— Je ne me rappelle pas. On ne peut pas dire que ça tournait très rond dans sa tête à ce moment-là, tu comprends. Il s'est même enfermé ici une nuit et s'est mis à hurler à la lune.

— Il hurlait à la lune ?

— C'est juste une façon de parler.

— OK. Alors qu'est-ce qu'il faisait ici cette nuit-là ?

— Dieu seul le sait. Je me souviens seulement qu'il a fallu appeler le shérif pour le déloger.

— D'accord. Quand est-ce qu'il a quitté la ville, Norma ?

— Le lendemain – je ne plaisante pas. Cet épisode a dû lui coller une de ces hontes. Dieu sait que cet homme avait besoin de changer d'air.

Il s'en était allé quelque part au nord, m'avait dit Norma. Les détails étaient plutôt flous.

— Il a laissé un numéro, Norma ?

— Un numéro ?

— Oui. Les chiffres que l'on compose sur un téléphone quand on veut parler à quelqu'un. Un numéro.

Elle tourna les cartes du Rolodex sur son bureau.

— Non, fit-elle avant de pencher la tête et de dire : Attends.

Elle alla dans le bureau d'Hinch, où j'entendis qu'elle ouvrait et refermait des tiroirs. Elle réapparut avec un morceau de papier froissé.

— Merci, Norma, dit-elle.

— Merci, Norma.

Le dernier numéro de téléphone connu de John Wren. Au nord de la Californie, à en juger par l'indicatif de zone. Je le notai au verso d'une des photos que je glissai dans mon portefeuille.

Sur son répondeur, Wren avait le ton de quelqu'un qu'on dérange.

Nous sommes partis à la pêche, mais si vous avez vraiment envie de laisser un message, allez-y.

— Bonjour, ici Tom Valle. J'ai repris votre poste au *Littleton Journal*...

Et votre maison aussi, aurais-je pu ajouter...

— ... et j'aimerais vous poser quelques questions au sujet d'un article que vous prépariez avant votre départ. Pourriez-vous me rappeler ?

Je laissai mes numéros de bureau et de portable.

Puis j'appelai Anna.

Elle devait partir le lendemain. Retourner à Santa Monica. Nous étions censés nous voir ce soir et je souhaitais confirmer le lieu et l'heure, comme tout journaliste sérieux se doit de le faire.

Elle décrocha à la quatrième sonnerie.

— Salut, dis-je.

— Salut.

— Alors ça tient toujours pour ce soir ?

— Bien sûr. Ce n'est pas ce qu'on avait dit ?

— Si, si. Je voulais juste vérifier que ça tenait toujours.

— Je vous aurais appelé en cas de problème.

— OK. Super. Alors ça tient toujours. (Monsieur l'Idiot, je te présente Monsieur Pas-du-tout-sûr-de-lui.) Où est-ce qu'on se retrouve, déjà ?

— Au Violetta's Emporium. Comme on l'a dit il y a deux jours. Vous souffrez de troubles de l'attention, ça se confirme.

Au moins elle m'avait dit ça de manière amicale.

— Je voulais juste confirmer, expliquai-je.

— Oh, à propos...
— Oui ?
— On commandera du vin blanc.
— Oui, je suis absolument désolé. Votre robe est fichue ?
— Ça va aller. Mon pressing désintègre littéralement toutes les taches. Si Monica Lewinsky leur avait donné sa petite robe bleue, Bill Clinton n'aurait jamais été mis en accusation devant le Congrès.

Je ris et immédiatement après me demandai si sa référence à des taches de liquide séminal était une proposition déguisée. « Vous n'aviez qu'à me le demander », avait-elle dit pendant que j'essuyais sa robe.

Il y eut un bref silence, comme si son allusion sexuelle avait aspiré tout l'air sur la ligne. J'enchaînai en lui demandant comment allait son père. J'avais auparavant évité ce sujet, me disant qu'elle m'en parlerait d'elle-même quand elle le souhaiterait. Mais il devenait un peu trop malpoli de ne pas le mentionner.

— Toujours pareil, dit-elle. Merci de votre sollicitude.
— Votre mère est encore en vie ?
— Oui. Mais ils sont divorcés. Alors il n'y a que moi.
— Pas facile.
— Je n'en sais rien. Il faut être là pour les gens qu'on aime, non ? C'est mon père. Je ferais tout pour lui. Et vous ?
— Moi ?
— Vos parents ? Ils sont encore en vie ?
— Non. Ils sont partis tous les deux.

Parti. Un terme qui s'appliquait à mon père au temps où je jouais encore au scully dans les rues du Queens. Il était revenu une seule fois, avant les funérailles, et m'avait demandé si j'aimerais faire un tour dans le camion de pompiers, comme avant. Nous avions fait le tour du pâté de maisons et nous nous étions garés à l'ombre de l'église Saint-Anthony. *Qu'est-ce qui s'est passé, Tommy ?* Il était assis à côté de moi sur la banquette mais ne me regardait pas vraiment. Ses yeux étaient fixés sur la photo coincée contre le pare-brise, cette photo où nous étions tous les quatre. *Qu'est-ce qui s'est passé ?*

— Tu as des sœurs, des frères ? me demanda Anna.

— Non. Je... n'en ai plus.

— C'est-à-dire ?

— J'avais un frère. Il est mort. Il y a longtemps.

— Oh. Je suis terriblement désolée. Qu'est-ce qui s'est passé ?

— Rien. Il est mort, c'est tout. Un accident.

— Mon Dieu. Quel âge avait-il ?

— Six ans.

— C'est affreux. J'imagine que tu n'aimes pas en parler.

— Non, c'est juste que... c'était il y a longtemps...

— Oui, je comprends.

Non tu ne comprends pas, pensai-je.

Certaines choses sont incompréhensibles.

20

Kara Bernstein.
Kara Betland.
Kara Bolinski.
Kara Brill.
Après m'être douché, rasé, coiffé, recoiffé, aspergé la peau de vieille eau de Cologne, puis rincé parce que ça sentait le vieux cuir, je mis à profit la demi-heure qui me restait avant de devoir réellement quitter la maison pour rechercher une Kara Bolka dans les annuaires téléphoniques en ligne.

Je ne la trouvai pas.

Pourtant, il y avait des hordes de Kara en Californie : je me représentais des légions de filles comme on en voit dans le comté d'Orange, portant encore leurs appareils dentaires, traînant au centre commercial ou exhibant leurs corps jeunes et fermes à la plage ou dans les salles de casting porno de la vallée de San Fernando. Kara Bolka sonnait comme un nom que des immigrés d'Europe de l'Est auraient pu donner à leur fille née aux États-Unis. On imaginait une créature mi-femme, mi-nymphe.

Ou c'était peut-être seulement un délire provoqué par ma libido.

La soirée n'avait pas encore vraiment commencé, mais je me demandais comment elle se terminerait. J'essayais de me rappeler la date de mon dernier rapport intime et me demandais si c'était réellement comme de faire du vélo. Et si on acceptait cette métaphore, fallait-il imaginer un dix vitesses ou un tout-terrain.

Je n'avais pas totalement vécu en ermite sexuel depuis mon arrivée à Littleton. Non. J'avais partagé un lit au motel Days Inn avec une certaine femme mariée qui s'était retrouvée au bar du bowling pour la même raison que moi : elle cherchait un refuge. Dans son cas, elle fuyait un mari infidèle qui avait tendance à lui filer des coups quand il avait perdu une partie de golf ou qu'une de ses affaires avait mal tourné. Il était dans l'immobilier, où les affaires tournent régulièrement mal – surtout à Littleton, ville qui pouvait se vanter d'avoir toujours deux complexes hôteliers à moitié achevés.

Je ne vous dirai pas son nom. Ça n'a pas d'importance. Nous nous retrouvions au Days Inn plutôt que dans la maison que je louais parce que je ne voulais pas que son mari débarque devant ma porte. Nous étions allés trois fois au motel, et cela m'avait apporté de la satisfaction au sens le plus rudimentaire du terme. Un peu comme quand on accepte de manger de la nourriture carbonisée parce qu'on a vraiment trop faim.

Lorsqu'elle avait tenté de me joindre au téléphone après notre troisième rendez-vous intime, je ne l'avais pas rappelée. Une semaine plus tard, elle m'avait laissé un message sur mon portable :

Alors on en reste là, c'est ça ? Eh bien bonne continuation.

Pour mettre un terme à une liaison, ces mots convenaient aussi bien que n'importe quels autres.

Et maintenant je nageais parmi les Kara – c'est-à-dire en plein océan.

Je les abandonnai pour rejoindre Anna.

À un moment, alors que nous étions quelque part entre la salade et l'entrée, entre le bavardage et le flirt, entre vingt et vingt et une heures, Anna mentionna John Wren.

Elle le connaissait.

Je ne sais plus comment nous en étions revenus à discuter de journalisme. Pas réellement à discuter, en fait : c'était plutôt moi qui m'adonnais au prosélytisme, même si le chianti était peut-être le vrai responsable de ma logorrhée suffisante. Je parlais comme avant, quand je débutais dans la profession et que la ferveur m'animait. Un étudiant en théologie expliquant sa foi. N'avais-je d'ailleurs pas travaillé pour ce qui était considéré comme la bible de l'industrie ?

Lentement, péché après péché, j'avais réussi à corrompre les fondations qui justifiaient l'existence d'un journal, à réduire la vérité à rien. Comme une de ces taupes soviétiques des années trente qui creusaient leur tunnel au cœur de la démocratie britannique. Comme l'agent double Kim Philby et ses complices, j'avais moi aussi fait couler du sang innocent.

J'ai évité de vous livrer les détails ; j'ai été évasif avec vous.

Le carnage qui avait suivi la révélation au grand jour de mon imposture et mon licenciement avait emporté avec lui un rédacteur en chef brillant, dévoué à son travail, universellement respecté, dont la seule faute avait été de croire en moi.

Il avait sombré avec le navire.

Ou avec le rat.

Quand je travaillais sur un article je le sentais juste derrière mon épaule, comme une présence divine qui gardait l'œil sur moi. Oui, il avait atteint ce genre de statut, gagné une réputation toute spéciale, même dans un quotidien où les sommités journalistiques étaient légion.

Pour je ne sais quelle raison, il s'était intéressé à moi, avait vu quelque chose en moi qui valait la peine qu'on le cultive. Peut-être qu'il savait simplement reconnaître un garçon orphelin de père quand il en voyait un. Il m'avait invité à boire un verre avec lui un soir, et comme ça s'était bien passé, comme je ne l'avais pas ennuyé en l'assaillant de questions obséquieuses, il m'avait réinvité un autre soir. Au bout d'un moment, nous nous étions mis à avoir des conversations à cœur ouvert à minuit dans son bureau, en mangeant des hot-dogs qui empestaient dans toute la pièce. Nous prenions notre temps pour aller marcher à Bryant Park quand il avait envie de se dégourdir les jambes. Quand il faisait le tour des bureaux, je sentais sa présence derrière mon épaule et je rougissais, m'efforçant de taper sur mon clavier quelque chose de juste, d'incisif et de brillant. Et il arrivait de temps en temps que les touches du clavier veuillent bien se prêter à ma volonté.

Mais peu importe.

Il avait l'habitude de modérer suffisamment ses louanges pour que vous en vouliez plus encore. Ce que vous pouviez écrire était en général *pas mal, correct* ou simplement *du travail sérieux*. Vous étiez censés écrire pour vos lecteurs – cette masse de gens en manque d'information, assoiffés de vérité.

J'écrivais pour lui.

J'avais *un* lecteur. Je voulais passer de correct à formidable.

L'ironie fut qu'inventer un reportage sur un membre de la Garde nationale mort au combat m'obtienne enfin ce que je désirais !

Bien sûr, il y a un problème quand on finit par avoir ce dont on rêve. C'est qu'une fois qu'on vous a félicité, vous en redemandez, il faut que l'amour et l'admiration coulent à flot, comme le champagne dans le pavillon des Boston Red Sox quand ils ont fini par remporter le championnat de baseball en 2004.

J'ai continué plus longtemps que cela aurait dû être possible.

J'ai continué jusqu'à ce que cela devienne impossible.

Jusqu'à ce que j'accompagne un certain journaliste au bar et que tout éclate au grand jour.

Il ne fallut pas plus d'une semaine pour que ce rédacteur en chef, cet *ami*, passe du statut de légende du journalisme à celui d'incompétent vilipendé. Quelques semaines plus tard, il avait brutalement pris sa retraite.

Il aurait dû savoir, disaient-ils – *ils* étant principalement tous ceux qui avaient moins de talent que lui et qu'il avait éclipsés en atteignant les sommets. Il aurait dû *contrôler mon travail* parce que *c'était son boulot.*

Son humiliation publique avait à peine été moins brutale que la mienne ; sa chute dix fois plus douloureuse.

De tout ce que j'avais pu réduire en cendres – et on pouvait dire que j'étais un véritable feu de forêt, ayant foutu en l'air ma carrière, mon mariage, ma réputation –, l'avoir détruit *lui* est ce dont j'avais le plus honte, le ver qui me rongeait continuellement et que de temps à autre j'essayais de noyer en enchaînant les verres de tequila.

Parfois, cela me poussait à composer le numéro de téléphone d'une maison de campagne défraîchie dans le comté de Putnam et à réciter des paroles de contrition silencieuses.

Bonjour, disais-je, c'est moi. Je suis désolé.

Je l'imaginais là-bas, tenant dans sa main un combiné noir ancien modèle, ses lunettes bifocales à mi-hauteur de son nez massif, et je ravalais mes mots, entiers, sans les mâcher, et ils descendaient dans mon ventre et me rendaient malade.

Mais pas ce soir.

Non.

Ce soir j'étais Carl Woodward, moitié ferveur journalistique, moitié surexcitation sexuelle. Le vin avait délié ma langue, incontestablement : j'improvisais un long discours et je n'avais pas l'intention de m'interrompre. Je frimais.

— Nous avons beau nous préoccuper d'exporter la démocratie – ces temps-ci, on dirait que notre politique étrangère se limite à ça, à cette croisade –, qui protège la démocratie dans notre propre démocratie ? Ces neuf vieillards cacochymes de la Cour suprême ? Qui protège les États-Unis aujourd'hui à part des quotidiens médiocres comme *USA Today* ? Ça fait peur, non ? Mais je suis sérieux. Qu'on le veuille ou non, la démocratie est entre les petites mains moites de la presse populaire. Même si nous n'en avons pas conscience. Même si nous ne voulons pas vraiment que ce soit comme ça. Je dis *nous* mais je pourrais être plus précis : c'est la vérité qui est en première ligne, c'est elle qui reçoit toujours la première balle.

La *vérité* – voilà que j'utilisais avec une totale désinvolture le mot de notre langue avec lequel j'avais le moins de familiarité.

Je m'écoutais à moitié, me demandant si j'étais en train de passer pour un fou furieux ou, ce qui n'aurait pas été mieux, pour un type très chiant. Mais Anna semblait m'écouter avec une attention assez marquée. Elle semblait apprécier ce visage que je lui présentais – un super héros défendant la vérité, la justice et l'âme de l'Amérique.

C'est alors qu'elle me demanda :

— Pourquoi avais-tu besoin de faire une pause ?

— Pardon ?

— Tu m'as dit que tu étais venu ici parce que tu avais besoin de faire une pause. Par rapport à quoi ? On dirait que tu l'adorais – ton boulot. Enquêter sur des sujets importants. Pourquoi t'être enterré ici ? Pas *enterré*, je veux dire…

J'aurais dû être plus prudent.

J'avais commencé la soirée en parlant de choses sans rapport avec le journalisme, n'est-ce pas ? L'équipe des New York Yankees, les serpents à sonnette, le film *Caddyshack*. Toujours est-il que, sans m'en rendre vraiment compte, j'avais guidé la petite barque de *My Dinner with Anna* dans des eaux dangereuses.

— J'ai eu un souci au dernier journal où je travaillais.

— Ah ? Quel genre de souci ?

— Éthique, disons.

— Éthique, disons, répéta-t-elle. Tu veux en parler ou tu préférerais qu'on fasse comme si je n'avais jamais posé la question ?

— Je préférerais qu'on fasse comme si tu n'avais jamais posé la question.

Il est possible de retrouver d'un coup toute sa

sobriété, beaucoup trop brutalement – les vapeurs d'alcool qui m'entouraient avaient disparu comme un filet de protection emporté par un vent mauvais.

— D'accord, dit Anna. Des soucis éthiques, ça avait pourtant l'air intéressant. Même un peu... coquin.

— Ça l'était. Mais pas au sens où tu l'entends.

— Ah. Bon, quoi qu'il se soit passé, je suis désolée. De toute évidence, tu adorais ton métier de journaliste – que tu exerces toujours, d'ailleurs. Tu as compris ce que je voulais dire...

— J'ai inventé des choses.

Voilà.

Tôt ou tard ça devait sortir. Tôt ou tard, elle parlerait de moi à un ami ou à une connaissance et cette personne répondrait que mon nom lui disait quelque chose : « Ça peut pas être lui, bien sûr, mais on dirait le nom du journaliste qui a failli faire sombrer le grand quotidien. Tu sais, ce reporter qui écrivait des articles sur des choses qui ne s'étaient jamais réellement passées. »

Ce reporter – le menteur.

— Tom Valle, dit Anna comme si elle tentait de prononcer un mot en langue étrangère. Putain.

J'essayais de déduire ce que je pouvais de son expression – ces quelques secondes où le choc l'avait laissée sans masque. Était-ce seulement de l'embarras que je vis sur son visage ? Ou bien du dégoût ? De la pitié ?

— Eh bien, fit-elle.

Elle leva son verre de vin jusqu'à ses lèvres, puis le replaça sur la table avec une attention presque maladroite, comme quelqu'un qui réapprend à se servir de ses mains après un infarctus.

— Quand tu m'as dit que tu avais besoin d'une

pause... ça ne m'étonne pas. Est-ce que ça te dérange si je te demande... pourquoi tu as fait ça ? Si tu ne veux pas en parler, ce n'est pas grave.

Je ne répondis pas immédiatement. J'aurais pu dire oui, je préférerais ne pas en parler et changer de sujet. J'aurais pu sortir une réponse bateau, formatée pour le grand public. J'ai eu tort. Je n'aurais pas dû. Je traversais une période difficile. J'aurais pu en faire tout un édito.

Je choisis de dire la vérité.

Comment ça avait commencé. Le matin où je m'étais réveillé trop tard. Le petit exercice d'expression écrite qui avait suivi.

— Combien de fois ? me demanda-t-elle doucement. Après ça ?

— Je ne sais pas. À la fin, ils ont examiné tous les articles que j'avais écrits. Ils ont dit qu'il y en avait cinquante-six. Pour lesquels j'avais partiellement ou entièrement inventé les faits. Il ne me semblait pas qu'il y en avait eu autant. Mais c'était peut-être vrai.

— Pourquoi ? Tu étais un bon journaliste, non ? Tu avais démarré une belle carrière. Tu travaillais pour un grand journal. Tu n'avais pas besoin de faire ça.

Tu n'avais pas besoin de faire ça. Le grand mystère au cœur de la carrière criminelle de Tom Valle.

— Tu es déjà entrée dans un bar à journalistes ? lui demandai-je. Il y a une hiérarchie en place dans ces endroits – soit tu as une cour, soit tu fais la cour. Peut-être que ça me plaisait d'avoir enfin ma propre cour. En plus, pour un étudiant médiocre, c'était très agréable d'être le chouchou du prof. Ce qui était plus agréable encore, c'était de me retrouver sur la première page au lieu d'être relégué à la deuxième section. Pas déplaisant non plus d'être considéré comme un expert – même de seconde zone – dans les émissions de télé. J'ai même été invité à « Larry King Live » une fois avec Ben Bradlee du *Washington Post*. Les stagiaires venus de l'école de journalisme de Columbia se pressaient autour de moi pour que je partage mes trésors de sagesse avec eux. Les autres reporters plantaient des aiguilles dans des poupées Tom Valle, quand ils ne se battaient pas pour m'offrir un verre. C'est ce qui a causé ma perte, au bout du compte – un soir où l'un de ces journalistes m'a offert *plusieurs* verres. Difficile de s'y retrouver entre les faits et les mensonges quand on en est à sa quatrième margarita.

Elle me demanda comment j'avais atterri ici.

— C'est à peu près le seul endroit où l'on voulait bien de moi, dis-je. La semaine où j'ai compris que la fête était finie, que tout allait s'écrouler sur ma tête, mes patrons avaient déjà commencé à resserrer l'étau autour de moi, à fouiller parmi les débris de la catastrophe que j'avais causée. Ils avaient demandé à des experts judiciaires de comparer mes notes de frais aux dates de mes articles : si tel jour j'avais petit-déjeuné dans une cafétéria à New York, comment était-il possible que le même matin j'aie assisté à une conférence de presse du Parti démocrate à Washington ? Quoi qu'il en soit, je me suis saoulé la gueule et je me suis rendu à mon bureau à trois heures du matin, sans doute avec la vague intention de repartir avec tous les documents susceptibles de me compromettre. Dans ce cas-là, j'aurais mieux fait d'y aller avec un chariot élévateur. Je ne sais pas vraiment ce que j'avais l'intention de faire. Je suis entré par effraction dans le bureau du rédacteur en chef responsable des nouvelles nationales et j'ai essayé de retrouver des fichiers informatiques me compromettant. Résultat, on m'a retrouvé étalé par terre, évanoui. Ça leur a donné l'excuse dont ils avaient besoin pour déposer une plainte contre moi, au lieu de me licencier proprement. J'ai été condamné avec sursis et mise à l'épreuve – ils n'allaient pas m'envoyer en prison pour ça. Pendant un an je n'ai pas fait grand-chose d'autre qu'hiberner. Mon agent de probation est le cousin d'Hinch Edwards – le propriétaire du *Littleton Journal*. Hinch m'a pris en pitié. Fin de l'histoire.

— Oui, c'est un type bien.

À ce moment-là, je me rendis compte qu'Anna savait peut-être plus de choses que je ne l'imaginais.

— Tu connais Hinch ?

— Je connaissais quelqu'un qui bossait pour lui.

— Qui ça ?

— John.

— John comment ? John Wren ? Tu connaissais John Wren ?

— Oui.

— Pourquoi tu ne me l'as pas dit ?

— Pourquoi l'aurais-je fait ? On a dîné une fois ensemble. Je ne t'ai pas non plus dit quel était mon deuxième prénom. C'est Alicia, au fait.

— Alors vous étiez amis, toi et John ?

— En quelque sorte. Qu'est-ce que ça a de si bizarre ?

— Rien. C'est simplement drôle que tu connaisses deux journalistes qui ont vécu dans la même maison.

— Il vivait dans la maison que tu occupes maintenant ? Évidemment, c'est une petite ville. Il n'y en a pas tant que ça, des maisons.

— Exact.

J'avalai une grosse gorgée de vin, m'efforçant

désespérément de retrouver cet état d'euphorie qui me paraissait maintenant si lointain.

— Tu as gardé contact avec lui ? demandai-je.

— Je ne suis pas sûre qu'il ait gardé contact avec qui que ce soit. Un jour, je suis venue pour rendre visite à mon père et j'ai découvert que John était parti sans laisser de traces. C'est là qu'on s'était rencontrés, d'ailleurs. À la maison de retraite. Il interviewait des gens au sujet de cette... inondation... dans les années cinquante. Tu es au courant, non ? Une horreur – toute une ville a été engloutie. Je crois qu'il s'était rendu à la maison de retraite dans l'espoir de réveiller des souvenirs assez terrifiants.

Terrifiants. Le mot me semblait approprié.

— Je ne pense pas qu'il y soit vraiment parvenu, dis-je. L'article n'est jamais paru.

— Ah bon ? dit Anna. Il avait l'air très enthousiaste, pourtant. Il m'a envoyé un e-mail après son départ de Littleton – je crois qu'il s'était terré dans un endroit tranquille pour mieux bosser sur cet article.

— C'est étrange, étant donné qu'il n'avait plus son job. On raconte qu'il était devenu plutôt nerveux à l'époque. Qu'il avait un peu perdu la boule.

— *Perdu la boule ?* C'est un diagnostic psychiatrique officiel ?

— Il s'est enfermé dans les bureaux du *Journal* une nuit et on a dû recourir à la force pour l'en faire sortir. J'imagine qu'on peut dire qu'il avait perdu la boule. Je suis assez spécialiste en la matière.

— C'est ça que les gens disaient de toi ? Que tu avais perdu la boule ?

— Seulement ceux qui étaient sympas. Les autres disaient que j'étais le diable.

— Tu n'as pas une tête de diable.

— Merci, dis-je en rougissant et en buvant une autre gorgée de vin. Est-ce que ton père habitait ici ? Au moment de l'inondation ?

— Oui. Il ne pourrait pas t'en raconter beaucoup là-dessus, bien sûr. Plus maintenant.

Un silence.

— J'ai essayé de l'appeler, dis-je. Wren.

— Ah bon ? Pourquoi ?

— J'ai une question à lui poser, à propos d'un truc sur lequel je travaille.

— Tu n'étais pas en train de me dire qu'il avait perdu la tête ?

— Peut-être qu'il l'a retrouvée.

J'étais tenté de dire à Anna que ce « truc » sur lequel je travaillais était le même « truc » qui avait occupé Wren. Wren le cinglé.

Cela aurait pu lui paraître paranoïaque. Elle aurait pu y voir l'effort pathétique d'un journaliste tentant de retrouver le feu sacré.

Mais ça n'avait plus guère d'importance à ce stade-là.

Notre dîner avait évolué de telle façon que la gêne était palpable. C'est comme si on avait déversé sur le sol le contenu de la bouteille marquée *Conversation au dîner entre Anna et Tom* : il ne restait plus que quelques malheureuses gouttes.

Je me sentais comme amputé dans son regard, un handicapé éthique. L'atmosphère s'était dégradée. Anna faisait un effort tiède pour ressusciter la soirée, mais elle manquait de conviction.

Après avoir réglé l'addition, être sorti avec elle du restaurant et l'avoir accompagnée jusqu'à sa voiture, je ne savais pas si je devais lui dire bonne nuit ou adieu.

Nous nous attardâmes devant sa Coccinelle rouge –

plutôt bordeaux sous le clair de lune. C'était comme ces moments où on se trouve devant la porte de l'appartement d'une fille et qu'on ne sait pas si on va se faire descendre en flammes ou bien être sauvé.

Elle se pencha et m'embrassa.

Sur la joue.

— Je t'appellerai un de ces quatre, me dit-elle. Merci pour le dîner.

J'avais envie de lui dire : *C'est tout ?*

J'avais envie de capturer ce papillon qui s'était mis à voleter dans ma poitrine le jour où elle avait réparé ma voiture et qui ne s'était jamais arrêté depuis lors. Je voulais le transpercer avec une épingle, le mettre sous verre et l'accrocher quelque part où je pourrais le contempler à loisir.

Elle m'appellerait un de ces quatre. Et ensuite ? Elle m'appellerait en tant qu'amie, en tant que connaissance, ou en tant que quelque chose de plus ? Elle m'appellerait par envie, par devoir, ou carrément pas du tout ?

— Je t'en prie, dis-je.

21

Le chemin du retour me donna l'occasion de m'apitoyer sur mon sort.

À vrai dire, cette activité m'était plutôt familière – je l'avais beaucoup pratiquée pendant l'année que j'avais passée retranché dans mon appartement du quartier de NoHo, tel un prisonnier maintenu en isolement. Je m'y adonnais toujours avec une bouteille de tequila à proximité et un stylo pour griffonner des cartes postales que j'envoyais ensuite au docteur Payne : *C'est nul ici, au pays où l'on s'apitoie sur son sort ; si seulement vous étiez là.*

J'avais dans la mesure du possible épargné à Anna le jargon des psychologues, mais le docteur Payne, lui, n'avait pas montré tant de retenue.

Pourquoi est-ce que ce menteur a menti ?

Tu veux vraiment savoir, Anna ?

Tu es sûre ?

Parce que je me suis réveillé plusieurs heures en retard un matin, et il a bien fallu que je mente.

Parce que ce rédacteur en chef, la plus belle figure paternelle qu'on puisse trouver dans le métier, m'avait tapoté les cheveux et m'avait dit : « Bon boulot. »

Ça ne suffit pas ?

Tu en veux encore ?

Parce qu'à neuf ans je me mentais déjà, je me mentais en me racontant que mon père ne couchait pas avec cette serveuse, qu'il serait bientôt de retour chez nous, que ma mère n'était pas une alcoolique sadique, que les hommes qui montaient les escaliers avec elle m'aimaient vraiment alors qu'ils ne l'aimaient même pas elle.

Que Jimmy était maladroit.

Les enfants d'alcooliques ont tendance à voir ce qu'ils veulent bien voir et à ne pas voir ce qu'ils ne veulent pas voir, me disait le docteur Payne.

Tu ne crois pas si bien dire.

Il a glissé sur la glace et s'est cogné la tête.

Il a glissé.

Sur la glace.

Le mensonge comme mécanisme de défense, me disait le docteur Payne. *Ne pas sous-estimer son efficacité.*

Le mensonge comme palliatif, un élixir, une béquille.

Le mensonge comme un tapis bon marché et une prostituée à mille dollars.

Le mensonge comme *modus operandi*.

Mentir aux travailleurs sociaux des Services de protection de l'enfance. À la police. À tout le monde.

Qu'est-ce qui s'est passé, Tommy ?

Il a glissé.

Sur la glace.

Il s'est fait mal à la tête.

Quand j'aperçus la silhouette sombre qui avançait le long de l'allée menant à ma maison, je ne la reconnus pas immédiatement.

Même quand je remarquai que l'homme portait une espèce de sac dans sa main gauche – même à ce moment-là il me fallut plusieurs secondes pour tirer une conclusion cohérente à partir de ce que je voyais. *Intéressant*, me dis-je en levant le pied de l'accélérateur.

Il s'arrêta. À mi-chemin entre ma porte et la rue. Là où son visage fut momentanément illuminé par le grille-mouches accroché à l'orme à moitié mort de ma pelouse – un éclair violet brutal me permit alors de distinguer ses traits répugnants.

C'est toi.

Notre aimable plombier de quartier. De retour pour une nouvelle visite de routine.

Il savait qu'il avait de la compagnie.

Ma Miata s'était arrêtée en plein milieu de la rue, comme si cette bobine d'allumage un peu trop délicate avait de nouveau lâché.

Il courut vers son pick-up et démarra en trombe, dépassant rapidement la limite de vitesse autorisée – je suppose en effet qu'on n'a pas le droit de rouler à 140 kilomètres-heure dans une rue résidentielle.

J'accélérai pour coller à ses feux arrière.

Ils virevoltèrent, slalomèrent, foncèrent entre les maisons recouvertes d'aluminium de Redondo Lane, entre les haciendas en stuc de West Road, au-delà du supermarché 7-Eleven, de la pizzeria Shakey's, du restaurant IHOP, au-delà du lycée San Pedro et du bar de motards à la périphérie de la ville.

La voiture que je pourchassais ignora cinq stops, deux feux rouges et une bande d'ados qui chahutaient sur Warrow Road, buvant de la bière dans des sacs en papier marron en plein milieu de la rue – ces gamins durent se jeter littéralement sur le trottoir.

Je ne crois pas avoir jamais roulé aussi vite de ma vie.

Sauf peut-être dans un jeu vidéo.

Je ne m'étais pas rendu compte à quel point j'étais saoul – pas avant d'accrocher une première voiture en tournant autour du terrain de baseball du lycée, une petite secousse accompagnée par un bruit horrible de métal se déchirant, le bruit légèrement décalé par rapport à la sensation, comme si les ondes sonores avaient un peu de retard.

J'accrochai une deuxième voiture non loin des neuf trous du golf de Littleton. Cette fois-ci, je ne vis même pas ce que je heurtai. Je sus que j'avais bel et bien touché quelque chose car ma Miata se déporta violemment vers la droite et sa victime hurla de douleur : une alarme de voiture se mit en effet à gémir furieusement.

Puis quelque chose heurta mon véhicule, pour changer.

Bam.

J'avais tourné au coin et j'avais devant moi une rue déserte.

J'avais regardé à gauche. J'avais regardé à droite.

J'aurais dû regarder derrière moi.

Le plombier s'était planqué dans l'allée d'une maison.

Puis il en était sorti. En douce.

C'était comme dans un de ces épisodes de *Looney Tunes*. Elmer pourchassant avec acharnement Bugs Bunny jusqu'à ce que les rôles s'inversent, ainsi qu'ils le font comme par magie dans les dessins animés – et voilà que ce pauvre Elmer courait aussi vite que possible, accroché à son fusil alors que le lapin était à deux doigts de le rattraper.

Sauf que ce n'était pas un lapin que j'avais à mes trousses, et si quelqu'un était armé, c'était lui, pas moi.

Bam.

Il rentra à nouveau dans mon pare-chocs arrière, une fois, deux fois, puis suffisamment fort pour me propulser contre le tableau de bord.

Mon menton heurta le haut du volant ; ma tête fut rejetée violemment en arrière.

Je sentis le vin remonter, ainsi que les spaghettis à la sauce Alfredo.

Je ne pouvais pas m'arrêter.

Si j'appuyais sur la pédale de frein, ce type allait atterrir sur le siège à côté de moi.

Je revoyais cette carcasse noircie sur la route 45. C'était moi.

J'enfonçai l'accélérateur, résistant à l'envie de regarder le compteur de vitesse, car le chiffre aurait pu me faire paniquer, et surtout de peur que mes yeux quittent cette route qui devenait de plus en plus floue. Une ou deux fois, nous dépassâmes à toute allure d'autres véhicules, qui semblaient appartenir au décor, figés sur place. J'aperçus un visage frappé par la surprise et même par la peur.

Je partageais ce sentiment.

Le plombier me rentra à nouveau dedans. Une douleur monta en flèche le long de ma colonne vertébrale et ma voiture se déporta à droite, heurtant le bord du trottoir.

Puis, encore une fois – plus fort. Ma main glissa du volant et la voiture vira vers la gauche.

Voilà ce qu'on ressent quand on s'apprête à se faire écraser.

Voilà ce qu'on ressent quand quelque chose de brutal et d'implacable vous marche sur les talons.

Il n'y a nulle part où aller.

On ne peut pas s'arrêter ; on ne peut tourner ni à droite ni à gauche.

On peut seulement essayer d'aller plus vite que l'ennemi.

Jusqu'à ce qu'on n'y arrive plus.

Je pris un virage à toute allure et me retrouvai sur une route beaucoup plus large, où il n'y avait plus de bâtiments.

Je reconnus l'endroit.

Cette voie d'accès était bordée de deux grands panneaux publicitaires : *Spex in the City*, l'opticien de Main Street, et *Binions Casino*, avec trois danseuses en paillettes clinquantes (tour de poitrine XXL) qui m'indiquaient le chemin du salut.

L'autoroute.

Si je peux atteindre l'autoroute, j'ai une chance.

J'écrasai l'accélérateur ; je murmurai une prière.

Et les gyrophares de la police, je ne les vis pas approcher avant qu'ils n'éclaboussent tout d'un coup mon rétroviseur.

— Bon sang, Lucas, à quoi vous jouez ?

Voilà les premiers mots du shérif Swenson.

Je lui expliquai la situation, empli de la gratitude que ressentent ceux qui ne s'attendaient pas à être sauvés.

— Quel pick-up ? demanda-t-il.

Il se tenait devant ma portière et m'aveuglait avec sa lampe torche. Je commençais à me sentir de moins en moins reconnaissant et de plus en plus comme quelqu'un qui subit un interrogatoire. Il ne manquait que la matraque en caoutchouc.

— Le pick-up bleu qui se trouvait juste derrière moi, répondis-je. Celui que conduisait l'homme qui est entré dans ma maison, qui m'a tabassé.

— Un pick-up ? s'exclama le shérif Swenson. De quoi parlez-vous ? Je n'ai vu aucun pick-up.

C'est là que je le sentis. Ce frisson insidieux qui remonte le long de vos jambes quand vous vous trouvez dans une pièce étouffante alors que vous avez aux pieds des chaussettes trempées. Vous savez que vous allez tomber très, très malade.

— Comment c'est possible ? Il était à un mètre cinquante derrière moi.

— Sortez de cette voiture.

Les phares du véhicule de patrouille de Swenson éclairaient ce qui était devenu une épave bonne pour la casse. L'aile avant était enfoncée ; des zébrures de drôles de couleurs s'entrecroisaient au niveau de la portière du passager. Deux énormes bosses déformaient le pare-chocs arrière.

— Je l'ai surpris en train d'essayer de pénétrer à nouveau dans ma maison. Puis il a cherché à me faire sortir de la route.

— OK, dit Swenson. Vous m'avez dit que ce pick-up était bleu ?

Oui, mais les traces de peinture rouge sur ma portière avant droite criaient le contraire.

— Vous avez joué aux autos tamponneuses, Lucas ?

— OK, d'accord, j'ai peut-être cogné une autre voiture.

— Plusieurs autres voitures, on dirait. Auriez-vous la gentillesse de marcher un peu, Lucas, histoire que je voie si vous avancez droit ? demanda-t-il sans me laisser vraiment le choix. Allez-y, dans la direction que vous voulez.

— Je vous l'ai dit, il essayait encore de cambrioler ma maison. Il a tenté de me faire sortir de la route. Il aurait pu me tuer.

— Marchez un peu pour voir, d'accord, Lucas ?
— Pas de problème.

J'espérais qu'effectivement ce ne serait pas un problème.

Que j'arriverais à marcher droit, à m'éloigner de ma voiture et à y revenir tranquillement. C'était à ma portée – suivre la ligne la plus courte entre deux points –, n'est-ce pas ?

Peut-être que non.

Il est difficile d'exécuter un geste simple de la vie quotidienne quand votre liberté est en jeu. Je n'avais jamais prêté attention au mécanisme permettant de placer un pied après l'autre. C'est plus compliqué que ça en a l'air.

Je vacillai, je chancelai, je tentai de me redresser mais je penchai vers la droite.

Je réussis quand même à faire trois mètres sans me vautrer. Puis je me retournai – sentant ma confiance s'évanouir à toute vitesse – et partis dans l'autre sens.

Et là je tombai.

Quelque chose m'avait fait trébucher.

Ou quelqu'un.

Je ne compris qu'il s'agissait de la botte noire de Swenson que lorsque ma tête s'écrasa par terre et qu'il planta son pied contre ma nuque.

22

Luiza voulait entrer pour nettoyer ma chambre de motel.

C'est ce qu'elle avait proclamé dans son mauvais anglais à travers la porte.

Ça s'était passé hier dans la journée.

Elle semblait seule. Je dis *semblait*, car ma vision périphérique était dangereusement limitée par le judas de la porte. J'arrivais à voir Luiza, oui. Son aspirateur, son seau bleu et son chariot à linge.

Je ne voyais pas ce qui se cachait de chaque côté d'elle.

— Si vous paîîît... monsiiiieur Valliii... disait Luiza. Za fait deux semaiiines.

Si long que ça ?

Quinze jours ?

Peut-être bien.

Des sachets de bœuf séché éventrés jonchaient la pièce. Des boîtes de crackers vides. Des journaux jaunis. Des mouches attaquaient en piqué des cannettes à moitié pleines de limonade. Mes vêtements, ce qui en restait, étaient éparpillés sur la moquette usée. Mes stores étaient baissés au maximum.

— Si vous paîîît... monsiiiieur Valliii...

Ouvrir ou ne pas ouvrir ?

Elle avait l'air sincère. D'un autre côté, comment pouvais-je en être sûr ? L'accent faisait écran. La sincérité franchissait-elle bien la barrière de la langue ?

Quoi qu'il en soit, si je ne la laissais pas entrer pour faire le ménage rapidement, elle risquait d'aller chercher le gérant pour qu'il vienne insister.

Moi et mes amis Smith et Wesson ne recherchions pas de compagnie à l'heure actuelle.

Je tâtai la bosse dans la poche droite de mon pantalon, respirai un grand coup et tournai le verrou.

Je reculai au centre de la pièce.

— OK, Luiza. Entrez.

La porte s'ouvrit comme au ralenti. Une ou deux secondes plus tard, la tête de Luiza avança discrètement dans l'entrebâillement.

Il est possible qu'elle ait été aussi nerveuse que moi. Elle s'était probablement demandé ce qui l'attendait de l'autre côté de la porte. Ou y avait-il une autre raison ? Peut-être qu'elle savait *exactement* ce qu'il allait se passer – parce qu'on l'y avait parfaitement préparée.

Il se tiendra loin de la porte pour se protéger. Il sera armé et dangereux. Mais ne vous inquiétez pas – nous aussi.

Je murmurai un petit bonjour à M. Smith, j'assurai M. Wesson que nous étions bel et bien chargés et armés.

Le petit corps de Luiza s'engouffra à son tour dans la pièce.

Elle évita mes yeux, se retourna et se mit à tirer le chariot à l'intérieur de la chambre. Le soleil dardait ses rayons par-dessus son épaule, illuminant les draps entortillés et les vêtements en boule, le capharnaüm qu'était devenue ma tanière.

Je fis quelques pas rapides vers ma droite, m'efforçant d'agrandir mon champ de vision. Le soleil éblouissant piquait mes yeux comme des éclats de verre.

La première règle de la guérilla, c'est quoi ?

Attaquer l'ennemi quand il a le soleil dans les yeux.

Je me précipitai derrière Luiza, je refermai la porte et le verrou.

Elle se retourna quand elle m'entendit remettre en place la chaînette et me regarda l'air... inquiète, disons.

— Combien de temps vous faut-il ? lui demandai-je.

Elle haussa les épaules, sans répondre. Elle tira du chariot un sac en plastique noir de taille industrielle et commença à le remplir avec mes détritus des quinze derniers jours.

Je m'assis sur la seule chaise de la chambre et l'observai attentivement.

— D'où venez-vous, Luiza ?

— De l'Équateur, répondit-elle sans regarder dans ma direction.

Elle portait des gants en plastique jaune aux deux mains.

— Ça fait combien de temps que vous êtes ici ?
— Deux ans.
— Deux ans, hein ? Vous avez de la famille ici ?
— Mon mari.

Cette fois-ci, elle me lança un rapide coup d'œil.

— Votre mari. C'est bien.

On aurait pu croire que je menais une conversation polie et triviale. On se serait trompé. Je conduisais un interrogatoire à la Abu Ghraib. Sans les photos humiliantes et les fils électriques.

— Est-ce que quelqu'un vous a interrogée à mon sujet, Luiza ?

— Ye comprends pas...

— Je vous demande si quelqu'un – n'importe qui – vous a posé des questions sur moi. Du genre : qui est cet homme dans la chambre quatre ? par exemple...

— Non, dit-elle.

— Bon, d'accord. Très bien. Alors personne ne vous a rien dit ?

— Le gérant.

— Le gérant ? demandai-je, soudain saisi par la peur. Le gérant vous a posé des questions sur moi ?

Luiza hocha la tête.

— Qu'est-ce qu'il vous a dit ?

— Il demandé pourquoi vous laissez pas moi faire la chambre.

— Qu'est-ce que vous lui avez répondu ?

— Je répondu vous voulez pas moi nettoyer. Vous dormir. Ou vous travailler.

C'est ce que je lui avais raconté quand elle avait frappé à la porte. Que je dormais. Ou que je travaillais. Qu'elle revienne demain, merci. Et demain s'était transformé en quinze jours.

— J'étais occupé à travailler, dis-je en montrant du doigt l'ordinateur portable ouvert au milieu du fouillis sur le bureau. J'écris ceci aussi vite que je le peux.

Elle hocha la tête.

— J'écris... des pièces de théâtre. C'est pour ça que je ne réponds pas à la porte. Parce que je ne veux pas qu'on me dérange. Parce que je termine une pièce. Vous pouvez le lui dire.

— OK.

— Parfait. J'ai presque fini.

Savoir si j'avais bientôt fini ou non ne semblait pas

intéresser particulièrement Luiza. Elle entra en coup de vent dans la salle de bains, serviettes à la main, et en sortit pour se mettre à passer l'aspirateur.

— L'autre homme me demandé aussi, dit-elle après avoir accroché le sac-poubelle au chariot et tiré ce dernier vers la porte.

— Quoi ? Qu'est-ce que vous avez dit, Luiza ?

— L'autre homme. Il me demandé qui vous êtes, dit-elle. J'oublié.

23

Au final, mon taux d'alcool dans le sang s'était révélé deux fois supérieur à la limite légale.

En tout cas, j'étais suffisamment saoul pour ne pas remarquer que le shérif Swenson avait placé sa botte noire – taille 44 – directement sur mon chemin. J'avais attendu qu'il la pose sur ma nuque. Étendu au sol, ma joue écrasée contre le macadam que le soleil du désert avait chauffé toute l'après-midi, j'avais senti son poids brutal, affirmation volontaire de sa supériorité.

J'imaginai que c'était la fin. De ma vie. Elle allait s'achever ici, sur une route où ne passait personne, en plein désert californien.

En fait, le shérif voulait seulement me faire comprendre quelles pouvaient être les conséquences d'un comportement imprudent.

Compris !

Il me fit souffler dans un alcootest, il m'interrogea pour savoir où j'avais cogné quoi, il rédigea un procès-verbal établissant que j'avais conduit en état d'ivresse et que je m'étais rendu coupable d'un délit de fuite – ou plutôt de *deux* délits de fuite.

Puis, à ma très grande surprise, il me relâcha.

Il aurait pu me jeter en prison une nuit histoire que

je médite mes crimes – ce qu'il me fit remarquer pour que j'aie bien conscience de sa grande magnanimité.

Je lui dis merci.

Mais je ne pensais pas *merci*.

Il n'a pas vu le pick-up. Comment est-ce possible ?

Comment, contredisant toutes les lois de la physique, avait-il fait pour louper le pick-up bleu qui me collait derrière à 150 kilomètres-heure ?

Où était passé ce pick-up ? Peut-être avait-il aperçu les gyrophares et levé le pied, ralentissant pour tourner dans une petite rue et disparaître.

Peut-être que Swenson n'avait rien vu.

Je considérai même l'effrayante possibilité que j'aie pu halluciner.

Il y avait ce visage au bowling, le même que j'avais vu plus tard illuminé par un grille-mouches – cela faisait deux fois qu'il m'échappait.

Était-ce possible que ça n'aille pas bien dans ma tête ? Que, comme Dennis Flaherty, j'aie besoin de psychotropes en quantités industrielles ?

Non.

C'est facile de se mettre à douter de vous-même quand vous êtes allongé dans votre lit à une heure du matin, que votre tête vous lance à cause de tout le chianti que vous avez bu, et que votre Miata garée dans l'allée ne peut plus échapper à son rendez-vous avec la casse.

Non, quelque chose d'autre était en train de se produire.

Je sortis le mot de Benjamin du tiroir de ma table de chevet.

Joyeux anniversaire de cent ans.

C'était grammaticalement incorrect, bien sûr. Étrangement, je n'y avais pas réfléchi plus que ça auparavant. Il aurait bien sûr dû être écrit joyeux *centième* anniversaire. Quel âge aurait eu l'auteur de ce mot s'il s'agissait véritablement du fils de Belinda ? Je sortis du tiroir la photo où ils figuraient tous les deux – encore tachée de quelques légères traces de sang.

La photo avait dû être prise en hiver.

Non pas que les hivers soient particulièrement froids ici. Juste assez pour que l'on puisse avoir à mettre une veste en laine beige et habiller son fils unique d'un manteau en velours marron orné de cinq boutons noirs. Elle le tenait sous les bras et on aurait dit qu'il venait de passer la minute pendant laquelle le photographe avait préparé le cadre à remuer sur les genoux de sa mère et à pouffer de rire ; il était sûrement chatouilleux. Avec ses dents de lapin, il avait un sourire charmant, laissant penser que d'un instant à l'autre il allait de nouveau exploser de rire. On raconte que les photos ne peuvent pas voler votre âme – mais de temps à autre elles arrivent tout de même à la retenir en otage.

Qui était le photographe ?

Le mari de Belinda voulant commémorer ce moment pour la postérité ? Mais quel moment ? Ils étaient assis sous l'enseigne du Littleton Flats Café. Peut-être avaient-ils fêté cette journée en allant déjeuner ? Fêté quoi exactement ? L'entrée de Benjamin à l'école primaire ? On lui donnait environ six ans sur la photo.

L'âge de Jimmy.

La catastrophe avait dû se produire peu de temps après que cette photo fut prise. Peut-être était-ce pour cela que cette dernière était si fascinante – à cause de ce qui allait se passer après.

Trois jours de pluie incessante. La Nature était sortie de ses gonds et le mur de l'enfer avait lâché.

Plus exactement le mur du barrage.

Un dimanche matin comme les autres à Littleton Flats.

Peut-être Benjamin, qui devait tout juste commencer à apprendre à lire, était-il en train de regarder les bandes dessinées dans le journal et se demandait pourquoi les petits personnages qui marchaient, couraient ou jouaient avec leur chien étaient tous blancs – à moins qu'à son âge les enfants ne prêtent pas encore attention à la couleur de peau. Peut-être que ce matin-là Benjamin attendait seulement que sa maman rentre enfin chez eux et fasse cuire une de ses délicieuses tartes aux pêches. Je ne sais pas si Belinda préparait des tartes aux pêches – elle était probablement trop occupée à faire le ménage chez cette famille de Blancs à Littleton, comme le faisaient la plupart des Noirs de l'époque qui voulaient pouvoir manger. Peut-être que Belinda était en train de faire les lits, de préparer le petit déjeuner ou de donner le bain aux enfants avec lesquels elle s'était retrouvée coincée ce week-end-là quand elle avait entendu ce premier grondement, comme un grondement de tonnerre, sauf que le ciel était bleu, parfaitement dégagé. Comme c'est bizarre, avait-elle dû se dire – et tous les autres en même temps qu'elle – d'entendre le tonnerre alors qu'il n'y a pas le moindre nuage noir à l'horizon.

La première chose que l'eau avait frappée était le château d'eau.

C'était tout du moins ce que j'avais lu sur microfilm.

Plutôt ironique non ? L'eau frappant l'eau.

Quand le déluge s'était enfin arrêté, ils avaient retrouvé le château à onze kilomètres de son emplacement d'origine. Pas si loin, en fait, de l'endroit où ils avaient découvert l'unique survivante – une fillette de trois ans qui s'était maintenue au-dessus des eaux sur la porte d'un abri anticyclone arrachée par l'inondation. Une porte suffisamment flottable pour que la petite puisse glisser sur la vague destructrice comme une surfeuse précoce à Waimea.

La ville, elle, avait été rasée. Les comptes rendus de presse évoquaient Hiroshima – qui représentait à l'époque la destruction totale dans l'imaginaire de la plupart des Américains.

J'avais réussi à trouver quelques photos.

La presse ne mentait pas.

Ici ou là, des bouts de structures en ciment ou en acier se dressaient encore, comme d'étranges sculptures abstraites. Difficile de deviner à quoi elles avaient bien pu appartenir.

L'accès à la zone avait été interdit pour prévenir le risque sanitaire posé par les cadavres qui gonflaient dans l'eau stagnante. Il avait fallu des mois pour nettoyer – rassembler les corps, récupérer ce qui était récupérable, raser les bâtiments ou les condamner avec des planches et emporter ce qu'on pouvait. Puis était venu le temps de se tordre les mains de désespoir, de se remettre en cause et, inévitablement, de lancer des accusations. On avait constitué une commission indépendante chargée d'enquêter sur la construction du barrage de l'Aurora, d'étudier minutieusement les plans de l'entrepreneur, les bons de commande, les...

Dring, dring.

La sonnerie du téléphone me prit par surprise. J'étais perdu dans le Littleton Flats des années cinquante ; soudain le présent réclamait mon attention.

Je décrochai.

— Tom Valle ?

— Oui. Qui est à l'appareil ?

La sonnerie avait relancé le marteau-piqueur dans ma tête. *Boom... boom... boom...*

— John Wren. Vous vouliez me parler ? demanda la voix d'un ton vaguement accusateur.
— Oui, c'est exact. Merci de me rappeler.
— Pas de souci, dit Wren.

J'hésitai une seconde, n'étant pas sûr de la manière dont je devais mener cette conversation.

Comment vous sentez-vous ces jours-ci, John ? Vous hurlez toujours à la lune ?

Wren prit les devants, en me demandant des nouvelles d'Hinch.

— Il va bien, dis-je avant de me reprendre. En fait, non, il ne va pas bien. Sa femme est à nouveau malade.
— Je le regrette.
— Oui.
Silence.
— Alors qu'est-ce que vous voulez ? demanda-t-il.
— L'effondrement du barrage de l'Aurora. Hinch m'a dit que vous aviez essayé de faire un reportage à ce sujet.
— Sur l'inondation ? Oui, c'est vrai.
— Qu'est-ce que ça a donné ?
— Pas grand-chose.
— Je ne comprends pas.
— Ç'a été difficile de trouver des gens pour en parler. La plupart des habitants de la ville sont arrivés après la catastrophe.
— Alors vous n'avez pu trouver personne ?
— Ce n'est pas ce que j'ai dit. J'ai dit que ça avait été difficile. Pourquoi écrivez-vous un article sur l'inondation ?
— Pour la même raison que vous : 893 personnes sont mortes.
— 892. Vous oubliez la fillette.
— Exact. La fillette.

— Je l'ai rencontrée, dit-il. Elle est encore parmi nous.
— À Littleton ?
— À San Diego. J'ai retrouvé sa trace. C'est la première personne que j'ai interviewée.
— Comment ça s'est passé ?
— Plutôt bien. Pour quelqu'un qui avait trois ans à l'époque des faits, sa mémoire était stupéfiante.
Je l'entendis frotter une allumette, puis tirer sur une cigarette.
— Il y avait néanmoins un petit problème avec ses souvenirs, reprit-il.
— C'est-à-dire ?
— C'est-à-dire que ses souvenirs faisaient preuve de pas mal d'imagination.
— D'imagination ?
— Si vous pensez qu'être sauvé des eaux par un bateau rempli de robots de l'espace est une chose qui arrive tous les jours, alors non, cette femme ne faisait pas preuve d'imagination.
— Des robots de l'espace ?
— C'est ça. Des robots de l'espace.
— Bon. Comme vous l'avez dit vous-même, elle avait trois ans quand c'est arrivé.
— Ouais. Bien sûr. Certains de ses souvenirs étaient presque crédibles. J'ai eu plus de mal avec d'autres choses, dignes des gros titres de la presse à sensation.
— Quoi, vous voulez dire qu'il y avait pire que les robots de l'espace ?
— Exact. Il y avait pire que les robots de l'espace. Beaucoup de choses ce jour-là étaient...
Sa voix sembla se perdre.
— Par exemple ?
— Je peux vous poser une question ? demanda-t-il.

— Allez-y.

— Tom Valle. Vous avez le même nom que cet... *imposteur*... vous voyez de quel type je parle – on doit vous le dire tout le temps. Pas facile de faire le même boulot que lui, n'est-ce pas ?

— Pas facile, non.

— Qu'est-ce qui lui est arrivé, au fait ? Il est bien allé en prison ?

— Non, pas en prison.

— J'aurais juré que si. Il le méritait en tout cas.

— Je suis Tom Valle, dis-je.

— Je sais.

— Non, je suis *le* Tom Valle dont vous parlez. Celui qui n'est pas allé en prison.

— *Je sais*, répéta-t-il. J'ai fait une recherche quand j'ai eu votre message. Je me demandais si vous comptiez me le dire.

— Eh bien je vous l'ai dit.

— Pour vous dire la vérité – puisque c'est comme ça entre nous, n'est-ce pas, on se dit *la vérité* –, je suis assez surpris que vous n'ayez pas changé de nom. Et encore plus surpris que vous puissiez à nouveau travailler dans la presse, même à Pétaouchnoc. Hinch est au courant, je suppose ?

— Oui.

— Tant mieux pour lui. Est-ce qu'il s'agit d'une tentative d'expérimentation en matière de réinsertion journalistique ?

— C'est à lui qu'il faudrait le demander.

— Peut-être que je devrais faire ça. Enfin, c'est un peu comme permettre à un instituteur pédophile de faire classe à nouveau, non ?

— C'est du passé. Le tribunal a fixé le montant et j'ai payé ma dette envers la société. Je vous assure.

On peut parler d'autre chose ? Je voulais seulement savoir si vous aviez des informations sur...

— C'est votre dette envers le *journalisme* qui me pose problème, m'interrompit-il. Cette dette-là, vous ne pouvez pas la rembourser. Les gens comme vous, c'est nous tous qu'ils salissent. Ils brisent le lien sacré. Ils nous rabaissent tous au rang de la presse à scandale.

Il poursuivit, haussant le ton :

— Vous étiez un journaliste réputé. Un vrai de vrai. Vous étiez arrivé là où nous rêvons tous d'arriver. Même si ça ne restera qu'un rêve pour la plupart d'entre nous. Et vous avez réussi à faire que l'Américain moyen se dise : peut-être que c'est rien que des conneries. Rien que de la téléréalité – du faux, du toc, tout inventé. C'est pour ça que je vous ai rappelé. Je tenais à vous le dire personnellement.

Je restai assis là, à encaisser sans raccrocher.

Peut-être parce qu'il était un peu cinglé, même s'il avait raison. On peut être cinglé et avoir raison, non ? Ou peut-être parce que cela faisait longtemps, très longtemps, que personne ne m'avait présenté les choses dans toute leur honteuse splendeur. Le jour où j'avais tenté de me glisser discrètement hors de mon bureau avec un carton rempli de mes piètres possessions, évitant les regards malveillants et les rebuffades dédaigneuses, un petit groupe de justiciers autoproclamés étaient parvenus à me coincer dans le couloir pour m'assaillir de toute la force de leur indignation journalistique. L'un d'entre eux était mon copain du bar, celui qui avait gravé ce message pittoresque sur mon bureau : *Je mens, donc je suis*. J'avais encaissé leur diatribe comme j'encaissai maintenant celle de Wren – je n'avais pas plongé dans l'ascenseur, je n'avais pas couru désespérément vers les escaliers et je n'avais pas non plus asséné de coups de poing. Je les avais écoutés, aussi stoïquement que Chuck Connors quand ils avaient arraché les épaulettes de son uniforme d'officier de cavalerie et qu'ils l'avaient chassé à coups de pied de Fort Apache au début du *Proscrit*. Pourquoi m'étais-je laissé faire ? Parce que le docteur Payne insistait pour que j'accepte les conséquences de mes fautes. Parce que je le méritais, aussi. Et parce que je me disais que si je subissais ça de leur part, je n'aurais peut-être pas à le subir de sa part à *lui* – l'homme au fond du couloir dont j'avais causé la perte. Celui qu'on allait expulser du fort quelques semaines plus tard avec interdiction de ne jamais y remettre les pieds. Celui que j'appelais chaque fois que j'étais atrocement saoul, sans parvenir à lui dire le moindre mot.

— Alors, vous êtes, comment dit-on – sobre ces temps-ci ?

— Je n'étais pas alcoolique. J'inventais des histoires. J'ai arrêté.

— Content de l'apprendre.

— Je me pose des questions, sur la « terrible inondation ».

— Oui, j'ai compris.

— C'est pour ça que je vous ai appelé. Je me demandais ce que vous saviez sur le nombre de morts. Est-ce qu'on a retrouvé tous les corps ?

— Comment ça ?

— Parmi les gens qui étaient supposés être morts dans l'inondation, est-ce que certains ont ressurgi plus tard ?

Silence.

— Ce qu'il y a, dit-il, c'est que je ne crois pas que les règles de courtoisie journalistique s'appliquent à vous.

— Je pense que quelqu'un qui était censé être mort dans l'inondation a survécu. Je pense que cette personne a refait surface récemment pour dire bonjour à sa maman, une femme centenaire. Et je crois que c'est cette personne dont on a retrouvé le cadavre brûlé dans un accident de la route alors qu'elle avait dans sa poche le portefeuille de quelqu'un d'autre. Je n'en suis pas sûr, mais je crois que c'est possible. J'essaie de relier les différents points.

J'entendis tapoter – une cigarette contre un cendrier.

— Qu'est-ce que vous me demandez ? De l'aide ? Quelle aide ? Vous voulez que je retrouve mes notes ? C'est ça que vous me demandez ?

— Si ça ne vous dérange pas trop.

— Ça ne me dérange pas trop. Mais je n'en ai pas envie. Pas pour vous.

Je sentais l'impatience dans sa voix, son envie de raccrocher.

— Peut-être est-ce ma façon de rembourser ma dette, dis-je.

— Quoi ?

— La dette dont vous avez parlé. Celle que j'ai envers le journalisme. Peut-être que c'est comme ça que je vais la rembourser.

Je ne sais pas exactement comment ces paroles me sont venues. Je ne sais pas, non. Mais quand elles sont sorties, elles m'ont semblé justes. Elles m'ont semblé vraies, faute de trouver un meilleur terme.

Je l'entendis tirer encore une fois sur sa cigarette et m'imaginai une spirale de fumée bleue s'échappant vers le plafond.

— Je vais y réfléchir, dit-il au bout de ce qui me parut une éternité.

— Merci.

— Ne me remerciez pas. Je n'ai pas dit oui.

24

La couleur du sol me fournit le premier indice.

Il était soudain plus rouge, comme si la terre elle-même avait saigné.

J'avais amené ma Miata à Marv dès le lendemain matin.

— Elle est peut-être récupérable, enfin, si ça ne te dérange pas de te balader dans une poubelle roulante, me dit-il.

Il m'avait prêté une voiture de remplacement, le temps qu'il puisse se livrer à une opération de chirurgie reconstructrice sur la Miata.

Je m'étais retrouvé à rouler le long de la route 45 dans une vieille T-Bird sans banquette arrière.

Passer devant le panneau décoloré et suivre une route qui ne menait nulle part.

Impossible de ne pas remarquer ce vide.

C'était comme se tenir au milieu des ruines d'un forum romain, sans la moindre colonne en vue. L'espace vide s'étendait telle une plaie béante.

Mais, ici et là, des colonnes apparaissaient tout de même, sous la forme de structures d'acier rouillées par l'oxydation. Les vestiges bossus de fondations en ciment jonchaient le paysage lunaire. Ou bien cela ressemblait-il aux plaines de Mars – toute cette terre rouge ?

Je m'arrêtai et descendis de voiture à l'endroit que l'on appelait autrefois Littleton Flats.

Vous est-il déjà arrivé de faire un pas en arrière en plein cimetière et de marcher par accident sur une tombe ? On s'excuserait presque à haute voix, non ?

J'errais entre les morceaux de pierre non identifiables, les cailloux éparpillés, les cannettes rouillées de bière Old Milwaukee.

J'essayais de m'imaginer où les choses avaient pu se trouver.

Le Littleton Flats Café, par exemple. Le petit banc en bois sous le panneau, là où une mère noire et son fils de six ans, souriant tous les deux, avaient posé pour une photo.

Je longeai le bord d'un grand cercle.

Le château d'eau ? Celui qu'ils avaient retrouvé onze kilomètres plus loin quand les eaux s'étaient enfin arrêtées ?

Je m'efforçai de visualiser le moment de l'impact.

J'avais vu des vidéos de tsunamis en Indonésie.

L'eau aspirée par l'océan, les petits bateaux de pêche échoués comme des jouets en plastique sur le sable. Quelques minutes d'un silence surnaturel, puis l'océan qui déferlait soudain en rugissant, noir comme la nuit, haut comme un immeuble de deux étages – et l'on songeait à un grossier trucage de cinéma jusqu'à ce que l'on se rende compte que ces plages, ces bateaux et ces hôtels étaient remplis de monde. Des bras et des jambes qui se débattaient, des poumons qui explosaient, des corps écrasés.

Littleton Flats était principalement peuplé par les familles des employés de l'usine hydroélectrique pour laquelle on avait construit le barrage de l'Aurora. Au bout du compte, l'énergie que ces gens exploitaient et régulaient s'était retournée contre eux. L'usine avait été détruite dans l'inondation et, puisque d'autres solutions moins chères existaient au sud de l'État, elle n'avait jamais été reconstruite.

Pareil pour Littleton Flats.

Je fixai la terre rouge des yeux et m'aperçus que l'on me rendait mon regard : c'était une pièce d'un cent à l'effigie de Lincoln, à moitié recouverte de mousse qui transformait le grand homme en une sorte de créature des marais. *La Créature du lagon noir* – un de ces films dans lesquels je me plongeais en montant le son très fort pour éviter d'entendre ce qui se passait dans la pièce voisine. Là où elle avait emmené Jimmy. *Laissez venir à moi les petits enfants.* Comme Benjamin. Sauf que Benjamin s'en était sorti, avait refait surface avant de disparaître.

Comment ?

Joyeux anniversaire de cent ans.

Je me rendis soudain compte que le calme était total.

Hormis le bruissement du vent, je n'entendais rien, pas le moindre grillon ni le moindre oiseau. Bizarre. Pas de serpent à sonnette, non plus – ce qui était assez réconfortant lorsqu'on était seul dans un lieu pareil.

Sauf que je ne l'étais pas, seul.

J'étais assis sur un rebord en béton, occupé à contempler cette pièce qui aurait jadis pu payer à Benjamin un chewing-gum et une bande dessinée *Bazooka Joe*. Je la retournais dans ma main, frottant la mousse verte entre mon index et mon pouce, quand je sentis que quelqu'un me regardait.

C'était un homme.

Il se tenait à une moitié de terrain de foot de moi.

À environ vingt mètres de la T-bird toute cabossée dont je m'étais servi pour venir jusqu'ici. Je n'aperçus pas d'autre voiture, ce qui me fit me demander comment il était arrivé jusqu'ici. Je me posai une autre question : que faisait-il là ?

Au début, j'eus peur qu'il s'agisse du plombier que j'avais vu pour la dernière fois remontant l'allée de chez moi, un sac à la main.

Lui.

Non.

Cet homme était visiblement plus âgé. Si je l'avais croisé dans un grand magasin du coin, ou en me promenant un soir le long de Redondo Lane, je ne l'aurais jamais remarqué. Ici, par contre...

Je me levai d'un bond et dus faire deux pas en arrière pour ne pas perdre l'équilibre – que sa simple apparition semblait avoir affecté.

Il se retourna et commença à s'éloigner.

— Excusez-moi ! lançai-je dans sa direction.

Il continua de marcher, du même pas régulier – un homme en train de faire sa promenade de santé matinale, un homme qui de toute évidence n'avait pas entendu qu'on lui criait de s'arrêter.

Je me précipitai à ses trousses.

En me rapprochant, il me sembla encore plus vieux que je ne l'avais pensé. Il dégageait une aura de dignité tranquille – même le dos tourné. Il avait beau faire quarante degrés, il portait une élégante veste bleue ornée de fines rayures grises. Pas de bottes de randonnée ni de tennis, mais des chaussures noires cirées qui scintillaient presque. Un chapeau mou à l'ancienne légèrement de travers sur la tête.

— Excusez-moi, dis-je, le souffle un peu court. Excusez-moi, pourrais-je vous parler une seconde ?

Il s'arrêta. Et se retourna.

Un peu moins ou un peu plus de quatre-vingts ans. Ses cheveux, ce que je pouvais en voir, étaient gris comme l'acier et coupés court, presque à ras.

— Oui ? fit-il, aussi calmement et poliment que quelqu'un à qui l'on demande l'heure.

— Je me demandais simplement ce que vous faisiez ici...

— C'est drôle, dit-il. Je me posais la même question à votre sujet.

Il avait des yeux perçants – de ce bleu éclatant qui vous forcerait presque à mettre vos lunettes de soleil.

— Tom Valle, dis-je, du *Littleton Journal*.

— Ah. Vous êtes journaliste ?

J'avais l'impression qu'il m'étudiait – la sensation désagréable d'être dans une machine IRM, l'intimité de mes entrailles soumise à un examen méticuleux.

— Vous préparez un article sur quoi ? Cet endroit ? demanda-t-il.

— Oui. Sur l'inondation de l'Aurora.

— Je vois.

Il hocha la tête, ôta son chapeau et s'essuya le front avec un mouchoir blanc propre qu'il sortit comme par magie de la poche de sa veste.

— Vous devriez en porter un, dit-il en remettant son chapeau et en glissant à nouveau le mouchoir dans sa poche. Une insolation, ça ne pardonne pas.

Je n'en doutais pas. Je commençais à ressentir un certain étourdissement, une sorte d'ébriété sans plaisir.

— L'inondation, dit-il. C'était il y a longtemps.

— Cinquante ans, dis-je, alors qu'un filet de sueur coulait au milieu de mon dos. Alors, qu'est-ce qui vous amène ici ?

J'allais lui demander également comment il était

arrivé jusqu'ici, mais je remarquai la calandre d'une voiture garée derrière une des structures en acier rouillées, à quarante mètres de là.
— La curiosité, me répondit-il.
— Vous vous êtes renseigné sur l'inondation ?
— Oui.
— Vous êtes d'ici ?
— D'ici ? Je ne crois pas que quiconque soit d'ici. Plus maintenant.
— Je ne veux pas dire de Littleton Flats, mais de la région...
— Non. Je ne suis pas de cette région.
— D'accord. Vous êtes juste un mordu d'inondations, alors ?
— En fait, il se trouve que je suis déjà venu ici une fois.
— Ici même ? à Littleton Flats ?
— Exact.
— Avant l'inondation ?
Il hocha la tête :
— Il n'en reste plus grand-chose, n'est-ce pas ?
— Non. Comment était-ce ?
— Comment était-ce ?
— La ville, à quoi ressemblait-elle ?
J'avais lu beaucoup de choses au sujet de la destruction de Littleton Flats, presque rien sur la ville elle-même. Voilà quelqu'un qui s'était promené dans ses rues, qui avait peut-être croisé Belinda et Benjamin sur le chemin du Littleton Flats Café alors qu'ils s'y rendaient pour petit-déjeuner.
— À n'importe quelle autre ville. Parfaitement ordinaire. Des familles, des magasins, des maisons et des jardins. Une ville toute simple.
— En quelle année était-ce ?

— Quelle année ?
— Quand vous êtes venu...
— En 1954.
— L'année où ça s'est produit, donc.
— Oui.
— Et vous n'êtes jamais revenu ? Avant aujourd'hui ?

Il secoua la tête :

— Non. Je passais par là et je me suis dit : Pourquoi pas ?
— Cela doit vous faire un drôle d'effet.
— Un drôle d'effet ? Je suppose que cela ferait un drôle d'effet à n'importe qui. Comme toutes les villes fantômes.

Oui, il avait raison. Le vent léger sifflant à travers l'acier rouillé sonnait comme le murmure d'esprits en colère.

— Quelque chose de terrible s'est passé ici, dit l'homme. On le ressent encore, vous ne trouvez pas ?

Je sortis mon bloc-notes et mon stylo de ma poche.

— Puis-je vous demander votre nom ? Ça ne vous dérange pas que je vous cite, par hasard ? Dans mon article.
— Je crains de ne pas avoir grand-chose à déclarer. Je suis seulement un mordu d'inondations, comme vous l'avez dit.
— Mais vous étiez venu ici.
— Oui, comme beaucoup de gens.
— Beaucoup de gens n'aiment pas en parler. À Littleton, en tout cas. Vous semblez moins gêné.

Il regarda ses chaussures noires cirées, ses deux pieds parfaitement parallèles et droits, au point que je me demandai s'il n'avait pas servi dans l'armée.

— D'accord, dit-il en levant les yeux. Je m'appelle Herman Wentworth.

Je le notai.

— Puis-je vous demander, Herman, quel métier vous exerciez ?

— Je suis médecin. En retraite, bien sûr.

C'est drôle, cette sensation désagréable d'être examiné que j'avais eue au début de notre conversation... Ce n'était donc pas un accident.

— Vous aviez un cabinet privé ?

Il secoua la tête :

— J'étais médecin militaire.

Il avait donc bel et bien été dans l'armée.

— Ah oui ? Où étiez-vous stationné ?

— Oh, un peu partout. Aux quatre coins de la planète. J'ai commencé au Japon.

— Au Japon ? À quelle époque vous y trouviez-vous ?

— À la fin de la guerre. Juste après la capitulation.

— À Tokyo ?

— Non. À un autre bout du pays. J'appartenais au 499e bataillon médical.

— Vous vous occupiez des soldats blessés ?

— De tout le monde. Des Japonais, aussi. Le serment d'Hippocrate ne fait pas de distinction entre les amis et les ennemis, seulement entre ceux qui peuvent être sauvés et ceux pour qui il est trop tard.

— Et donc, en 1954 vous êtes venu ici ?

— Une journée seulement.

— Vous connaissiez quelqu'un à Littleton Flats ?

Il secoua la tête.

— Non, je passais par là, c'est tout. Comme aujourd'hui.

Je me demandai quelle pouvait bien être la destination de quelqu'un qui *passait* par Littleton Flats. Cet endroit n'était pas exactement un des grands carrefours de la planète. Plutôt une de ses grandes impasses.

Mais il me fournit de lui-même la réponse :

— On m'avait muté à San Diego. Je voulais voir un petit peu de désert. Je suis né au nord, à Minneapolis. On n'y croise pas beaucoup de paysages désertiques.

— Alors vous vous êtes arrêté ici une journée ?

— Oui. Une journée, c'est tout.

— À quelle époque de l'année ? Vous vous en souvenez ?

— Je crains que non.

Il répéta le même rituel que quelques minutes plus tôt, tirant son mouchoir de sa poche et soulevant son chapeau pour essuyer la sueur.

Ma sensation d'étourdissement avait empiré. Une douleur sourde s'était installée en plein milieu de mon front.

— Quelque chose vous a marqué en particulier ?

— À propos de quoi ?

— De la ville ?

— C'était il y a longtemps. Je vous l'ai dit : c'était une ville toute simple.

— Où étiez-vous quand vous avez appris ?

— *Appris ?*

— Pour l'inondation…

— Désolé, dit-il en haussant les épaules. Je ne m'en rappelle plus.

— Ce n'est pas grave. Merci. Merci d'avoir bien voulu répondre à mes questions.

— Je ne vois pas en quoi je vous ai été particulièrement utile.

— C'est important pour moi de rencontrer quelqu'un qui a vu cette ville avant que les eaux l'emportent.

Je lui tendis ma main et il la serra – une poignée de main étonnamment ferme pour quelqu'un qui devait avoir quatre-vingts ans. Il s'apprêtait à s'éloigner, mais il se retourna une dernière fois vers moi.

— Si j'étais vous, je ne resterais pas ici trop longtemps, dit-il avant de se donner une petite tape sur le front. Une insolation, ça peut être mortel. Je suis médecin, après tout, ne l'oubliez pas.

— Merci. Je ne vais pas traîner.

Je le regardai marcher jusqu'à son véhicule. J'entendis son moteur démarrer, puis tourner au ralenti un moment, avant que sa voiture ne quitte enfin l'ombre de la colonne d'acier brisée.

Quand il fut parti, un silence de mort s'abattit à nouveau autour de moi.

Mon mal de crâne avait atteint la zone rouge ; je fus pris de nausée en retournant vers ma voiture. J'ouvris la portière et m'affalai derrière le volant.

Je me sentais mieux que sous le soleil, mais l'étourdissement me donnait envie de fermer les yeux.

J'inclinai le siège en arrière, pensant que quelques minutes de repos me feraient du bien.

Tout à coup, je me retrouvai à nouveau en train de me promener dans Littleton Flats.

La ville vivait, elle était pleine de monde. Le château d'eau se dressait sur Main Street. Les hommes portaient des chapeaux mous comme dans le temps. Je sentais le parfum de pancakes à la myrtille et de sirop d'érable venant du Littleton Flats Café.

Une fois à l'intérieur, la jolie serveuse, celle pour qui notre père nous avait quittés – *Lillian*, voilà comment elle s'appelait – me sourit. Je rougis quand elle m'apporta un nouveau set de table sur lequel on pouvait s'amuser à relier les points.

Je me mis à tracer des lignes d'un point à un autre, et de temps en temps il me semblait discerner une image ; pourtant, à chaque fois que je montrais le set à mon père, cette image disparaissait.

Je ressentais une frustration terrible, une honte insupportable, alors même que je persistais à dessiner et à tenter de montrer à mon père et à Lillian ce quelque chose que les points délimitaient – mais qui s'évanouissait toujours. *Pouf.* La déception de mon père grandissait, ainsi que l'ennui de Lillian, jusqu'à ce que je me décide enfin à faire mon propre dessin, ignorant complètement les points, où figuraient une femme et un enfant assis sur un banc.

Quand j'ouvris à nouveau les yeux, la nuit était tombée et j'étais couvert de sueur glacée.

Je me demandai si le médecin militaire avait fait partie de mon rêve.

25

Marv avait raison.
Ma Miata était effectivement devenue une poubelle roulante. Il avait aplati les bosses au marteau, mais le métal était aussi froissé que du papier alu. Il avait remplacé mon pare-chocs avant par celui d'une autre voiture – visiblement pas une Miata –, de guingois et trop large de plusieurs centimètres.
Le moteur semblait être intact, lui.
Je roulais à un bon 110 kilomètres-heure, suivant la route qui longeait le Pacifique en direction du nord pour me rendre chez John Wren. Il avait fini par me rappeler quelques jours plus tard.
Il avait retrouvé ses notes et, comme il me l'avait laissé entendre, elles contenaient des informations intéressantes. Il avait mis en balance son dégoût pour moi avec son intérêt pour l'article. L'article l'avait emporté. Mais il avait posé une condition : si je voulais ses notes, il fallait que je vienne les chercher. Il n'avait pas de fax et, étant donné qu'il s'était retiré dans un camp de pêche abandonné au bord d'un lac isolé, le plus proche se trouvait à près de soixante-dix kilomètres de chez lui.
« J'ai eu l'impression qu'il s'était terré dans un

endroit tranquille », m'avait dit Anna. Apparemment, c'était devenu un vrai ermite.

J'avais dit à Hinch que je voulais prendre quelques jours de congé.

Je ne lui avais pas confié la véritable raison de mon absence, de peur qu'il se moque de moi. Et qu'il me vire sur-le-champ.

J'imagine que j'aurais pu prendre l'avion, mais j'avais un budget serré et, tout comme Herman Wentworth, j'avais envie de voir du pays.

Et quand on suit la route vers le nord, le paysage varie sans cesse.

Les petites baraques à un million de dollars au bord de l'océan, les motels miteux pour surfeurs, les filets de volley-ball et les jetées fréquentées par les babas cool disparaissent soudain. La côte devient plus abrupte, plus difficile d'accès et au total plus spectaculaire, comme si vers le sud la Californie avait été poncée au papier de verre. Au nord de San Francisco, de très grands pins masquent la vue des vagues, mais on entend leur grondement régulier à travers le bruit de la circulation.

Je ne fis qu'un seul arrêt, dans un motel à Big Sur, où l'on me remit la clé de la dernière chambre libre, la plus proche de la route. Elle possédait une chaîne hi-fi naturelle intégrée : d'un côté les moteurs de voiture, de l'autre l'océan – un roulement stéréophonique qui me berça jusqu'à ce que je plonge dans un semblant de sommeil. Je fis des rêves bruyants aux couleurs vives, que j'oubliai complètement quand au réveil j'ouvris les yeux dans la lumière grise qui filtrait à travers les stores mal fermés. Le matelas était entièrement trempé par l'air de la mer.

Il me fallut deux cafés avant que mon cerveau ne tourne à nouveau à peu près rond.

Je n'étais jamais remonté aussi loin au nord de la Californie. Quand on se rapproche de leur frontière, les caractéristiques des États se confondent. J'avais beau être *techniquement* en Californie, j'avais l'impression d'être dans l'Oregon. On était presque en juillet, mais je sentais dans l'air un froid vif. La végétation était luxuriante et touffue, dégageant comme une odeur de pourriture.

J'avais méticuleusement tracé l'itinéraire menant devant la porte de chez John Wren.

Et pourtant je me perdis. Je laissai passer la bonne sortie et ne me rendis compte de mon erreur que trente kilomètres plus loin. Les différentes sections de forêt étaient toutes plus ou moins identiques – j'avais la sensation d'être enfermé à l'intérieur d'un de ces labyrinthes formés de haies de jardin, où j'allais de tous les côtés mais surtout nulle part, aboutissant continuellement devant un nouveau mur de verdure impénétrable.

Je finis quand même par réussir à revenir en arrière et à trouver la bonne sortie.

Je suivis alors la direction indiquée par le panneau *Bluemount Lake*.

Très vite, j'aperçus des fragments de bleu clair à travers les pins. Néanmoins, la route à une voie semblait tourner éternellement autour du lac, sans en offrir le moindre accès.

Vingt minutes plus tard, un autre panneau apparut enfin : *Camp de pêche Bluemount – prendre embranchement à vingt mètres.*

Je levai le pied et me penchai en avant pour ne pas rater l'embranchement, ce qui n'était pas évident car la lumière baissait rapidement et l'ombre épaisse des pins recouvrait tout.

Je finis par l'entrapercevoir.

Rien qu'une petite trouée au milieu des fougères.

Je freinai et distinguai, cloué à un arbre, un panneau sur lequel une flèche était grossièrement dessinée.

Ma Miata n'était pas faite pour l'exploration tout-terrain. Même neuve, cette voiture – important symbole de la réussite sociale de son propriétaire – n'aurait pas négocié la route sinueuse et cahoteuse beaucoup mieux que maintenant.

La différence, c'est que, désormais, il ne restait plus grand-chose de ses amortisseurs.

Chaque mètre franchi était accompagné d'une secousse à vous faire vibrer les os. J'entendais d'étranges bruits sous le châssis : des craquements, des grincements, d'inquiétants gémissements. On aurait dit que mon pot d'échappement raclait constamment le sol. À un moment donné, je songeai à abandonner ma voiture là où elle était et à faire le reste à pied. Mais je me dis que la forêt paraîtrait encore moins accueillante à un simple marcheur. Et de toute façon, je me rapprochais du lac, dont l'odeur parvenait désormais jusqu'à mes narines.

Je pris un virage serré autour d'un vieux chêne au tronc imposant, et soudain je me retrouvai face à une rangée de cabanes en rondins perchées sur la rive de Bluemount Lake. Il n'était plus tout à fait bleu, d'ailleurs, le lac – plutôt d'un violet marbré dans la lumière du soir.

De la fumée s'échappait de la cheminée de l'une des cabanes.

J'avançai jusqu'à son flanc, mes roues faisant gicler les graviers, et me garai.

Quand je descendis de voiture, personne ne sortit pour me saluer.

Étrange.

Ma Miata déglinguée avait dû faire un boucan terrible, surtout ici où il ne devait y avoir rien de plus bruyant que le cri des huards affamés.

Je ne sais pas pourquoi, je n'osais pas m'approcher et aller frapper à la porte. Alors j'appelai :

— John ?

Aucune réponse.

J'appelai encore une fois. Sans succès.

Je me décidai à gravir les trois marches qui menaient à la véranda et à frapper un bon coup à la porte.

Pas de réponse.

Je frappai à nouveau.

— Monsieur Wren, c'est Tom Valle. Vous êtes là ?

J'attendis un moment, puis je poussai la porte – il n'y avait pas de poignée, seulement une planche en bois clouée à la porte.

Celle-ci s'ouvrit lentement.

Un vrai bordel. Une tanière de rat des bois, qui me rappelait le sous-sol de ma maison quand j'avais emménagé. Des montagnes d'objets en désordre sur le lit, le canapé, la table et même le sol. Un poêle en fonte dégageait un brin de chaleur.

Pas de trace de Wren.

Je me retournai pour scruter le lac.

Rien – aucun bateau, aucun nageur. Pas de pêcheur non plus. Seulement quelques minuscules rides sombres sur l'eau, causées par une brise qui allait en s'amplifiant. D'ailleurs, il faisait maintenant réellement froid. Je portais des vêtements qui convenaient pour Littleton en juin. Un tee-shirt décoloré des New York Yankees avec le nom *Pettitte* inscrit dans le dos (attestant du talent de Steinbrenner, le propriétaire de l'équipe, pour précipiter les transferts, puisque cela faisait belle lurette qu'Andy Pettitte, comme moi, avait quitté New York) qui ne me suffirait certainement pas pour passer une soirée confortable à Bluemount Lake. J'avais un coupe-vent dans le coffre, mais je n'étais pas sûr qu'il puisse beaucoup me réchauffer.

Que faire ?

L'idée de pénétrer plus avant dans la cabane et de m'y installer me dérangeait. Je n'étais pas chez moi, pas chez un ami non plus. J'étais chez quelqu'un qui m'avait traité d'*imposteur* en le pensant de tout son cœur. Il n'apprécierait peut-être pas de rentrer chez lui et d'y trouver l'imposteur en question assis sur son canapé. Cela pourrait l'offenser.

Je retournai à ma voiture, sortis mon coupe-vent du coffre et me dépêchai de l'enfiler. Je me glissai derrière le volant, m'assurai que toutes les vitres étaient bien remontées et me mis à patienter.

Il ne tarda pas à faire nuit.

Une nuit encore plus sombre que celle du désert. Dans le désert, il y a la lune. Ici, elle était cachée par les branches des arbres, même si je voyais son reflet scintiller sur les bords distants du lac, telles les flammes d'un feu vacillant au loin.

J'allumai la radio pour me tenir compagnie, mais je réussis seulement à capter l'écho étouffé d'une station de musique classique de Sacramento. « Et maintenant, un peu de Debussy », psalmodia la voix rauque du présentateur. Ce qui me fit songer à une blague salace dont je n'arrivais pas à me souvenir – j'essayai de la reconstruire dans ma tête pour passer le temps.

Je me demandai si je ne m'étais pas trompé de jour. Lui avais-je parlé de cette semaine ou bien de la semaine suivante ? Non, je m'entendais clairement lui dire que j'arriverais aujourd'hui – peut-être tard, à cause de la circulation, mais aujourd'hui quoi qu'il arrive.

Alors où était-il ?

Peut-être qu'il était parti pêcher et avait eu un accident. Le bateau s'était renversé, sa tête avait cogné contre un rocher, et à l'heure actuelle il gisait, inconscient, quelque part au bord du lac. Ou pire encore.

Et donc ? Que faire ?

Je n'allais pas rester assis éternellement dans ma voiture.

Si je rentrais chez moi ?

Un seul regard vers le mur d'obscurité que formait autour de moi la forêt me dissuada instantanément.

Impossible de voir où se trouvait la route par laquelle j'étais arrivé. Pas à cette heure-ci. De toute façon, le mot « route » était un sacré euphémisme. J'imaginai ma Miata coincée dans un trou que je n'avais pas pu voir, cependant que j'errais entre les troncs d'arbres tel Tom Hanks dans *Seul au monde* – la deuxième partie du film, quand il a déjà commencé à converser avec son ballon de volley ensanglanté.

Je ne bougeai pas.

J'écoutai Beethoven, Liszt, Chopin.

Ma mère m'avait inscrit à des cours de piano quand j'avais onze ans, quand un professeur qui faisait du porte à porte pour vendre les mérites de son enseignement musical avait sonné chez nous pile au bon moment – c'est-à-dire alors qu'elle était à moitié cohérente et pleine de magnanimité. J'avais apprécié les cours à peu près autant que le prof lui-même, qui était obligé de harceler constamment ma mère pour se faire payer, et devait parfois enfoncer la pédale de droite rien que pour étouffer les bruits du lit qui grinçait furieusement à l'étage.

« Et maintenant, un charmant petit concerto de Schubert », murmura le présentateur radio avec la voix d'un commentateur de golf annonçant un putt crucial, comme si la musique classique exigeait une sorte de vénération très discrète.

Étais-je déjà endormi à ce moment-là ? Je n'en sais rien.

J'entendis la forêt murmurer à mes oreilles. Le vent dans les feuilles.

Ils semblaient me dire quelque chose.

Écoute.

Des feuilles mortes craquant sous des bottes. Quelqu'un s'était approché de la voiture. Quelqu'un se tenait juste à côté de moi.

Derrière ma vitre. Quelqu'un me regardait.

Il dort...

Cette personne transportait quelque chose – qu'il leva par-dessus son épaule. Une grande hache ? Une pelle couverte de boue ? Quelque chose de long, de lourd, de mortel.

Il s'apprêtait à briser le pare-brise en mille morceaux.

À me réduire en bouillie.

Stop...

Je me réveillai en sursaut – et il n'y avait plus personne.

Je tremblais.

Je sortis de la voiture et remontai à l'intérieur de la cabane.

Le poêle en fonte marchait toujours, mais à peine. Il y avait une pile de bois au fond de la pièce. Je jetai deux bûches dans le poêle et restai planté devant pendant que le feu reprenait de la vigueur, me frottant les bras pour chasser le froid de mes membres.

Je repoussai quelques livres pour pouvoir m'asseoir. Le canapé avait une légère odeur de poisson.

Au bout d'un moment, je me mis à feuilleter quelques pages, attrapant tout ce qui se trouvait à portée de ma main. Pourquoi pas ? Je m'ennuyais. Ces livres reflétaient le même goût éclectique que dans mon sous-sol : il y avait de tout, d'une édition de poche de *Lolita* à une biographie d'Enrico Fermi. Les bouquins étaient remplis de marque-pages de fortune – une liste de courses, un ticket de cinéma, une lettre. Je dépliai la lettre, tout en craignant de voir Wren débarquer d'un instant à l'autre pour me découvrir en train de lire sa correspondance personnelle. La lettre portait le cachet des laboratoires Dearborne, à Flint, dans le Michigan. *À l'intention de Monsieur Wren*, commençait-elle du ton sec, sans émotion qu'ont les mauvaises nouvelles quand elles proviennent de source officielle. *Les résultats préliminaires des tests effectués sur vos échantillons confirment vos hypothèses. Veuillez trouver ci-joint le compte rendu d'analyses.*

Wren était-il malade ? Était-ce pour cela qu'il avait perdu la tête à Littleton ? Qu'il s'était enterré ici ?

Le compte rendu d'analyses n'était plus joint à la lettre.

J'étais en train de le chercher quand mon portable sonna :

— Vous êtes arrivé ? me demanda une voix.

Où ça ? Il me fallut une seconde pour comprendre que j'avais Wren au bout du fil. Il ne m'avait pas l'air d'humeur particulièrement amicale.

— Oui. Je suis dans votre cabane. Où êtes-vous ?

— Vous attendez depuis combien de temps ? demanda-t-il.
— Environ deux heures, je crois.
— OK. J'ai dû aller faire des courses à Fishbein.
Fishbein. Où est-ce que ça se trouvait, cet endroit ?
— Ma camionnette est tombée en panne, dit-il. Je ne pourrai la faire réparer que demain.
— Vous êtes à Fishbein ?
— Oui, pourquoi ?
— J'ai cru...
— Quoi ?
— J'ai cru que quelqu'un s'était approché de ma voiture tout à l'heure. J'ai dû rêver.
— Ouais. Et donc vous êtes assis dans ma cabane ?
Je sentis quelque chose de menaçant dans sa voix.
— Oui. Très jolies cannes à pêche, lui dis-je pour désamorcer sa réaction.
Il y en avait trois qui reposaient contre le mur.
J'avais fait un reportage sur un concours de pêche à la truite dans le Vermont – un *vrai* reportage, pour lequel j'avais réellement pris l'avion, puis roulé deux heures le long de petites routes de campagne jusqu'à un torrent près de la frontière du Canada. Les pêcheurs professionnels veillaient avec autant de soin sur leurs cannes à pêche que les joueurs professionnels de base-ball sur leurs battes Louisville Slugger. Les cannes adossées au mur paraissaient avoir coûté cher.
— Elles sont pas mal, répondit Wren.
Je lui demandai de quel type de cannes il s'agissait.
— Des cannes à truite, répondit-il. Puis je lui demandai s'il vivait seul.
— Oui, dit-il. Pourquoi ?
Je restai silencieux et il finit par dire :
— Oh, le message du répondeur...

Nous sommes partis à la pêche, mais si vous avez vraiment envie de laisser un message, allez-y.

— Une vieille habitude, dit-il. Toujours faire croire que l'on n'est pas seul. Si quelqu'un projette de vous cambrioler, il y réfléchira à deux fois.

Je me demandai qui songerait à cambrioler une cabane au milieu de nulle part. Un voleur de cannes à pêche, peut-être.

— Bon, fis-je, vous arrivez bientôt ?

— Je vous l'ai dit. Ma camionnette est tombée en panne. Je ne pourrai pas la faire réparer avant demain.

— Ah.

J'avais roulé pendant deux jours ; Wren n'était pas là.

— Bon, eh bien peut-être que moi je peux venir jusqu'à vous ? demandai-je.

— Bien sûr. Si vous voulez vous perdre. Mettez-vous à rouler dans les bois à cette heure-ci et on ne vous retrouvera pas avant l'année prochaine.

— Super. J'ai parcouru un long chemin pour vous voir. Je suis venu de Littleton.

— Arrêtez, vous allez me faire pleurer. Vous êtes venu pour mes notes. Je les ai retrouvées.

Vu l'état de la cabane, ça lui avait peut-être demandé un véritable effort. Il y avait un bordel monstre : journaux, linge sale, magazines déchirés, bloc-notes griffonnés... Sans parler des lettres inquiétantes envoyées par des laboratoires du Michigan.

Je l'entendis frotter une allumette, puis prendre une bouffée de cigarette – interrompue par une quinte de toux. *Cancer du poumon ?*

— Vous savez, me dit-il, après l'inondation, ils ont mené une grande enquête.

— Je sais. Je l'ai lu. Ils ont mis en place une espèce de commission gouvernementale.

— C'est ça, « une espèce de… ». Ils ont réquisitionné tous les documents de l'entrepreneur. Ils ont engagé leurs propres ingénieurs pour qu'ils examinent les plans du barrage, qu'ils vérifient les bons de commande, etc., etc. Un détail : les auditions ont eu lieu à huis clos. Interdites au public.

— Qu'est-ce qu'il y a de si anormal à ça ?

— Pour un chantier de travaux publics, c'est tout à fait anormal. Ils ont expliqué que des réputations étaient en jeu. Personne n'avait été reconnu coupable de quoi que ce soit. Pas encore. Ils ne voulaient pas voir de noms traînés dans la boue.

— Ça ne paraît pas déraisonnable, si ? Un tel souci peut se justifier.

— Tout peut se justifier, dit-il avant de tousser à nouveau. Laissez-moi vous poser une question. La première fois que vous l'avez fait… avez-vous éprouvé ne serait-ce que l'ombre d'un remords ?

— Que j'ai fait quoi ?

— Que vous avez menti. Ça vous a donné un peu mauvaise conscience ou pas du tout ?

— Oui. Ça m'a donné un peu mauvaise conscience.

— Mais vous avez recommencé ?

— Oui, j'ai recommencé.

— Pourquoi ?

C'était la question de la semaine, apparemment. D'abord Anna, et maintenant Wren.

— Quelle différence ça fait ? J'ai recommencé. Expliquez ça comme vous voulez. Écoutez, je préférerais que nous revenions sur le sujet du…

— Je l'ai lue.

— Quoi ?

— Toute votre œuvre mensongère. Elle est encore disponible sur Internet, vous savez, en annexe du compte rendu d'enquête interne que votre journal a publié pour montrer au monde à quel point il traitait le problème sérieusement. J'ai remarqué quelque chose. Vos articles devenaient de plus en plus dingues. Vous poussiez de plus en plus loin les limites de la crédulité de vos lecteurs. Au début, il n'y avait rien de trop difficile à avaler, mais après ? Allons bon. Cet article sur le pédiatre qui plastiquait les cliniques d'avortement ? Des anagrammes, des rendez-vous secrets en plein champ désert ? On aurait dit un mauvais film. Il a fallu que je me demande si vous ne faisiez pas exprès d'en rajouter dans l'outrance. Vous espériez peut-être qu'on vous mette le grappin dessus ?

— Il fallait que je nourrisse le monstre. C'est tout.

Le monstre était terrifiant et sa voracité ne connaissait pas de limites, aurais-je pu ajouter. Au bout d'un moment, je m'étais retrouvé à jouer à Qui dit mieux ? – sauf que je jouais contre moi-même. Ça avait fini par m'épuiser.

Je l'entendis tirer une nouvelle bouffée de cigarette – avec en vague fond sonore le cliquetis de couverts raclant des assiettes. M'appelait-il depuis un restau ?

— Où en étais-je ? dit-il.

— La commission à huis clos.

— Exact, la commission. Ils ont pris leurs dépositions et fait leur rapport, et au bout du compte ils ont obtenu ce qu'ils voulaient. Quelqu'un est allé en prison.

— Je ne savais pas ça. Qui ?

— Un ingénieur. Lloyd Steiner. Un type intéressant, à la limite du génie. Un de ces gamins qui fréquentaient les camps de vacances communistes du Lower

East Side à New York dans les années trente, quand ce genre d'endroit faisait fureur.

— Il était coupable ?

— De quoi ? D'être un Juif de gauche ? Bien sûr.

— D'avoir construit un barrage dangereux ?

— Je n'en sais rien. Il était l'adjoint de l'ingénieur adjoint. Difficile d'imaginer qu'il ait eu suffisamment de contrôle sur quoi que ce soit pour être coupable.

— Où est-ce que vous voulez en venir ?

— Difficile à dire...

Puis il baissa la voix, ce qui lui donna presque un ton de conspirateur – de toute évidence, il ne voulait pas que les autres clients l'entendent :

— En tout cas, il a passé dix ans en prison, et quand on l'a libéré, sa famille avait quitté leur HLM de deux pièces et vivait désormais dans une villa avec deux niveaux et quatre chambres à La Jolla. J'ai vérifié. Il n'a pas pu trouver de poste d'ingénieur, évidemment. Ce n'était plus possible. Mais il avait pris des cours de mécanique en prison – c'est ça qu'il a fait à sa sortie. Ça a dû être atroce pour lui : le jeune ingénieur de génie qui se retrouvait à réparer des bagnoles pour gagner sa croûte. Il devait être le seul de son quartier à porter un bleu de travail.

— Vous croyez qu'on l'a acheté ? Qu'il a en quelque sorte servi de bouc émissaire ?

— Je vous l'ai dit, je n'en sais rien. Ma méthode journalistique n'a rien à voir avec la vôtre : quand je ne suis pas sûr, je n'écris rien. J'ai besoin de preuves. Mais ça donne à réfléchir, tout de même : ils auraient pu le menacer en l'accusant de communisme, lui ressortir ces histoires de camps de vacances où tout le monde s'habillait en rouge. N'oubliez pas qu'on était en 195 4 – l'époque de McCarthy, des abris antiatomiques, de toute cette paranoïa. Et s'il avait refusé malgré tout de coopérer ? Alors on lui aurait fait une proposition alléchante. Une petite contrepartie destinée à ses proches. La carotte après le bâton. Vous faites ce qu'on vous dit, car sinon, nous allons vous détruire. Mais pour vous montrer que nous ne sommes pas sans cœur, nous donnerons à votre famille la chance de réaliser le rêve américain en leur offrant une maison en banlieue. J'ai vu la maison à La Jolla – c'est une belle banlieue. Je m'y suis arrêté quand je suis allé interviewer la fille. Vous vous rappelez d'elle ?

— Les robots de l'espace dans l'eau ?
— Exact.
— Est-ce qu'il est encore en vie ? Lloyd Steiner ?
— À peine.
— Vous avez essayé de lui parler ?
— Oui. Disons qu'il ne se sentait pas bavard.
— Donc vous pensez que Lloyd Steiner a passé dix années en prison histoire d'apaiser le peuple, et que pendant tout ce temps il a fermé sa gueule.
— C'est plausible. Plus plausible qu'un pédiatre plastiqueur de cliniques, vous ne trouvez pas ?
— Il y a autre chose ? demandai-je, essayant d'ignorer ses piques.
— Il y a *toujours* autre chose. C'est à vous de trouver quoi.

Il posa son téléphone ; je l'entendis demander l'addition. Quand il reprit l'appareil, il murmurait presque :

— Je ne suis plus dans le coup. Vous si. On vous a donné une seconde chance. Vous disiez que vous vouliez rembourser votre dette. Allez-y. *Remboursez-la.* Si vous y arrivez.

Un volet claqua contre le mur de la cabane ; on

aurait dit un coup de feu. L'atmosphère ici était indiscutablement inquiétante.

Je l'interrogeai au sujet de la fille.

— Qu'est-ce que vous voulez savoir ? me demanda-t-il.

— Vous l'avez interviewée. C'est dans vos notes ?

— Oui, ça et d'autres choses.

— Et elle croit à tous ces trucs, à ces robots de l'espace venus la sauver des eaux ?

— Lisez vous-même. Les notes sont sur mon bureau.

Je jetai un œil vers son vieux bureau à cylindre. On aurait cru les restes d'une explosion – une montagne de toutes sortes d'objets empilés les uns sur les autres. Il me sembla quand même apercevoir un petit carnet à spirale dépassant au-dessus, telle une taupe pointant le nez dehors.

— Peu importe, dis-je. On ne va de toute façon pas imaginer que des bonhommes de l'espace soient descendus à Littleton Flats.

— À moins de croire aux contes de fées, dit-il. Ce n'est pas votre cas ?

— Vous me demandez si je crois aux contes de fées ?

— Oui.

— Eh bien non.

— Vous en avez lu depuis que vous êtes adulte ?

— Pas que je m'en souvienne.

— Vous devriez peut-être essayer. Même quand on cesse de croire aux lutins maléfiques, ils peuvent encore vous foutre les jetons. Surtout quand on cesse d'y croire, en fait.

Je ne savais pas quoi répondre à ça.

— Je suppose que vous allez vouloir passer la nuit sur place ? me demanda-t-il.
— Si ça ne vous dérange pas trop.
— Pas du tout. Vous avez le choix parmi six cabanes vides.

Je le remerciai. Lui souhaitai bon courage en attendant la réparation de sa camionnette.

— Mes notes, me dit-il. Vous pouvez les recopier ou bien les mémoriser. Que je les retrouve là où je les ai laissées. Si j'étais vous, je choisirais une cabane avec du bois à l'intérieur. Faites de beaux rêves.

26

L'interview de Bailey Kindlon avait apparemment été enregistrée, puis les réponses ainsi que les questions avaient été retranscrites.

Règle numéro deux de Wren : *Transcris tes enregistrements K7 au cas où !*

Il avait commencé par noter ses impressions générales concernant Bailey. Celle qui avait trois ans lorsqu'elle avait survécu à l'inondation de l'Aurora était maintenant une femme d'âge mûr. Elle était divorcée et vivait seule. Wren avait remarqué que les étagères de son salon étaient remplies de livres sur les enlèvements par des extraterrestres.

Il ne mit pas longtemps à comprendre pourquoi.

Il commença par la remercier de le recevoir et par lui réexpliquer les raisons de sa visite. Il écrivait un article sur l'inondation de l'Aurora et espérait qu'elle se souviendrait de certains détails des événements survenus ce jour-là, bien qu'elle ait été si jeune.

En fait, je m'en souviens très bien, dit-elle à Wren. *Vous n'imagineriez pas tout ce qu'un cerveau de trois ans peut retenir. Bien sûr, toute la thérapie que j'ai suivie m'a beaucoup aidée.*

Wren reconnut que cela avait dû être terrible pour elle.

Vous savez, à l'époque, je n'étais qu'une petite gamine, et d'une certaine façon, ça m'a aidée. Et d'une autre, pas du tout. Je me souviens qu'un quotidien m'a prise en photo deux jours après mon sauvetage – j'ai fait un grand sourire parce que j'allais être sur la première page du journal. Deux jours après avoir perdu mes parents. Alors oui, ça m'a aidée de n'avoir que trois ans, mais laissez-moi vous dire qu'à mesure que les années ont passé, et que toutes sortes de problèmes psychologiques ont commencé à me tomber dessus, je n'ai plus tellement eu envie de sourire. Les gamins enfouissent leur souffrance, c'est tout. Mais au bout du compte, c'est peut-être pire.

Wren lui demanda si cela voulait dire que ses souvenirs ne lui étaient revenus que plus tard.

Non. Il y avait certaines *choses* qu'elle n'avait jamais oubliées. Être en train jouer dans son jardin ce dimanche matin.

Je me revoyais en train d'installer ma poupée de chiffon dans une poussette tout en lui chantant une berceuse. Je me souvenais de ma mère sortant sur le pas de la porte en courant pour me crier quelque chose que je n'ai pas bien entendu parce qu'il y a eu ce rugissement – comme un moteur à réaction, mais pas vraiment non plus, plutôt comme un 747 qui atterrit droit sur vous. C'était trop proche. Comme si le son et la sensation ne faisaient qu'un. Ensuite, c'est comme si on m'avait soulevée en l'air – ç'aurait pu être mon père, quand il m'attrapait autour de la taille et qu'il me lançait en l'air comme dans un grand huit. Voilà ce que j'ai ressenti. Soudain j'ai été soulevée sauf que mon père n'était pas là, ma mère n'était plus là non plus, et j'étais toute mouillée. Je me retrouvais tout d'un coup dans une piscine – une piscine qui recouvrait tout le jardin, toute la rue. Je me rappelais être passée à toute vitesse devant la maison de Mme Denning – notre voisine – et avoir vu que la maison elle-même bougeait, qu'elle tournait sur elle-même, comme si j'étais dans Le Magicien d'Oz, *la scène où Dorothy est emportée par la tornade et que tout tournoie dans l'air autour d'elle, sauf que là c'était dans l'eau. Je me souvenais de tout ça.*

Wren lui demanda si c'était là tout ce dont elle se souvenait avant de commencer sa thérapie.

Non. Elle se souvenait également de son sauvetage. Elle s'était accrochée à un morceau de bois – à moins que le morceau de bois ne se soit accroché à elle. Qui sait ? C'est ça qui l'avait sauvée en tout cas. Une vieille porte d'abri. Elle était restée dessus au moins une journée avant qu'on ne la trouve.

Qui l'avait trouvée ? demanda Wren. La police, les pompiers ?

Non, dit-elle. *Ni la police ni les pompiers.*

Alors qui ?

Des extraterrestres.

Wren parvint à ne pas trop montrer son incrédulité. Il demanda à Bailey de lui en dire plus. À propos des extraterrestres.

Eh bien, ce n'était pas exactement des extraterrestres, expliqua-t-elle. *Pas au début. C'était leurs robots.*

J'étais allongée sur la porte. Je me rappelle que j'avais faim, que j'avais soif, que j'étais trempée et que j'avais l'impression d'être dans un rêve sans aucune possibilité de me réveiller. Il y avait toutes ces poupées dans l'eau, des poupées en chiffon Ann et Andy. Sauf que ce n'était pas des poupées, bien sûr. Quand mon thérapeute m'a ramenée en arrière, je m'en suis rendu compte. J'ai vu. Tous ces morts dans l'eau, des centaines et des centaines, leurs yeux ouverts, mais comme des yeux de poisson mort, vous savez, ce regard blanc, opaque, sans âme. Ils n'arrêtaient pas de heurter la porte, de remonter hors de l'eau comme s'ils essayaient de grimper à côté de moi, mais bien sûr ils n'y arrivaient pas. Ils étaient tous morts. C'est là que les robots sont arrivés.

Wren lui demanda de décrire tout ce dont elle se souvenait au sujet des robots.

Elle dérivait, lui raconta-t-elle. Peut-être même qu'elle s'était endormie. Elle avait repris brutalement conscience et avait entendu une espèce de *barbotement*. Ils avançaient dans l'eau, vers elle. Des robots blancs. Ils avaient des bras et une tête, mais pas de mains ni de visage. C'est comme ça qu'elle avait su qu'ils n'étaient pas humains. Ils se déplaçaient au ralenti, comme des poupées mécaniques.

Combien étaient-ils ? demanda Wren.

Six ou sept, dit-elle.

Est-ce qu'ils lui avaient parlé ?

Comment auraient-ils pu ? Ils n'avaient pas de visage, pas de bouche. Ils faisaient seulement des sortes de cliquetis – comme des dauphins.

Les robots l'avaient ramassée sur la porte et l'avaient emportée.

Où ça ? demanda Wren.

Dans leur vaisseau spatial.

J'étais sur une table. Certaines de ces choses m'étaient restées en mémoire, d'autres me sont revenues plus tard sous hypnose. J'étais attachée sur une table en métal et ils m'examinaient avec des instru-

ments à l'aspect terrifiant. Vous le savez peut-être, ou peut-être pas, mais c'est assez courant quand on se fait enlever par des extraterrestres. Vous avez déjà lu le bouquin de Whitley Schreiber ?

Wren lui avoua que non.

Elle lui expliqua que ce livre était considéré quasiment comme une bible par tous ceux qui avaient été victimes d'un enlèvement extraterrestre. Schreiber lui-même avait été kidnappé pas moins de *trois* fois.

Wren dit qu'il ne manquerait pas de s'en procurer un exemplaire. Il lui demanda de poursuivre son récit.

J'étais sur la table. Je ne pouvais bouger ni les bras ni les jambes. Il y avait cet... éclairage au-dessus de moi – une espèce de lumière bleue – qui ne semblait pas avoir de limites, ni de source non plus, vous comprenez ? Et ils me regardaient.

Wren lui rappela qu'elle lui avait expliqué que les extraterrestres n'avaient pas d'yeux.

Ça, c'était les *robots*, le corrigea Bailey. Maintenant elle lui parlait des *extraterrestres*. Elle se trouvait dans leur vaisseau spatial. Les extraterrestres avaient des yeux. Mais pas de bouche. Ce qui voulait dire qu'ils ne pouvaient pas lui parler, eux non plus. Mais ils pouvaient *communiquer* avec elle. Ils pouvaient mettre leurs pensées dans sa tête. Comme par *télépathie*.

De quelles pensées s'agissait-il ? demanda Wren.

Eh bien, elle ne s'en souvenait pas précisément. Avant tout qu'il ne fallait pas qu'elle ait peur. Qu'ils n'allaient pas lui faire de mal. Même si, au final, ça n'avait pas été tout à fait vrai.

J'ai eu un peu mal. Ils ont mis des instruments à l'intérieur de... de ma bouche et aussi... plus bas. Je me souviens que j'ai pleuré, que j'ai appelé ma maman et mon papa.

Wren lui demanda de décrire l'intérieur du vaisseau spatial.

Elle ne l'avait pas vraiment vu. Elle était attachée sur la table, avec cette lumière bleue qui l'éblouissait. C'est surtout *eux* qu'elle voyait : les extraterrestres. Il y en avait plusieurs, mais un parmi eux semblait être leur chef.

C'était celui qui était penché sur moi, qui m'examinait. Les autres paraissaient être... ses assistants, ou quelque chose dans ce genre.

Cela avait duré très, très longtemps. Comme si elle était restée clouée à cette table pendant des jours et des jours. Elle savait que ce n'était pas possible, que cela avait forcément duré moins longtemps, mais c'est l'impression qu'elle en avait eue. Jusqu'à ce que cela se termine, tout d'un coup.

Wren lui demanda de décrire la fin. Comment ça s'était passé ?

Elle ne pouvait pas.

C'est la partie dont je ne me souviens pas bien. Ils ont dû me ramener, c'est tout.

Où ça ? demanda Wren.

Quelque part où la terre était sèche. Où les gens pourraient me trouver. Et c'est bien ce qui s'est produit, non ? Sinon je ne serais pas là. « La seule survivante », etc. *J'ai fait la une pendant un jour ou deux. Évidemment, si ça se passait maintenant, ils me feraient passer sur CNN. Pas à l'époque. Quoi qu'il en soit, j'ai été recueillie par des cousins à Sacramento. Et je ne suis jamais retournée là-bas – il ne doit rien y avoir à voir, de toute façon. Tout a été emporté.*

27

Le lendemain matin, Wren n'était toujours pas revenu.

Je suis retourné dans sa cabane pour y déposer ses notes et faire du café.

Je n'ai accompli que la moitié de ma mission.

Il était allé à Fishbein pour *faire des courses*, avait-il dit. Et il en avait besoin. Il était à court de café et apparemment de tout le reste.

Une brume grise stagnait quelques centimètres au-dessus du lac. On se serait cru en automne. Je n'aurais presque pas été surpris de voir un tapis de feuilles mortes tourbillonnant au sol.

Alors que je m'acheminais vers la grande route, je tendis la main pour monter le chauffage – juste au moment où un cerf paniqué traversait le chemin de terre devant moi. Les sabots de ses pattes arrière cognèrent contre mon capot, puis l'animal s'enfuit dans les broussailles.

Je donnai un coup de volant à droite et m'arrêtai net. Il me fallut une ou deux bonnes minutes pour reprendre mon souffle.

Il n'y avait pas que mon cœur qui s'emballait. Ma tête aussi, rejouant le film de l'incroyable histoire de

Bailey Kindlon. Des maisons flottantes qui glissaient le long de la rue en tournoyant. Des centaines de cadavres qui flottaient comme des bouées dans l'eau. Et encore, cette partie-là du récit paraissait réelle.
Vous croyez aux contes de fées ?
Si c'était le cas, il me faudrait croire au reste de l'histoire de Bailey. Des extraterrestres bleus sans bouche. Des robots blancs sans visage. Des examens médicaux pratiqués dans les entrailles d'un vaisseau spatial.
Un conte de fées digne des frères Grimm. S'ils avaient pris des champignons avant de se mettre à écrire.
Je descendis le long du Pacifique sans m'arrêter.
Les forêts devenaient plus clairsemées, les vagues s'assagissaient, les falaises abruptes laissaient place à des bancs de sable plats, les chambres d'hôte à des motels et à des friteries. Je tombai sur une radio diffusant ce qu'on appelle du rock « classique » ; je me retrouvai à tapoter sur mon volant en écoutant *Soul Sacrifice*, *Layla* et *Brown Sugar* – le choix du DJ, un certain Frankie Foo.
Au moment où le soleil se coucha, j'arrivais tout juste à discerner les lumières de la grande roue sur la jetée de Santa Monica. Cela me fit penser à l'unique occasion où, enfant, j'étais allé dans un parc d'attractions. Pas vraiment un parc – une de ces fêtes foraines avec des manèges pourris et des stands du genre « Tirez au pistolet à eau dans la bouche du clown ! ». Après la mort de Jimmy. Après avoir raconté à la police et aux travailleurs sociaux qu'il était tombé sur la glace. Qu'il avait glissé dans la baignoire. Qu'il s'était cogné contre la porte. *Qu'est-ce qui s'est passé, Tommy ?* Un accident. Il était mala-

droit. À la fête foraine ma mère emmena son menteur de fils faire un tour sur la grande roue, puis vomit alors que nous étions suspendus au sommet. Les cris qui s'ensuivirent n'avaient rien à voir avec l'excitation due au fait de s'élever vers les étoiles. De retour sur la terre ferme, il avait suffi que quelqu'un flaire l'haleine de ma mère – un bonimenteur itinérant qui avait lui-même l'air d'apprécier la boisson, en plus ! – pour qu'elle se fasse sermonner sur sa responsabilité envers son enfant. Cela suffit pour me dégoûter à jamais des fêtes foraines – mais pas pour dégoûter ma mère du Jim Beam. *Vous lui en voulez toujours ?* me demanda le docteur Payne. Il sous-entendait : d'être une alcoolique, de me maltraiter verbalement, de baiser tout ce qui se baladait en pantalon. Il ne s'imaginait pas pour quoi je lui en voulais vraiment.

Comment aurait-il pu ?

J'étais resté le fils à jamais dévoué à sa mère.

Je n'avais rien raconté.

Je ne sais plus à quel moment je choisis de ne pas prendre l'embranchement avec l'autoroute 40 5 – à quel moment je décidai consciemment de continuer à rouler droit jusqu'à Santa Monica.

Peut-être que je voulais faire un dernier tour sur la grande roue – métaphoriquement parlant. Il y a deux pour cent de votre cerveau prêts à croire absolument n'importe quoi. Je le sais bien – je ne me suis pas privé pour en faire usage chez les autres. Les assistantes sociales des Services de protection de l'enfance, par exemple, qui parvenaient à croire qu'un garçon de six ans pouvait avoir un goût prononcé pour les surfaces dures. Ou encore mon rédacteur en chef, qui gobait mes enquêtes sur des groupes de réflexion christiques, sur des acteurs gangsters, sur des pédiatres plastiqueurs. Je parle des deux pour cent de votre cerveau qui vous ont convaincu que la jolie femme assise en face de vous au Violetta's Emporium vous a trouvé irrésistible. Ou du moins relativement attirant. Les deux pour cent, en d'autres termes, où réside l'espoir le plus ridicule.

Je n'avais aucun plan d'action.

J'étais quasiment sûr que je n'allais pas mettre à exécution la menace que j'avais évoquée dans mon e-mail : me poster sur un banc de la Third Street Promenade et attendre jusqu'à ce qu'Anna passe par là. J'avais une idée sur son adresse et également son numéro de téléphone – même si j'avais la frousse de l'utiliser. Les quatre-vingt-dix-huit autres pour cent de mon cerveau se souvenaient de son expression quand je lui avais appris la bonne nouvelle – qu'elle dînait avec un menteur célèbre. Je me rappelais ses généreux efforts pour poursuivre la conversation malgré tout ; c'était encore plus embarrassant qu'un silence ne l'aurait été.

Je me garai dans le parking municipal de Fourth Street, puis me baladai un moment dans le quartier.

C'était l'heure de pointe sur la Promenade. À une époque pas si lointaine, le centre-ville de Santa Monica servait de havre aux laissés-pour-compte de l'Amérique : ces gens qui n'avaient plus d'argent, plus de toit, plus de chance, plus même de place à l'asile psychiatrique. Après tout, il faisait doux ici et l'on trouvait toujours un endroit où s'allonger sous les jetées.

La Third Street Promenade avait changé tout ça. Elle avait transformé le cœur de Santa Monica en un centre commercial en plein air, bondé, rempli de jongleurs, de musiciens de rue et d'arbustes taillés en forme de dinosaure.

Je faisais du lèche-vitrines, me demandant qui était l'homme d'âge mûr à l'aspect débraillé qui me regardait à travers la vitre du disquaire VJ Records – et je ne fus qu'à moitié surpris de découvrir qu'il s'agissait de moi.

J'échappai à la foule en empruntant une allée qui menait à la rue parallèle, où il y avait certes encore du monde, mais pas autant. Je pouvais au moins respirer.

Je savais que je me dirigeais quelque part, lentement mais sûrement, même si j'avais du mal à l'admettre.

Il y avait un café sur Fifth Street qui s'appelait Java.

Une boutique Adidas. Un loueur de vidéos.

Deux immeubles résidentiels reliés par un hall d'entrée commun, avec des terrasses circulaires et ce qui semblait être une cour intérieure. J'arrivais presque à sentir l'odeur de chlore de la piscine.

« Sur Fifth Street, m'avait-elle dit, juste à côté de la Promenade. »

Je m'arrêtai pour admirer le décor. Des rhododendrons et des bougainvilliers ornaient l'entrée des bâtiments. Je remarquai la couche de peinture noire récente sur la rampe qui s'étendait des deux côtés de l'allée piétonne.

Celle que je longeais maintenant en direction du hall d'entrée illuminé par deux grands néons bleus, qui me tentait tant.

Il y avait une rangée de boîtes aux lettres de chaque côté : une pour chacun des deux immeubles. J'y jetai nonchalamment un œil – encore un peu de lèche-vitrines, même si, d'accord, il se pouvait que, par hasard, je sois, on ne sait jamais, à la recherche d'un article bien particulier, très rare.

La fille aux yeux de Botticelli. Celle à qui j'avais

dû dire la vérité, même si c'était pour le regretter instantanément.

Aucune boîte au nom d'Anna Graham.

D'un côté comme de l'autre.

« Fifth Street », avait-elle dit, mais cette rue était très longue.

En sortant du hall, je m'arrêtai un moment, car j'avais à prendre une décision d'une importance capitale : fallait-il que je tourne à gauche ou à droite ? Je choisis d'aller à gauche, mais changeai rapidement d'idée et traversai la rue pour entrer dans un Fatburger, où l'on vous promet quelque chose de gros et de gras à manger.

Leur pub n'était pas mensongère. Je ressortis du fast-food lesté du poids d'une demi-vache.

Et je me retrouvai devant un théâtre. Ce qui n'était peut-être pas un hasard. Peut-être que le destin avait guidé mes pas.

La pièce s'intitulait *La Jetée*.

Il s'agissait apparemment d'une sorte de comédie, car les acteurs que l'on voyait sur les photos semblaient en faire des tonnes – à l'image de cette comédienne qui exhibait de la lingerie féminine devant un homme aux yeux écarquillés.

J'étais sur le point de me retourner et de continuer ma route. Vers où ?

Je n'en savais rien.

Je marcherais aussi longtemps que possible. Jusqu'à ce que je la croise, elle, même si les chances que cela arrive étaient quasi nulles.

Mais quelque chose retint mon attention.

Retint, accrocha, attrapa mon attention.

J'étais comme une de ces truites que John Wren

pêchait dans son lac – un hameçon planté en plein milieu du palais.

Il s'agissait d'une photo de groupe : ce moment où tous les acteurs viennent sur le devant de la scène main dans la main pour le salut final.

Ils étaient peut-être huit ou neuf.

Je m'approchai si près que mon souffle embua la vitre et je dus reculer, l'essuyer, puis me pencher à nouveau pour mieux regarder.

J'étais cloué sur place. Je lus en détail, me semble-t-il, la critique du *Santa Monica Weekly* qui promettait au spectateur de passer une soirée hilarante.

On est secoué de rire, pouvait-on lire.

À moins que l'on ne tremble de peur.

J'achetai un ticket : allée centrale, neuvième rang.

C'était bel et bien une comédie. Une sorte de farce, de comédie de boulevard à la française, même si la plus grande partie de l'action se déroulait sur la grande jetée de Santa Monica. Quiproquos sur l'identité des personnages, mésalliances, sous-entendus sexuels... Le plus drôle, c'était le décor : une toile de fond – peinture représentant la jetée – qui n'arrêtait pas de s'affaisser. En plein milieu de leurs scènes, les acteurs devaient quitter leurs marques et se rapprocher discrètement du fond pour remettre la grande roue en place.

Néanmoins, le public semblait apprécier. Pas facile de jauger les réactions des spectateurs au théâtre, parce qu'ils semblent toujours faire de si grands efforts. Ça doit être dû à la proximité des acteurs, qui ne sont pas projetés sur un écran en Celluloïd mais qui sont bien là, juste devant vous. Personne ne souhaite se montrer impoli.

Au deuxième acte, tous les problèmes de confusion

sur l'identité des personnages étaient réglés. À une exception près.

Il était entré en scène à la fin du premier acte.

Il tenait le rôle d'un acteur homo se faisant passer pour son colocataire hétéro dans le but d'impressionner un agent de chez William Morris, une femme qui en pinçait pour son colocataire qu'elle prenait pour lui. L'agent de chez William Morris parlait constamment dans un de ces micros de téléphone portable invisibles – cependant que quiconque passait par là croyait qu'elle s'adressait à lui. C'était la blague récurrente de la pièce, censée conduire à toutes sortes de méprises et à beaucoup d'hilarité.

Il fit sa première apparition sur scène côté jardin, vêtu d'un marcel et d'un short de jogging, manquant de rentrer dans l'agent artistique qui parlait à un producteur – dans le micro de son portable, évidemment – d'un projet très en vue, choisissant des mots dont l'interprétation pouvait être ambiguë.

Je me penchai en avant sur mon siège, plantant presque mon menton sur la tête de la personne assise devant moi.

Sur scène, il était censé être l'heure du crépuscule, tant aimée de Shakespeare. Des choses magiques se produisent à la nuit tombante : les gens se transforment en ânes, des sortilèges sont jetés ou rompus, des amants se séparent ou se retrouvent. J'avais dû me pencher car il était difficile de bien voir, maintenant que l'éclairage avait baissé, et je voulais être sûr à cent pour cent.

Quand il apparut au début du deuxième acte, sous un éclatant soleil matinal, mes derniers doutes s'évanouirent.

C'était lui.

Il n'y avait pas d'entrée des artistes.

C'était du off-off-off-Broadway. Les acteurs sortaient par la même porte que le public, celle de devant.

Il fallut que je patiente, que je me mêle aux quelques autres spectateurs qui attendaient l'apparition des comédiens.

Au bout de dix minutes, ils commencèrent à montrer le bout de leur nez, les uns après les autres. D'abord une actrice, accueillie par un couple d'âge mûr que je supposais être ses parents. Ils la serrèrent très fort dans leurs bras et se répandirent en compliments pour lui dire à quel point cette pièce était *tordante*, prouvant ainsi que c'était bien d'eux que leur fille tenait ses dons de comédienne.

Puis vint le tour d'un acteur qui traversa le hall en trombe, jacassant déjà dans son portable.

« Qu'est-ce que ça veut dire, je conviens pas pour le rôle... je compte sur toi pour leur dire... »

Quand il sortit – il s'appelait Sam Savage, selon le programme –, deux autres acteurs l'accompagnaient, un homme et une femme. J'étais à moitié tourné vers le mur, me demandant s'il valait mieux que je m'approche de lui et que je l'affronte ou bien que j'attende un peu.

La deuxième solution me sembla préférable.

Ils sortirent tous les trois dans la rue. L'homme leur dit au revoir. Sam était maintenant seul avec l'actrice blonde et fine ; ils se mirent à marcher le long du trottoir main dans la main.

Je décidai de les suivre, essayant de garder une distance respectable – environ une moitié de pâté de maisons.

Je ne sais pas si vous avez déjà suivi quelqu'un, mais c'est plus difficile que ça en a l'air.

Ils n'étaient pas qu'une cible mouvante, ils s'arrêtaient aussi tout le temps, jetant un œil ici ou là à travers les vitrines. Surtout elle. Lui s'écartait alors d'elle, s'éloignait, se retournait même parfois et regardait dans ma direction.

Je m'efforçais de les imiter, d'anticiper, de m'arrêter, de leur tourner le dos en espérant qu'il soit encore là quand je me retournerai.

Ils prirent à droite sur Santa Monica Boulevard et marchèrent jusqu'à Seventh Street.

Pendant ma filature, alors que je rentrais la tête dans les épaules et que je me cachais dans les angles de mur, je n'arrêtais pas de me poser la même question encore et encore. Tel un mantra. Espérant que si je la ressassais suffisamment longtemps, j'arriverais peut-être à percer le mystère.

Je commençais à relier les points entre eux – ici et là je traçais des lignes tremblotantes mais c'était comme dans ce rêve que j'avais fait : chaque fois que je contemplais le dessin à moitié complété, il disparaissait telle Littleton Flats elle-même.

Ils s'engouffrèrent dans un bar de Seventh Street.

The Piñata.

Je n'avais pas besoin d'entrer pour savoir à quoi il ressemblait. Des margaritas glacées ornées de petites ombrelles roses, des menus en plastique surmontés de sombreros, des bols en bois remplis de chips et de salsa mexicaine. Je restai dehors, à écouter la musique des Los Lobos tandis que les gens entraient et sortaient.

Finalement, je me décidai à pousser la porte et à pénétrer à l'intérieur.

L'endroit était bruyant et bondé.

Elle était assise seule au bar. L'actrice. Elle sirotait une gargantuesque margarita glacée, à faire rêver les clients de Muhammed Alley.

Et lui, où était-il ? Aux toilettes ?

J'avançai jusqu'à l'extrémité du bar la plus éloignée d'elle, réussis à me glisser à côté d'un groupe de cinq femmes vraiment saoules et commandai un Excellente, une spécialité de la maison à en croire la carte des boissons, une margarita faite avec de la Cuervo Gold, de la liqueur de pêche ainsi qu'un ingrédient secret qu'ils refusaient de vous révéler sous peine de mort.

J'en bus la moitié avant de le repérer. En fait je le regardais depuis quelques minutes sans le voir. Il y avait l'actrice, qui attaquait déjà sa deuxième margarita. Il y avait un couple au look très branché assis à côté d'elle – lui avait le crâne rasé et des lunettes de soleil, elle avait des seins bronzés, siliconés. Il y avait le serveur qui prenait leur commande. Ce n'est qu'après que le serveur eut refermé son petit carnet, leur eut fait un sourire et se fut penché pour murmurer quelque chose à l'oreille de l'actrice que je le reconnus.

Qu'y avait-il là d'étonnant ?

C'était un acteur. Dans un théâtre off-off-off-Broadway. Ce qui voulait dire qu'il était aussi agent immobilier, démarcheur téléphonique, voiturier. Ou bien serveur. Quand le rideau tombait, il changeait simplement de costume.

Je commençais à sentir l'effet de la margarita. Tant mieux.

Ça m'aidait à atténuer ma peur.

J'aspirais les dernières gouttes de mon deuxième verre quand les lumières se mirent soudain à clignoter, s'éteindre et se rallumer.

L'heure de la fermeture.
Les cinq filles disparurent.
Pas l'actrice blonde.
Il sortit des cuisines, sans son tablier, et la souleva de son tabouret.
J'en profitai pour m'éclipser dehors, où je me postai à plusieurs mètres de l'entrée du bar.
Ils ne faisaient plus les trottoirs comme dans le temps : celui-ci tanguait comme un pont de corde en pleine tempête.
Ils sortirent tous les deux du bar et passèrent juste devant moins sans me prêter la moindre attention.
Je n'étais qu'un spectateur. Quelqu'un qui regardait depuis l'obscurité.
Cette prise de conscience m'encouragea à prendre plus de risques. Je ne laissai plus que quelques mètres entre eux et moi, les suivant comme la troisième roue du carrosse.
Arrivés à un angle, ils tournèrent. Quelques secondes plus tard, j'en faisais autant.
Et c'est là que quelque chose de bizarre se produisit.
Je découvris une rue déserte.
Il n'y avait plus personne.
Une voiture était garée illégalement sur Fifth Street ; je jetai un œil à travers la vitre mais ne vis personne à l'intérieur.
Je ressentis cette panique qui vous prend quand vous pénétrez dans une pièce sombre et inconnue et que vous n'avez pas la moindre idée où se trouve l'interrupteur.
Si vous perdez quelque chose, revenez sur vos pas.
D'un pas chancelant, je retournai vers l'angle de la rue, cherchant une porte d'entrée que j'avais peut-être manquée. Un endroit où ils auraient pu s'engouffrer.

Je sentis son avant-bras cogner le bas de mon dos avant de le voir. Puis je tombai à genoux et mes yeux plongèrent vers le trottoir qui me sembla très flou.

— OK, connard, pourquoi est-ce que tu nous suis ?

Mes reins me faisaient terriblement mal. J'essayai de me lever, mais ses poings heurtèrent mes épaules, me forçant à rester au sol. Je sentis sa salive brûlante crépiter dans ma nuque.

— Réponds-moi, connard !

— J'avais une question complémentaire, dis-je.

— *Quoi ?*

— Il y a quelque chose que j'ai oublié de te demander.

J'arrivais à voir la fille, maintenant. Ils avaient dû se cacher derrière le joli réverbère à l'ancienne, attendant tranquillement que je les dépasse.

— De quoi tu parles, putain ? me demanda-t-il.

— Je parle de l'article.

— Quel article ? Tu es qui, toi ?

— Je voudrais me relever.

J'étais à deux doigts de vomir. Trop d'Excellente. Il hésita, puis me dit :

— OK, mon gars. Mais tu y vas doucement, d'accord ?

Je réussis à me redresser et à tenir debout sans m'affaler. Mon pantalon était déchiré et ensanglanté au niveau du genou gauche.

Quand je me retournai vers lui, je vis quelqu'un qui venait tout simplement de jouer un rôle – celui de l'*hombre* dur à cuire à qui on ne la fait pas –, mais qui maintenant hésitait comme un acteur ayant oublié son texte. Chose étonnante, il avait fait un pas en arrière au moment où je me tournais pour lui faire face, me cédant du terrain qu'il avait pourtant conquis de ses poings.

Peut-être m'avait-il reconnu.

— Salut, Ed, lui dis-je.

Il ne me répondit pas.

— Il ne s'appelle pas *Ed*, répliqua sa petite amie, l'air méfiante et effrayée. Il s'appelle Sam. Vous vous êtes trompé de personne depuis le début. On croyait que vous vouliez nous agresser. Rentrez chez vous et laissez-nous faire pareil, d'accord ?

— Je sais qu'il ne s'appelle pas Ed, dis-je. Mais il a joué le rôle d'un certain Ed. Tu t'en rappelles, hein ? Un représentant en produits pharmaceutiques du nom d'Edward Crannell. Au bord d'une route, non loin de Littleton.

28

Contrairement à New York, L. A. n'a pas beaucoup de boîtes ouvertes tard dans la nuit. L. A. ferme boutique plus tôt. Peut-être est-ce dû à ces histoires d'hygiène de vie – tout le monde doit monter faire son footing sur Mulholland Drive dès six heures du matin.

Il y avait quand même au moins une boîte qui ouvrait tard à L. A.

Je m'y rendis en suivant la Mustang grise de Sam.

Il avait nié aussi longtemps que possible, puis il avait fini par avouer quand je lui avais dit que je serais heureux de lui envoyer l'article du *Littleton Journal* où figurait sa photo. Je n'avais pas pris sa photo ce matin-là...

Mais il ne le savait pas.

Nous nous garâmes devant une devanture de magasin aux vitres entièrement noircies, coincée entre un club de strip-tease et une échoppe à tacos. L'un et l'autre semblaient avoir mis la clé sous la porte depuis longtemps. Pareil pour le magasin, mais quand Sam frappa à la porte, quelqu'un ouvrit et nous laissa entrer.

Apparemment, il y avait beaucoup d'acteurs dans cet endroit : du moins on y voyait une grande variété de gens beaux à l'air légèrement désespéré.

Nous prîmes place sur des banquettes de cuir rouge tout droit sorties des *Affranchis*. En ce qui concernait les tables, il y en avait dans tous les styles, de l'Art déco au snack-bar années cinquante.

— Le proprio s'occupait du département des accessoires à la Paramount, expliqua Sam.

Sam commanda un dirty martini que sa petite amie annula aussitôt – elle s'appelait Trudy, m'avait-elle dit –, demandant un Canada Dry à la place, sans glaçons.

— Je n'ai pas l'intention de te porter sur mes épaules tout à l'heure, dit-elle. Je t'ai vu t'enfiler des verres en douce au Piñata.

Sam acquiesça docilement.

J'attendis que la serveuse en combinaison-pantalon noir lui ait apporté son Canada Dry pour lui demander :

— Alors, qui t'a engagé ?

— Un type.

— Un type. C'est tout ? Ce type avait un nom ?

— J'en sais rien. Je suis sérieux. C'était juste un type qui avait besoin d'un acteur.

— D'accord, c'est bon. Tu l'as rencontré où ?

— Il a trouvé mon nom dans une base de données. Sur le Net. Tu sais, on met sa photo et on tape une fausse liste des productions dans lesquelles on est censé avoir joué, et parfois on reçoit un coup de fil. Surtout pour de la figuration.

— Qu'est-ce qu'il t'a dit, ce type dont tu ne connais pas le nom ?

— Qu'il cherchait un acteur pour une journée de travail. Même pas une journée, une matinée. Loin de la ville.

— Tu lui as demandé de quoi il s'agissait ? Un film, une pub ?

— Bien sûr. Il m'a dit que ce serait du théâtre.

— Une matinée de théâtre ? Ça ne t'a pas paru un peu bizarre ?

— Si.

— Mais tu y es allé quand même ?

— Il me filait cinq mille dollars.

— C'est *là* d'où vient l'argent ? s'exclama Trudy. Tu m'avais dit que tu avais vendu les obligations de ta barmitsva, menteur.

Sam eut soudain l'air contrit. L'espace d'un instant, je ne pus m'empêcher de ressentir de l'empathie pour lui. Dans un contexte différent, j'aurais pu lui offrir un verre et laisser nos deux âmes de menteurs se consoler mutuellement.

— Tu sais ce que la figuration rapporte ? me demanda-t-il. Deux cent cinquante dollars la journée. Et il y en a pas pour tout le monde. Mais c'est plus que ce qu'ils me paient pour cette pièce débile. Tandis que là, on parlait de cinq mille dollars, OK ? J'ai des factures à payer.

— Ton généreux bienfaiteur, c'est lui qui t'a conduit à Littleton ? Ou est-ce que tu l'as retrouvé là-bas ?

— Je me suis conduit tout seul.

— Jusqu'à la route 45 ?

— C'est ça.

— Et qu'est-ce qui t'attendait sur place ?

Il s'était mis à jouer avec une pochette d'allumettes, qu'il faisait tourner entre son majeur et son pouce : *flip, flip, flip...*

— La voiture était déjà en feu, dit-il doucement.

— Alors qu'est-ce que tu as fait ? Tu as appelé

les pompiers ? Tu as fait signe à une autre voiture de s'arrêter ?

— Il m'a dit qu'elle était vide. Qu'il y avait seulement un mannequin à l'intérieur, que ça faisait partie du spectacle. Je le jure devant Dieu, sur la tête de ma mère.

— Ta mère est morte, dit calmement Trudy.

— C'est une façon de parler. D'accord, ça va, je le jure devant Dieu et sur ma propre tête.

Il me regardait et ses yeux m'imploraient, comme s'il était très important que moi je le croie.

— Personne ne se trouvait dans cette voiture, renchérit-il. C'est ce qu'il m'a dit. Aucune vraie personne. Tu crois que j'aurais accepté de participer à une sorte de...

Il n'arrivait pas à terminer sa phrase.

— À une sorte de quoi ? demanda sa petite amie, dont l'écœurement devenait de plus en plus visible.

— Tu sais ce que je veux dire... À une sorte de crime, ou quelque chose dans le genre. Ce type avait besoin d'un comédien et il m'a filé cinq mille dollars pour jouer la comédie. C'est tout.

— Quand tu es arrivé là-bas, il s'y trouvait ? demandai-je. L'homme qui t'a payé ?

Sam hocha la tête.

— À quoi ressemblait-il ?

Sam but une gorgée de son Canada Dry.

— Il avait l'air... étrange. Comme... C'est pas facile de le décrire... Son visage était un peu écrasé... Non, pas écrasé, mais il manquait de relief... Tu vois ce que je veux dire ? Et il avait une voix super aiguë, aussi. Comme une fille...

Oui. C'est toi.

— D'accord, dis-je. Tu es arrivé et il y avait une voiture en feu. Et ce type. Et quelqu'un d'autre aussi ?

— Pas au début. Il m'a dit que d'autres gens allaient venir, comme pour un vrai accident. La police, une ambulance, et mon rôle était de dire que nous nous étions rentrés dedans, cette voiture et moi, même si en fait il n'y avait personne à l'intérieur. C'était juste un spectacle, une pièce de théâtre.

— Et tu l'as cru ?

Sam hocha la tête.

— J'étais là, Sam, lui dis-je. Tu te souviens ?

Sam détourna son regard, vers le sol, vers la foule enfumée le long du bar, vers les murs recouverts de vieilles reproductions d'œuvres de Peter Max. Ses yeux semblaient chercher la porte de sortie la plus proche.

— Tu te rappelles l'odeur, Sam ? Cette odeur qui émanait de la voiture ? Tu l'as reconnue, non ? Tu as vraiment cru que c'était du plastique ? Tu es si bête que ça ?

Sam plongea son regard dans son verre de Canada Dry comme s'il voulait s'y noyer. Ses yeux s'emplirent de larmes. Pour la première fois de la soirée, j'étais persuadé qu'il ne jouait pas la comédie.

— J'ai...

Il leva les mains en l'air, un geste de remords désespéré. Puis il reprit :

— J'ai voulu croire ce qu'il me disait, d'accord ? Le type m'a dit que c'était pour de faux. Je venais de faire toute cette route, il m'a dit qu'il n'y avait personne dans la voiture, et soudain la police débarque, puis une ambulance, puis toi...

— L'autre voiture, la tienne. La Sable à la carrosserie enfoncée. À qui appartenait-elle ?

— J'en sais rien, dit-il en secouant la tête. Elle était là quand je suis arrivé. Je crois que c'est lui qui l'a amenée.

— D'accord. Et après ça ?

— Après quoi ?

— Après mon départ ? Après que tu as poliment répondu à mes questions au sujet de l'accident ? Au fait, est-ce que tu as improvisé ou est-ce qu'il y avait une espèce de script que tu étais censé suivre ?

— Il m'a expliqué ce que je devais dire. Plus ou moins. L'idée générale, la manière dont l'accident s'était produit. J'ai brodé à partir de là.

— Quand tu as parlé au shérif ?

Il hocha la tête.

— Et à toi.

— D'accord. Ça ne t'a pas dérangé, de mentir à un policier ? Tu ne craignais pas de t'attirer des ennuis ?

Une jeune femme noire perchée sur des talons de quinze centimètres de haut s'était approchée de notre banquette. Elle se pencha et serra Trudy dans ses bras.

— *Ru-dy !* s'exclama-t-elle. Ça fait des décennies que tu ne m'as pas appelée, ma cocotte. Quoi de neuf ?

— Rien de spécial, répondit Trudy.

— Il paraît que tu fais du *thé-â-tre*.

— Ouais, dit Trudy sans trop d'enthousiasme.

— Avec ton chéri, en plus ?

— Pas si chéri que ça, dit Trudy.

Sam se tourna vers elle et la regarda avec une expression de chien battu particulièrement poignante.

— Écoute, dit Trudy à la fille, on est en plein milieu d'une conversation assez privée. Je te promets que je t'appelle, d'accord ?

— Privée, hein ? dit la fille en me jetant un regard vaguement coquin. OK, à plus.

— Après mon départ, qu'est-ce qui s'est passé ? demandai-je à Sam.

— Rien. J'ai été payé. C'est tout.

— C'est tout. Tu ne lui as pas demandé à quoi rimait cette petite pièce ? Il te fait venir en plein désert pour y trouver une voiture en flammes d'où s'échappe une odeur indéniable de corps humain qui brûle, et tu ne lui demandes pas, ne serait-ce qu'une fois, de quoi il retourne ?

— Je lui ai demandé, dit Sam d'une voix proche du murmure.

— Et qu'est-ce qu'il a dit ?

— Il m'a dit que c'était de la *téléréalité*. Il m'a souhaité bon vent.

— C'est tout. Tu n'as pas insisté ?

Sam secoua la tête :

— Peut-être que je n'avais pas envie de savoir, d'accord ?

Comme quelqu'un d'autre. Ça me revint tout à coup. Il y avait eu des moments, quand ce quelqu'un d'autre était resté assis à écouter mes explications survoltées, mes tentatives de justification de telle ou telle incohérence – des moments où je m'étais dit : Il sait, il a la vérité sur le bout de la langue, mais il ne le dira pas. Il ne dira rien.

— Alors tu t'es contenté de rentrer chez toi, c'est ça ?

— Oui.

— Tu n'as jamais regardé dans un journal ni sur Internet, histoire de voir si quelqu'un était vraiment mort là-bas ? Tu n'as jamais éprouvé la moindre curiosité ?

Il secoua la tête :

— Je te l'ai dit. J'avais envie d'oublier tout ça.

La première lueur grise du matin commençait à percer à travers la vitre de la devanture, là où la peinture noire s'était écaillée : on aurait dit une voûte céleste parsemée d'étoiles ternies.

— Dis-en-moi plus sur ce site Web. Celui grâce auquel il t'a soi-disant trouvé.

— Qu'est-ce que tu veux savoir ?

— Comment savait-il qu'il pourrait compter sur toi pour ne pas t'en aller immédiatement à la vue de cette scène ?

— Je te l'ai dit. Ça représentait beaucoup d'argent pour moi.

— Oui, tu m'as dit tout ça. Mais il y a une limite à ce que les gens sont prêts à faire, même pour une grosse somme d'argent. Comment savait-il que toi tu irais jusqu'au bout ?

Trudy croisa les bras et fixa Sam avec un regard plein de mépris.

Il haussa les épaules.

— Je ne comprends pas ta question.

— Bien sûr que si. Je te demande pourquoi il t'a choisi toi. Voyons, Sam. De quel genre de site Internet s'agissait-il vraiment ?

— Je te l'ai dit. Une espèce de base de données pour acteurs.

— Quel genre d'acteurs ?

Sam soupira, gigota sur sa chaise et leva les yeux vers le plafond, espérant peut-être un secours divin.

— J'en avais entendu parler par un collègue, OK, de ce nouveau site qui aide les acteurs qui... qui sont un peu à court de cash.

— Ah oui ?

— Des acteurs prêts à tenir des rôles dans des productions non conventionnelles.

— *Des productions non conventionnelles.* C'est vraiment le nom qu'on leur donne ?
— De quoi est-ce qu'il parle ?
Trudy ne comprenait pas ; sans doute avait-elle déjà dû tolérer beaucoup de choses au cours de sa relation avec Sam, mais cette fois-ci cela risquait de dépasser les bornes. Peut-être.
— Raconte-lui, Sam. Dis-lui.
— Eh bien, il s'agissait de...
Je dus terminer pour lui :
— D'arnaques. Moyennant suffisamment de liquide, tu acceptais de tenir un rôle dans une arnaque. C'est le seul genre de production prête à payer cinq mille dollars la matinée de travail, n'est-ce pas ?
Sam ne me répondit pas. Ce n'était pas nécessaire.
Un frisson me remontait lentement le long du dos, vertèbre après vertèbre.
Je me tournai vers Trudy.
— Je jetterais souvent des coups d'œil par-dessus mon épaule si j'étais toi.
Sam leva les yeux vers moi. Son regard était soudain empli d'angoisse.
— L'homme qui t'a payé, repris-je. Ça ne doit pas lui plaire beaucoup que tu puisses te balader en toute liberté. Ça va finir par lui poser problème. Tu comprends ?

Le choc de me retrouver confronté à quelque chose de déjà vu.
À quelque chose qui m'était à moitié familier, dont je me souvenais à moitié.
Un groupe d'acteurs hollywoodiens désespérés louaient leurs services à la mafia russe, qui les utilisait dans des arnaques.

Ça ne vous dit rien ?

Un de mes articles...

Un de mes *faux* articles, que l'on pouvait aujourd'hui consulter sur le site Web du grand quotidien américain dont j'avais failli causer la perte.

Un des chapitres de la prodigieuse œuvre mensongère de Tom Valle.

Une œuvre spectaculaire, bâtie sur une narration rigoureuse, avec des détails parfaitement exquis.

Mais où rien n'était vrai.

Rien de rien.

Pas un traître mot.

29

J'entends des hélicoptères à l'extérieur de ma chambre de motel.

On dirait des appareils militaires. Des Black Hawk, si je devais me hasarder à deviner, volant groupés à basse altitude. Leur mission : repérer la cible et la détruire.

Mon premier instinct est de me cacher, de me jeter sous mon lit et de ne pas bouger en attendant qu'ils soient passés.

Mais je n'arrive pas à faire le moindre mouvement. Je reste paralysé. Je suis coincé dans des sables mouvants.

Puis je me réveille.

Ma télé est allumée. Il est quatre heures du matin. La chaîne diffuse un film sur le Viêtnam. Le napalm qui explose, les mitrailleuses surgonflées qui pétaradent tandis que des villageois au chapeau de chaume tentent de s'enfuir en courant.

D'accord, pas d'hélicoptères.

Mais ça me rappelle quand même...

Ils me cherchent.

J'ai un délai à respecter.

J'écris aussi vite que je peux.

C'est vrai.

Je n'aurai pas de délai supplémentaire. Que j'y arrive ou pas.

Je dirais que mes chances sont à peu près de cinquante-cinquante. Pas mieux que ça.

J'ai pris l'habitude de jeter des coups d'œil furtifs par la fenêtre pour voir s'il est là.

Celui qui a questionné Luiza à mon sujet.

Quand je lui ai demandé de quoi il avait l'air, elle a haussé les épaules et a fait une grimace.

Je lui ai demandé ce qu'il voulait savoir.

« Combien de temps vous être ici », m'a répondu Luiza.

Vous le lui avez dit ?

Elle a secoué la tête. « Je dis que je sais pas. »

C'est tout ?

« Il me demande ce à quoi vous ressembler. »

OK, d'accord. Et vous le lui avez dit ?

« Oui. »

Luiza se souvenait qu'il avait un badge.

Elle ne savait pas si c'était un badge de policier ou bien d'employé de la fourrière.

Mais elle en avait peur. Des badges.

Les agents de l'Immigration en portent, eux aussi.

C'est pour ça que je ne fais pas entièrement confiance à Luiza. Ça m'est impossible.

Ils peuvent faire du mal à un clandestin. Elle s'était confiée à moi quand elle avait compris que je m'en fichais et que je ne pouvais rien contre elle, moi. Elle m'avait raconté le périple qui l'avait menée jusqu'à l'isthme d'Amérique centrale et par-delà le Rio Grande, à la merci d'un coyote de dix-neuf ans défoncé au peyotl ; l'usine de papeterie qui vous fournit une pièce d'identité ayant l'air tout à fait authentique. Pas pour l'œil exercé des employés du Service de contrôle de l'immigration, cependant. Non. Pas pour eux.

J'atteins un point crucial de mon histoire. Son cœur.

Vous le sentez, n'est-ce pas ?

Vous êtes là à relier les points, comme je l'ai fait. Je dois vous présenter les événements de cette façon – chronologiquement – pour que vous puissiez suivre et comprendre comment les choses se sont révélées à moi, petit à petit, morceau par morceau. Pour qu'au bout du compte vous y croyiez. Peu importe que vous doutiez du messager – tant que vous croyez au message.

Alors vous saurez quoi faire.

30

De retour aux bureaux du *Littleton Journal*, j'appris qu'Hinch était à l'hôpital auprès de sa femme.

Norma avait des larmes séchées au coin des yeux.

— Sa vie ne tient plus qu'à un fil, me dit-elle.

Nate n'avait pas l'air d'en mener large non plus. Il avait reçu une lettre de rupture de la part de Rina – ou plus précisément un SMS de rupture, modernité oblige – et, tout seul à son bureau à l'arrière, il déprimait.

L'humeur ambiante était sombre, silencieuse.

Hinch m'avait laissé mon quota habituel d'articles à rédiger sur des sujets locaux. Je me mettais à la tâche comme un conducteur entièrement focalisé sur sa destination finale, suivant les panneaux de signalisation que je connaissais par cœur. La foire de Littleton démarrait la semaine prochaine. Le Lone Star Rodeo, avec son tournoi féminin de domptage de chevaux sauvages, débarquait en ville. Une réunion de la California Historical Society aurait lieu la semaine prochaine à la bibliothèque de Littleton.

Je bouclai tout ça en un temps record. Je donnai une tape dans le dos de Nate the Skate en lui enjoignant de tenir le coup. J'apportai à Norma une tasse de café en la sommant de garder la foi.

Puis je disparus dans le microfilm.

J'étais tombé dans un terrier de lapin et je voulais voir où j'atterrirais.

J'avançais en retournant en arrière.

Vers ce lieu où je m'étais rendu pour la première fois quand je venais d'être engagé au journal et que j'avais voulu me renseigner sur l'histoire locale, tel un touriste parcourant un guide sur sa future destination. Quand j'explorais la ville et que je demandais aux gens de me raconter leurs souvenirs. Peu importe la direction que je prenais – que je longe le Pacifique vers le nord ou vers le sud, que je m'éloigne d'une trentaine de kilomètres de Littleton ou que je passe à travers le miroir –, j'y revenais toujours.

Elle m'attendait depuis tout ce temps.

1954.

Le barrage qui cédait. L'inondation de l'Aurora.

La mort de Littleton Flats.

31

Ils écoutaient Eddie Fisher et Rosemary Clooney à la radio.
Hey there, you with the stars in your eyes...
Ils allaient à l'Odeon, le cinéma au croisement de Sixth Street et de Main Street, pour y voir Brando jouer un ancien boxeur taraudé par sa conscience.

Ils lisaient des dépêches de Séoul dans le *Littleton Journal*. La guerre de Corée venait de se terminer – la répétition générale pour l'autre conflit asiatique restant encore à venir. Ils consultaient les dernières pages pour y trouver les résultats du baseball : les New York Giants montaient en puissance et s'apprêtaient à disputer le titre de champion de la National League.

Ceux qui possédaient des télés General Electric avaient le choix entre deux confrontations poids lourds cette année-là : Marciano contre Ezzard Charles en boxe ou bien l'armée contre le sénateur Joseph McCarthy au tribunal.

L'année n'avait pas été bonne pour celui que l'on surnommait Tail-Gunner Joe.

L'Amérique aimait Ike, mais elle commençait à en avoir un peu marre de Joe, le farouche pourfendeur de cocos qui avait juré sur une pile de bibles qu'il y avait un rouge sous chaque lit. Ou au moins dans chaque département de l'administration américaine. L'incroyable ironie de ses affirmations belliqueuses ne serait révélée que des années plus tard, quand on apprendrait que Joe, ce menteur acharné, ce misérable opportuniste dont le nom était devenu synonyme de la diffamation la plus honteuse, n'était finalement pas si loin de la vérité. Il y avait bel et bien des communistes dispersés ici ou là au sein du gouvernement américain – mais le sénateur McCarthy ignorait tout de cela.

Ce qu'il n'ignorait pas, ou que du moins il commençait dangereusement à sentir venir, c'était la réalité de sa propre mortalité politique. Il s'était mis en colère contre l'armée américaine car celle-ci refusait d'exempter Roy Cohn, son « bourreau » favori. Soudain, l'armée se retrouvait infestée de communistes, elle aussi. Lors d'une audience publique, Joe remit en cause la loyauté d'un des assistants du conseiller principal de l'armée, Joseph Welch. La réplique de Welch resta célèbre : il demanda au sénateur s'il ne lui restait plus « aucune trace de décence », et le médium relativement nouveau qu'était alors la télévision captura chaque instant fascinant de ce face-à-face catastrophique pour McCarthy. À la fin de ce cycle d'audiences, l'influence politique concrète de McCarthy s'était évanouie. Son comportement tyrannique et plus généralement la laideur de son caractère avaient été révélés à tous les Américains en possession d'un petit écran. Sa carrière était terminée.

Bien sûr, il faut distinguer l'homme du mouvement.

La peur des rouges restait toujours bien vivace.

Que l'on renifle un champignon atomique flottant au-dessus de la Russie, et immédiatement tous les Américains se précipitaient en hurlant vers leur abri.

La Russie a la bombe H ! Une photo dans le *Littleton Journal* montrait un abri dernier cri dont un mur entier était recouvert de boîtes de soupe Campbell et de corn flakes au sucre glace Kellogg's.

Les « innocentes fifties », comme on appelait ces années-là.

C'était une innocence empoisonnée par la peur. Les gens avaient toujours su qu'ils allaient mourir ; maintenant ils savaient comment.

Pourtant, à Littleton Flats, ils continuaient à faire le ménage, à changer les couches de leurs bébés, à cuire des steaks hachés. À peu près trois quarts des hommes de la ville travaillaient pour l'usine hydro-électrique rattachée au barrage de l'Aurora. Ils portaient des casques en acier et glissaient du coton dans leurs oreilles pour bloquer le grondement incessant de l'eau. Ils faisaient des barbecues le dimanche, au cours desquels ils écoutèrent les Giants remporter les World Series quatre victoires à zéro. Ils dansaient comme William Holden et Kim Novak à l'église du quartier. Les ados passaient leur samedi soir à faire les malins en voiture à l'extérieur de la ville. Un article mentionnait plusieurs carambolages, dont un fatal, et les efforts du bureau du shérif pour canaliser les énergies de la jeunesse locale vers des activités plus saines.

Comme le sport.

Il y avait une petite ligue de baseball composée de trois équipes. L'équipe de football américain du lycée s'appelait les Littleton Flat Rattlers et elle totalisa trois victoires contre sept défaites en 1953.

Les élèves de terminale présentèrent leur production de la pièce *Oklahoma !* où le rôle principal était tenu par Marie Langham ; le journal du lycée qualifia sa prestation de « transcendante » et releva que le garçon qui jouait Curly était également receveur et ailier défensif dans l'équipe de football. Le lycée pouvait aussi se targuer d'avoir cinq élèves finalistes du concours de sciences et technologie Westinghouse.

La ville organisa une fête du 1ᵉʳ-Mai sur la grande place. Les gens dansèrent autour d'un « arbre de mai » et chantèrent *It Might as Well Be Spring* – « Ce pourrait être le printemps ».

À Noël, ils transportèrent un grand sapin au centre-ville et le décorèrent de guirlandes électriques avant de le couronner d'une étoile de Bethléem scintillante. Une collecte de jouets eut lieu pour les familles démunies. Les élèves de la classe de CM1 de l'école primaire Franklin Pierce rédigèrent une lettre à Eisenhower dans laquelle ils s'engagèrent à aider à lutter contre les communistes impies.

La ville avait son propre fan-club de Bing Crosby.

Le Rotary Club, fermement républicain et incontournable pour quiconque se présentait à une élection locale, faisait de la pub pour une soirée dansante en juin.

Un loto avait lieu chaque semaine à l'église Our Lady of Sorrows.

Le Littleton Flats Café proposait un menu de petit déjeuner composé de trois œufs – cuisson au choix –, de pommes de terre sautées, d'un verre de jus d'orange, d'un café et d'un toast pour seulement cinquante cents. On vous resservait du café à volonté.

L'été, on donnait des concerts sur le kiosque de la grande place : un quatuor d'hommes – les Flats Four – formait l'attraction principale.

Dans l'histoire du *Littleton Journal*, seuls deux gros titres furent imprimés sur toute la largeur de la première page. Le jour où Lee Harvey Oswald quitta son perchoir au cinquième étage du bâtiment abritant le Texas Book Depository donna lieu au second de ces gros titres.

Le premier datait du lundi qui suivit l'inondation de l'Aurora.

*Littleton Flats détruit par
une inondation catastrophique !*

Les réponses aux questions quoi ? où ? comment ? et quand ? tenaient dans une phrase de six mots. Le *pourquoi* du désastre ne serait déterminé que plus tard – au-delà du simple fait que trois jours consécutifs de pluie avaient élevé le niveau de l'eau à une hauteur très inquiétante.

On craint qu'il n'y ait aucun survivant !

Ça, c'était le gros titre du lendemain – avant que Bailey Kindlon, la petite de trois ans, n'ait été découverte encore en vie.

Et il y avait les photos.

Une ville entièrement engloutie, avec des morceaux de choses et d'autres qui pointaient hors de l'eau telles des branches de cyprès morts dans un marécage.

L'une des photos semblait avoir été prise depuis un hélicoptère. On distinguait un vague remous dans l'eau, causé par les pales du rotor, ainsi qu'une très légère ombre, comme si une baleine se trouvait juste au-dessous de la surface.

Un gros plan sur le chef des pompiers de Littleton le montrait l'air sombre, l'œil las – l'expression du chirurgien qui informe la famille que, malgré tous ses efforts, le patient n'a pas survécu.

Au cours des jours qui suivirent, une liste apparut. Elle devint de plus en plus longue, telle une créature vivante qui s'engraisserait en dévorant le corps des morts.

Benjamin Washington – six ans fut ajouté le troisième jour.

À ce stade-là, la liste occupait six colonnes, deux pages entières.

À ce stade-là, la Garde nationale avait été appelée en renfort – un bataillon entier en provenance de Fort Hood.

À ce stade-là, le gouverneur de Californie avait tenu sa conférence de presse obligatoire sur le lieu de la catastrophe, l'évêque de Los Angeles avait prononcé une bénédiction au-dessus des eaux funestes, au cours de laquelle il avait fait référence au déluge, et un blocus avait été mis en place pour tenir à l'écart les curieux et les affligés. Il fallait tenir compte du risque d'épidémie – tous ces cadavres sous le soleil brûlant. Toute cette eau – un milieu propice pour de dangereuses bactéries.

Dès la fin de la semaine, on commençait déjà à montrer des coupables du doigt. On n'évoquait pas le nom de Lloyd Steiner – pas encore. Mais tout le monde se demandait comment un barrage construit par les meilleurs ingénieurs du pays avait pu tomber en morceaux comme un vulgaire cookie. On y voyait là la faute de trop de corruption à l'échelle locale. On citait quelqu'un qui avait dit : *La moitié de l'État est sous les eaux, tandis que l'autre moitié est mise en accusation.*

Un expert en barrages, le commandant Samson du corps des ingénieurs de l'armée, avait déclaré dans le *Littleton Journal* : « Peu importe que nous soyons ici en plein désert, il faut toujours prévoir une soudaine montée du niveau des eaux et l'augmentation de la pression qui l'accompagne. N'importe quel barrage construit selon les normes américaines aurait dû pouvoir supporter ça. Pour qu'une telle catastrophe ait eu lieu, il est évident qu'il devait y avoir de graves défauts structurels. »

Le président Eisenhower présenta ses condoléances aux familles des victimes. Bien sûr, les membres des familles des victimes étaient pour la plupart morts eux aussi. Mais il y avait des exceptions. Belinda Washington n'était pas sur place ce matin-là – elle s'occupait des enfants de la famille de quelqu'un d'autre. Quant à un M. Washington, il n'y en avait pas sur la liste des victimes : peut-être n'avait-il plus donné de nouvelles depuis bien longtemps déjà.

Les pompes funèbres Congrave de Littleton durent mettre les bouchées doubles, enchaînant funérailles sur funérailles – jusqu'à trois par jour – pour que tout ce beau monde puisse rapidement reposer sous terre. Il fallut même externaliser jusqu'à San Diego, où le surplus de corps fut confié à quiconque avait de la place. La surface du cimetière de Littleton grandit de moitié.

Quelques hommes politiques importants assistèrent aux funérailles. Richard Nixon, alors vice-président, fit le déplacement depuis Washington et tint la main de son épouse Pat pendant que l'on enterrait un conseiller de la municipalité locale. Le gouverneur adjoint de la Californie assista à deux obsèques. Billy Graham prononça la dernière oraison lors des funérailles du prêtre de Littleton Flats.

Le magazine *Life* dépêcha un photographe qui immortalisa du mieux qu'il put toutes les manifestations de ce gigantesque deuil collectif. L'une de ses photos fut reprise dans le *Littleton Journal* : un homme âgé venu du Minnesota, tête baissée, vêtu de noir, rendant un dernier hommage qui ne s'adressait à personne en particulier – souscrivant par là à cette vieille idée selon laquelle nous sommes tous frères et sœurs dans cette grande famille humaine.

En Californie, les drapeaux restèrent en berne une semaine entière.

Quatre jours après la catastrophe, on découvrit la photo du sourire de Bailey Kindlon. Elle avait les yeux aussi grands que deux pleines lunes et les joues parsemées de taches de rousseur – une vraie Howdy Doody[1] en version fille.

La seule survivante !

L'article racontait qu'on l'avait découverte en train de flotter sur une porte d'abri ayant autrefois appartenu à l'épicerie de Littleton Flats, mais retrouvée dix kilomètres et demi plus loin. Elle avait été secourue par un certain Michael Sweeney, membre de la Garde nationale. Aucune référence à des robots venus de l'espace s'exprimant avec des cliquetis de dauphins. On expliquait que, à part quelques petites égratignures et quelques petits bleus, elle était en bonne santé physique.

Dès la deuxième semaine, les articles sur Littleton Flats connurent le même destin que la ville elle-même, ils disparurent. Les journaux vous mettent constam-

---

1. Marionnette de petit garçon qui fut l'héroïne d'une émission télévisée pour la jeunesse très populaire aux États-Unis dans les années cinquante.

ment face à ce cliché banal que tous les survivants du monde ne cessent de répéter : la vie continue.

Il fallait couvrir les élections locales. Il fallait imprimer les résultats sportifs et les commenter. Il fallait prévoir la météo et s'en plaindre. Il fallait réprimander (discrètement) les sénateurs de Washington qui avaient offensé l'esprit de fair-play de la nation et donner un compte rendu de chaque explosion atomique déclenchée dans chaque lointaine contrée. Il ne fallait surtout pas manquer de publier le moindre épisode des bandes dessinées *Beetle Bailey, Li'l Abner* et *Peanuts*.

La catastrophe de Littleton Flats refit son apparition quand on se mit à parler de la commission gouvernementale. Celle qui devait décider qui serait livré à la vindicte populaire. 85 3 victimes – un tel nombre exigeait qu'il y ait un méchant dans cette affaire.

Lloyd Steiner aurait droit à ses quinze minutes d'infamie.

Il n'y avait qu'une seule photo de lui.

À la sortie du tribunal. Il venait de passer une journée à la barre, apportant un témoignage qui ne devait servir à rien, sinon à le confondre encore plus, étant donné qu'on avait déjà brandi la preuve flagrante de sa culpabilité : des plans secrets trouvés en sa possession, qui démontraient sans appel que certains « raccourcis » structurels avaient été approuvés et réalisés.

Par Steiner lui-même, de toute évidence.

Le flash l'avait apparemment pris par surprise : sur la photo, sa tête partait en arrière comme celle d'un comédien qu'une canne invisible attraperait par le cou pour le traîner hors de la scène, ses lunettes aussi brillantes que des lumières de Noël. La métaphore était juste : le méchant de la pièce se retrouvait emporté de la scène nationale vers une cellule de prison fédérale, où il allait passer les dix années suivantes.

Je regagnai lentement mon bureau.

J'engloutis une tasse de l'horrible café de Norma, puis je retournai à la machine pour m'en verser une autre.

Nate the Skate me demanda de lui donner quelque chose à faire, croyant apparemment qu'il n'y avait rien de tel que le travail quand on souffrait d'un cœur brisé. Je lui donnai à relire les articles que j'avais griffonnés à la hâte.

Norma surveillait le téléphone en permanence, dans l'attente de nouvelles de l'hôpital. Une infirmière de l'unité de soins intensifs appelait régulièrement pour nous tenir au courant de l'état de santé de la femme d'Hinch, qui n'était guère encourageant.

Bien calé au fond de ma chaise pivotante, je rejouai le microfilm dans ma tête, en boucle, à l'infini ; des images dures, déprimantes, qui me plongeaient dans une torpeur proche du sommeil.

Proche, seulement.

— Nate ? dis-je.

Il leva les yeux vers moi depuis son bureau. Il avait l'air plus vieux tout d'un coup – la conséquence de son chagrin, j'imagine.

— Combien de finalistes y a-t-il chaque année au concours Westinghouse ? lui demandai-je.

— Quoi ?

— Les prix Westinghouse décernés aux lycéens. Combien de finalistes en sciences crois-tu qu'il y ait chaque année ?

— J'en sais rien. Pourquoi ?

— À ton avis, si tu devais deviner ?

— Pas beaucoup.

— Ouais. Je dirais pareil. Je dirais probablement une cinquantaine au maximum.

— Pourquoi vous me demandez ça ?

— Considérons les choses sous un autre angle. D'après toi, quelles sont les chances qu'il y ait cinq finalistes dans un même lycée ?

— J'en sais rien, dit-il en haussant les épaules. Il n'y a pas un grand lycée scientifique à New York qui s'appelle le lycée du Bronx des... un truc dans le genre ?

— Le lycée scientifique du Bronx. Oui, bien sûr, il pourrait y avoir cinq finalistes venus de ce lycée-là. Mais d'un autre lycée, c'est possible ?

— On fait une partie de quoi là, de Trivial Pursuit ? Parce que j'ai pas envie de jouer, Tom. Vraiment pas, désolé. Je suis en train de souffrir. De crever.

— Je dirais que les chances que cinq finalistes du concours Westinghouse viennent d'un même lycée – autre que celui du Bronx – sont, pour utiliser un terme scientifique, infinitésimales.

— C'est bon, c'est bon. Vous avez gagné.

— Et s'il devait en plus s'agir d'un petit lycée de rien du tout ? D'un établissement situé littéralement au milieu de nulle part ? Les chances seraient si ridicules que même à Las Vegas on refuserait de prendre les paris. Tu n'es pas d'accord ?

— Si, sans doute. Pourquoi ?

— Nate, j'ai bien une mission à te confier. Quelque chose qui chassera Rina de tes pensées.

Quand il m'entendit prononcer le nom de son ex-petite amie, Nate ne put se retenir de faire une grimace.

— Quoi ?

— Je veux que tu me trouves le maximum d'information sur les gens qui vivaient à Littleton Flats.

— Littleton Flats ? La ville qui... celle qui a...

— Disparu, oui. Je veux que tu voies si tu peux me dire qui étaient ces gens.

— Vous avez besoin de leurs noms, c'est ça ?

— J'ai leurs noms. Les noms, c'est facile. Je veux savoir qui ils étaient. Ce qu'ils faisaient pour gagner leur vie. D'où ils venaient. Ce genre de choses. Certains d'entre eux doivent avoir de la famille encore en vie. J'ai besoin de tout ce que tu pourras me dénicher.

— Excusez-moi de vous demander ça, mais quand est-ce que ces gens-là sont morts ?

— Il y a cinquante ans.

— OK, dit Nate. Voilà qui va être facile.

Je l'avais rarement vu montrer un tel sarcasme. Peut-être était-ce parce que son cœur venait d'être meurtri – auparavant, Nate the Skate avançait dans la vie comme sur une planche à roulettes, et voilà qu'il venait de se prendre sa première gamelle. Son innocence était écorchée, son optimisme en sang.

— Essaie avec Internet, dis-je. Tu n'es pas censé être le petit génie de l'informatique qui a réussi à se connecter à PinkWorld.com sans payer ?

Ce souvenir sembla momentanément l'égayer.

— OK, dit-il. Je vais essayer.

32

— Allô, qui est à l'appareil ? Allô ? Qui êtes-vous ?
J'avais fait les choses dans l'ordre habituel. Je m'étais d'abord saoulé – assez pour composer son numéro de téléphone, mais pas trop quand même, car il fallait que j'arrive à m'en souvenir. Cela demandait un dosage précis.
— Allô, bonjour... C'est moi. Tom.
Je fus presque aussi surpris que lui quand je me rendis compte que j'avais prononcé ces mots à haute voix. Pour une fois.
— Tom ? Tom Valle ?
Je me réfugiai à nouveau dans le silence – l'espace d'un instant. Le temps que je prenne la mesure de ce que je venais de faire : commencer enfin une conversation à deux voix avec l'homme dont j'avais personnellement et irrévocablement détruit la vie.
— Oui.
Ce fut son tour de préférer le silence, un silence si total que j'eus l'impression d'entendre l'aiguille des secondes de l'horloge placée contre le mur dans son bureau. J'avais été invité dans son sanctuaire privé au temps jadis, à l'époque bienheureuse où j'étais le

jeune prodige et lui la conscience éditoriale du grand quotidien.

— C'était toi ? me dit-il finalement. Toutes ces autres fois ? C'était toi au téléphone ?

— Oui, c'était moi.

— Je vois.

Un autre moment de silence. Puis il reprit :

— Ça t'embêterait de m'expliquer pourquoi, Tom ? Tu t'es réveillé un matin en te disant que les coups de téléphone bidon, ça ferait bien sur ton CV à côté des articles bidon ?

Ces mots me firent mal, c'est vrai. Mais la souffrance fut accompagnée d'une brusque sensation de soulagement. J'avais autrefois écrit un article sur une secte d'adeptes de l'autoflagellation : je comprenais enfin le ravissement qui apparaissait sur leur visage quand ils se punissaient d'avoir péché à l'égard de Dieu.

— Je voulais te parler, dis-je. Mais je n'en ai jamais eu le courage. Chaque fois que j'appelais, je croyais que j'allais enfin parvenir à dire quelque chose.

— Bon, au moins je sais, maintenant. Moi qui commençais à croire que j'avais une admiratrice secrète.

— Non. Un admirateur, c'est tout.

Encore un silence.

— Tu as eu une drôle de façon de me le montrer.

— Ce que je voulais te dire, ce que j'ai besoin de te dire, c'est que je suis désolé. Je suis tellement désolé, bon sang. J'aurais dû... Écoute, je sais que ça ne va rien changer, mais il fallait que je te le dise. Il fallait que tu saches... Je n'ai jamais eu l'intention de...

— De quoi, Tom ? De te faire prendre ? Quand tu étais assis à ton bureau dans ton petit box et que tu laissais vagabonder ton imagination, où est-ce que tu croyais que ça te mènerait ? À un prix Pulitzer ?

— Je n'ai jamais songé à l'avenir. Je pensais uniquement au prochain délai que je devais tenir.

— Je vois.

J'entendis un fauteuil grincer, des feuilles qu'on brassait.

— Je me demandais si j'aurais jamais de tes nouvelles, poursuivit-il. Tu aurais pu au moins envoyer un mot, quelque chose...

— Je sais. Je m'excuse. La manière dont ils t'ont traité a été incroyablement injuste. C'était...

— Injuste ? Absolument pas. C'était moi le chef. J'ai lu ton travail et je n'ai pas eu l'intelligence, ou le cynisme nécessaire... Pourtant, on disait que c'était ma marque de fabrique. Mais cette fois-là, j'ai manqué de jugement éditorial, je n'ai pas su voir ce qui était juste devant mes yeux. Je me suis planté, sur toute la ligne, et devant tout le monde. Injuste ? Sûrement pas.

— Ils n'avaient pas à te descendre comme ils l'ont fait avec moi...

— Ah non ? Tu sais, après ce qui s'est passé, après qu'on m'a renvoyé chez moi, j'ai eu beaucoup, beaucoup de temps pour réfléchir à tout ça. Tu étais ma star, Tom. Chaque rédacteur en chef veut une star : c'est en quelque sorte ce que nous laissons en héritage. Peut-être que, comme toi, je me suis laissé prendre. Peut-être que, de temps en temps, une petite voix dans ma tête attirait mon attention sur un de tes articles et me soufflait : *Attends une seconde. Stop. C'est un peu trop impeccable, Mercure et Mars forment un alignement un peu trop parfait.* Et peut-être que moi je disais à cette voix de me lâcher les baskets. Ça a dû arriver, oui, parfois j'ai dû oublier le plus vieux de tous les adages : Ne crois pas tout ce que tu lis dans les journaux.

Je sentis quelque chose de profond et d'inexorable monter en moi. Je posai le téléphone et pressai mon visage contre mon épaule pour qu'il n'entende pas.

— Tom ? Tu es toujours là ?
— Oui.
— Je me suis souvent demandé ce qui t'était arrivé par la suite. Où tu avais atterri. Tu es encore à New York ?
— Je suis en Californie.
— En Californie. Qu'est-ce que tu y fais ?
— Du journalisme.

Il retint son souffle, un court instant, avant de dire :
— Le fils prodigue, hein ?
— Quoi ?
— Rien. Ils pardonnent plus facilement en Californie, j'imagine.
— Je ne bosse pas pour un grand journal.
— Peut-être. Mais c'est quand même un sacré métier. Penses-y, cette fois-ci, d'accord ?
— C'est pour ça que je t'appelle.
— Je croyais que tu m'appelais pour me présenter tes excuses très tardives.
— Oui. Et pour une autre raison, aussi.
— C'est-à-dire ?
— Il se passe quelque chose. J'ai commencé une enquête. Une enquête sur un sujet de plus en plus incroyable, un sujet comme tous les journalistes rêvent d'en trouver un, une fois dans leur vie. Un sujet qui remonte loin dans le passé, mais qui touche aussi au présent et à des choses dont il n'est pas très prudent de s'approcher de trop près. Mais c'est ce que je fais. Je m'en rapproche. Et je voulais que tu le saches.

— Fais attention, Tom.

— J'essaie. Je crois que cette histoire a déjà causé la mort d'une personne. Alors oui, je fais attention.

— Je ne parle pas de ta sécurité, Tom. Je parle de l'odeur écœurante de déjà-vu que j'arrive à sentir même à travers mon téléphone. Je parle du fait que ce que tu viens de me raconter, tu me l'as déjà raconté cent fois. Tu me comprends, Tom ? Rien de neuf sous le soleil. Tu me ressors le scénario éculé du vieux fabulateur. Jette-le au feu.

— Ça n'a rien à voir avec mon passé. Cette fois-ci, c'est vrai, authentique. Je t'assure, quelque chose d'incroyablement étrange est en train de…

— Et moi je te dis, Tom, que ça a toujours été réel. Ça a toujours été authentique. Ce qui était étrange, c'était toi.

— Pas cette fois-ci. Cette fois-ci, je suis sincère.

— La sincérité n'est pas un gadget, Tom. Ce n'est pas une parure dont tu te revêts le jour où tu en as besoin. C'est un peu plus profond que ça.

— Quand j'en aurai fini, quand j'aurai résolu le puzzle, tu comprendras. Je t'enverrai ce que j'ai écrit et tu comprendras.

— Pas la peine. Je ne suis plus ton rédacteur en chef. Et tu n'es pas ma star. Il faut vraiment que j'aille me coucher, Tom. Il est plus tard ici que chez toi à l'ouest.

Oh, non, pensai-je. *Il est encore plus tard que tu ne le crois, pour moi comme pour toi.*

33

J'étais à quatre-vingt-dix-neuf pour cent persuadé d'être suivi.

Cette impression me venait chaque fois que je tournais à l'angle d'une rue ou que je me garais dans un parking, chaque fois que j'entrais ou sortais de chez moi, chaque fois que je m'éclipsais des bureaux du *Littleton Journal* pour aller fumer une cigarette, que j'entrais dans une pharmacie pour acheter un médicament contre les brûlures d'estomac, que je me rendais au fast-food du coin pour y manger un cheeseburger, ou que je roulais en direction de Muhammed Alley les soirs de bowling.

En d'autres termes, tout le temps.

Chaque fois que je m'arrêtais, que je me retournais et que je regardais derrière moi, il me semblait que je venais de le louper. Ou de *les* louper. Comme quand on voit son ombre disparaître tout d'un coup parce que le soleil s'est planqué derrière un nuage.

Aussi vite que ça.

J'entrai à l'armurerie Ted's Guns & Ammo et j'en ressortis avec un pistolet Smith & Wesson calibre 38 – je n'y connaissais rien et je n'aurais pas pu dire quelle marque était meilleure que les autres, mais le fait que Smith et Wesson s'y soient mis à deux pour fabriquer cette arme-là avait tendance à la rendre plus... solide, à mes yeux. Il y avait un léger problème, cependant. Étant donné que j'avais reçu une condamnation avec sursis et mise à l'épreuve, la loi m'interdisait de posséder une arme à feu dans l'État de Californie. Par chance, Ted avait une mentalité très « NRA[1] » en ce qui concernait les lois locales et fédérales sur les armes.

Il refusait d'en tenir compte.

À trois kilomètres de la ville, je m'entraînai à dégommer les branches des cactus. J'atteignais ma cible à peu près une fois sur quatre, pas plus.

Je me mis à fermer à clé ma porte d'entrée, à garder tous les rideaux de ma maison tirés au maximum. Un soir, je descendis l'escalier, pistolet en main, et je vérifiai à nouveau tout le sous-sol. Qu'est-ce que je cherchais, exactement ? Des micros cachés, peut-être, car je me souvenais de cette prise téléphonique que j'avais trouvée ouverte ; mais la seule petite bête que je découvris fut un mille-pattes de quinze centimètres coincé dans un tuyau d'écoulement. Je jetai un nouveau coup d'œil dans le trou que le plombier avait fait dans le mur : de la poussière de plâtre et ces feuilles de papier déchirées qu'on utilisait dans la région en guise d'isolation bon marché. Rien d'autre. Je me rappelai qu'il fallait que je demande à Seth de passer le boucher. Il avait déjà posé du placoplâtre dans cette maison – c'est comme ça que je l'avais rencontré la première fois, d'ailleurs : le propriétaire l'avait fait venir pour vérifier quelque chose.

---

1. National Rifle Association : association américaine défendant le droit au port d'armes.

J'avais le sentiment que la moitié des habitants de Littleton jouaient la comédie, que tout le monde était au courant de cette farce sauf moi.

J'avais beaucoup de mal à déterminer qui tenait quel rôle. Il m'aurait fallu trouver le programme.

Sam Savage avait incarné Ed Crannell, d'accord.

Quelqu'un d'autre avait tenu le rôle crucial, bien qu'ingrat, du cadavre de Dennis Flaherty. Mais qui donc ?

Benjy Washington ?

Le second survivant de l'inondation de l'Aurora ? Comment aurais-je pu le prouver ?

C'est pourtant ce que je réussis à faire. En quelque sorte.

Un nouvel élément vint corroborer mon hypothèse.

J'avais appelé le shérif pour lui demander si on avait enfin exhumé ce cadavre dans l'Iowa, sans lui dire que l'homme qui conduisait le pick-up avait engagé un acteur ayant suffisamment besoin d'argent pour accepter un rôle dans une production *non traditionnelle* – sans lui dire qu'Ed n'était pas Ed. J'aurais voulu raconter à Swenson comment j'étais tombé sur ce théâtre à Santa Monica, comment j'avais suivi cet acteur dans la rue qui m'avait envoyé sur le trottoir, comment je m'étais relevé et comment j'avais réussi à lui tirer les vers du nez.

Mais la voix de mon éditeur résonnait sans cesse dans ma tête.

Rien de neuf sous le soleil. Tu me ressors le scénario éculé du vieux fabulateur. Jette-le au feu.

Il avait raison.

C'était une vieille histoire. Très vieille. Des acteurs à L. A. qui arrondissaient leur fin de mois en se prêtant à des arnaques. Je l'avais écrite et on pouvait encore la trouver en ligne.

Le shérif m'expliqua que le cadavre était encore bien au chaud sous la terre meuble de l'Iowa, qu'il fallait passer par un tas de « formalités bureaucratiques de merde » avant de pouvoir déterrer quelqu'un, même quand il se trouvait que la personne dont le nom était inscrit sur la pierre tombale respirait encore.

Je lui parlai ensuite du jour où j'étais venu lui dire que Dennis Flaherty n'était pas mort :

— Vous vous souvenez, je voulais savoir s'il était jamais arrivé que quelqu'un censé être mort dans l'inondation ait refait surface. Vous avez alors eu un drôle d'air, comme si vous étiez sur le point de me dire quelque chose. Peut-être de me dire que oui, effectivement, c'était arrivé. Je me trompe ?

— Hein ? fit-il. Oh, non. C'était juste un peu bizarre.

— Bizarre ? Comment ça ?

— Le timing. Quelqu'un avait téléphoné à un de mes adjoints. Une semaine plus tôt, peut-être. Cette personne avait dit avoir une information importante à nous communiquer. Concernant l'inondation de l'Aurora.

— Qu'avait répondu votre adjoint ?

— « Qu'est-ce que c'est que cette histoire d'inondation de l'Aurora ? »

— Et l'information ? C'était quoi ? demandai-je.

J'eus de nouveau cette sensation, la même que j'avais eue en contemplant la photo sur le mur du théâtre. Comme si le monde était un kaléidoscope qui ne s'arrêtait plus de tourner.

— Aucune idée. Le type a pris rendez-vous pour venir nous voir, mais il ne s'est jamais pointé. Bien sûr, à partir du moment où mon adjoint a découvert que l'inondation de l'Aurora remontait à cinquante

putains d'années en arrière, il n'a pas été trop surpris. Les auteurs de coups de fil bidon ne s'arrêtent en général pas pour prendre le café.
— Il a donné son nom ?
— Ouais. C'est comme ça qu'on a su que ce n'était pas sérieux. Il s'agissait du nom d'un des gamins morts ce jour-là.

C'est une Mary-Beth très enceinte qui arriva au bureau pour nous aider pendant l'absence d'Hinch. Elle entra en se dandinant comme une mère canard et me demanda si je pouvais changer de chaise avec elle, la sienne étant petite et peu confortable alors que la mienne était pourvue d'un coussin de stade que j'avais apporté de New York, bien que le logo des New York Jets soit désormais presque intégralement effacé.

J'acceptai le plus galamment du monde.

Devant son ordinateur comme au téléphone, Nate the Skate se donnait un mal fou, et sa nouvelle mission semblait avoir levé le voile de désespoir qui lui était tombé dessus à cause de la décision inattendue de Rina.

Je me lançai à nouveau à la recherche de la femme de mes rêves.

Non, pas Anna. La femme de mes mauvais rêves, de mes cauchemars de derviche tourneur.

Kara Bolka.

Aux vœux de laquelle ni Belinda Washington ni moi-même n'avions pu répondre.

Vu que j'avais déjà épluché tous les annuaires de Californie, j'essayai d'autres États, j'essayai partout, mais au final je ne trouvai toujours rien.

J'appelai Mme Flaherty et lui demandai comment allait son fils.

— Ça va, me répondit-elle. Il est en vie. Et vous, Tom, comment allez-vous ?

Son souci de moi était sincère ; après tout, j'étais le faiseur de miracles qui lui avait ramené son fils.

— Je vais bien, madame Flaherty. Pourrais-je parler à Dennis une minute ?

— Il ne vaut mieux pas, Tom. Il dort.

Je calculai qu'il était trois heures de l'après-midi chez elle.

— D'accord, dis-je. Je ressaierai demain.

Il y avait autre chose que je devais faire, quelque chose qui restait au bord du champ de ma conscience sans que je puisse arriver à l'y faire pénétrer. Quelque chose qu'il me fallait vérifier. Seulement quelqu'un m'interrompit dans ma rêverie...

— Ces prix en sciences ? s'exclama Nate. J'ai compris ce qui s'était passé.

Il avait l'air à la fois surexcité et épuisé – comme s'il avait à peine dormi ces dernières nuits, ce qui était peut-être le cas.

— OK, fit-il. Vous êtes prêt ?

Nous sortîmes dehors pour pouvoir en griller une – et parce que je ne souhaitais pas que Norma et Mary-Beth puissent nous entendre.

— Vous vouliez savoir comment il était possible qu'un même lycée ait cinq finalistes, c'est ça ? me demanda-t-il. Eh ben c'est pas si difficile quand les parents des gamins sont des putains de génies.

— Qu'est-ce que tu racontes ?

— Ce que je raconte ?

Il aspira une énorme bouffée de sa cigarette, puis

laissa la fumée s'échapper entre ses dents avec un sourire digne du chat du Cheshire.

— J'ai pris cette liste des morts que vous m'avez filée. Vous savez, la liste des victimes de l'inondation. J'ai tapé les noms sur Google les uns après les autres, et je n'ai obtenu quasiment aucun résultat. Au début. Faut dire que ça date d'il y a cinquante ans, alors c'est normal. La plupart de ces gens étaient, quoi... des femmes au foyer, des gosses et des employés du barrage, c'est ça ? Alors ça ne donnait rien, et j'allais vous dire qu'il s'agissait sans doute d'une anomalie statistique. Vous savez ce que c'est, non ?

— Oui, Nate. Je sais ce que c'est.

Il m'expliqua quand même.

— J'ai suivi un cours sur ça : les statistiques et les probabilités. Vous seriez surpris de savoir comme ça arrive souvent. Des épidémies de cancers sans cause particulière. Deux tornades qui s'abattent exactement au même endroit. Enfin... je commençais à penser que cinq finalistes d'un grand concours de sciences dans un même petit lycée minable, c'était seulement une anomalie statistique...

— Mais ça ne l'était pas.

— Eh non, dit-il. Rien à voir avec une anomalie statistique, boss. Il n'y a qu'un nom – tout en bas de la liste, alphabétiquement parlant –, un seul nom qui ait donné un résultat, et c'est tout. *Franklin Timmerman.* Sauf que j'allais même l'ignorer, parce que le Franklin Timmerman de Littleton Flats était opérateur de vanne au barrage de l'Aurora. Or le Franklin Timmerman que j'ai trouvé sur Google était carrément autre chose.

— OK. Quoi ?

Nate aspira une nouvelle bouffée de cigarette et essuya la sueur qui n'avait pas tardé à perler sur son front ainsi qu'entre les poils de son crâne presque rasé. Il faisait bien six ou sept degrés de moins à l'ombre, mais quelle différence quand il faisait près de quarante-cinq degrés à quelques dizaines de centimètres sur notre gauche ?

— Un tacticien spécialisé dans la hauteur d'explosion.

Il me laissa digérer ça silencieusement un moment, attendant sans doute de voir si je savais de quoi il parlait.

— D'accord, Nate. Drapeau blanc. C'est quoi, un tacticien spécialisé dans la hauteur d'explosion ?

— Oh, ça. Eh ben, c'est quelqu'un qui s'assure que la fission se produit à la bonne hauteur. La fission nucléaire. Dans une bombe. Une bombe *nucléaire*. Le type qui s'assure qu'elle éclate à l'altitude qui causera le plus de dégâts possible. Franklin Timmerman, le tacticien spécialisé dans la hauteur d'explosion, avait bossé sur un petit programme appelé le Manhattan Project. Ça, vous en avez entendu parler, non ?

— Oui, Nate, j'en ai entendu parler. Tu as également suivi un cours là-dessus, j'imagine.

— Il se trouve que... ouais. Et c'était vraiment un truc cool. Robert Oppenheimer, Enrico Fermi, tous ces putains de génies qui bossaient là en plein milieu du désert. Little Boy, Fat Man[1], la course avec Hitler pour réussir le premier gros *boum*. Vous savez ce qu'Oppenheimer a dit quand ils ont enfin réussi, quand ils ont testé la bombe A et qu'elle a quasiment tout pulvérisé dans un rayon de trois kilomètres ?

— Je crois que oui. Mais vas-y toujours.

— « Je suis devenu la mort, le destructeur des mondes. » Une citation tirée du sanskrit. « Je suis

---

1. Little Boy et Fat Man, les deux premières bombes atomiques à être utilisées au cours d'une guerre.

devenu la mort ». C'est assez éloquent, non ? Et assez flippant aussi…

Je hochai la tête.

— Et donc, ce Franklin Timmerman-là… ?

— J'y viens, dit-il.

Un bon journaliste sait quelle importance ont les détails, et Nate était déterminé à tous me les narrer dans l'ordre chronologique. Il comptait me décrire par le menu comment il avait triomphé de l'ignorance.

— Franklin Timmerman travaillait à Los Alamos, celui de Google, en tout cas. Il était au cœur du projet. Les gens là-bas travaillaient en équipe, et chaque équipe avait son truc : une pour la fission, une autre pour l'enveloppe de la bombe, une autre pour s'assurer que la bombe exploserait à la bonne altitude. Ça, c'était le boulot de Franklin.

— Mais tu as dit que le Franklin Timmerman de Littleton Flats était opérateur de vanne…

— Exact. Il était *référencé* en tant qu'opérateur de vanne sur le barrage de l'Aurora. Ce qui veut dire quoi ? Que deux personnes avaient le même nom ? Quiconque a déjà tapé un nom sur Google sait que ce genre de choses arrive tout le temps. C'est vrai, tu tapes *Quentin Tarantino* et tout d'un coup tu te retrouves à lire quelque chose qui concerne un éleveur de moutons en Nouvelle-Calédonie. Et ça devait être le cas là aussi, pas vrai ? Car pourquoi un expert en détonation nucléaire s'emmerderait-il à s'occuper d'une vanne sur un barrage fédéral ?

Il s'interrompit et tira sur sa cigarette.

— C'était une question rhétorique, Nate ?

— Ouais.

— Tu peux donc poursuivre, peut-être ?

— Absolument. Donc, j'allais laisser tomber toute

cette affaire ; la seule raison pour laquelle j'ai lu en entier la notice biographique de ce type, c'est parce que le sujet m'intéressait : la naissance de la bombe, Hiroshima, Nagasaki. Mais du coup je me suis dit que, pendant que j'y étais, autant que je fasse une recherche sur le Manhattan Project. J'ai pris tous les noms des gens qui avaient bossé à Los Alamos et, rien que pour voir, je les ai recoupés avec la liste de Littleton Flats.

Nate en était arrivé à ce moment – ce moment où le lapin est extrait du chapeau, où le billet de vingt dollars déchiré redevient soudain intact, où la femme qu'on avait fait disparaître réapparaît sur scène.

— Et qu'est-ce que j'obtiens alors, hein ? dit Nate. Dix résultats. Dix putains de résultats !

— Tu n'as pas remarqué un pick-up qui passait et repassait devant nous, Nate ?

— Hein ? De quel pick-up vous parlez ?

— Peu importe. Continue.

Mais je sentis tout d'un coup un nœud se serrer dans mon ventre. Je m'adossai contre la vitre de chez Foo Yang, là où c'était marqué *Livraison gratuite*.

— Comment ça, « continue » ? Je viens de vous expliquer que j'ai obtenu *dix résultats*. Vous comprenez ce que ça veut dire ? Littleton Flats grouillait de tous ces petits génies du nucléaire. Des expérimentalistes, des théoriciens, des ingénieurs. C'est pour ça que le lycée de la ville pouvait envoyer cinq de ses gosses en finale du concours Westinghouse. Imaginez un peu les exposés qu'ils devaient faire en cours : Chers élèves, aujourd'hui Susie Timmerman va nous montrer comment on fissionne l'atome. Et le pauvre gamin de La Jolla à côté d'elle, avec sa boîte à cigares transformée en radio à ondes courtes. C'était comme d'avoir un minilycée scientifique du Bronx au milieu de nulle part. Un lycée, qu'est-ce que je raconte ? Ça devait carrément être un vrai MIT[1]. Incroyable, putain.

— Oui, dis-je alors que je commençais à comprendre quelque chose, à voir. C'est du beau boulot, Nate. Vraiment.

— D'accord, dit-il. Mais alors pourquoi est-ce que dix scientifiques nucléaires de génie – plus que dix, probablement, parce que qui sait combien d'entre eux ne sont pas apparus quand j'ai fait le recoupement –, pourquoi est-ce que toutes ces stars de la bombe A se sont retrouvées à vivre dans une petite bourgade minable qui n'était là qu'à cause d'un barrage hydroélectrique ?

J'allais lui répondre, lui répéter ce que n'importe quel journaliste digne de ce nom devrait apprendre par cœur – que lorsqu'on présume quoi que ce soit, on n'est pas très malin. Que nous avions présumé que Littleton Flats était seulement une ville d'employés de barrage et que nous nous trompions. Que nous devrions peut-être arrêter de présumer dorénavant.

Présumer, par exemple, que ce n'était qu'un barrage.

Mais un bruit très fort creva l'atmosphère calme qui nous entourait.

Nate the Skate l'entendit, lui aussi. Il se retourna et s'accroupit d'instinct.

— C'était quoi, bon sang ? demanda-t-il d'un ton parfaitement normal.

Le pick-up, j'allais lui dire. *Celui dont je venais de te parler.* Un éclair bleu traversant la rue.

Mais j'avais du sang plein les mains, comme si je venais de faire de la peinture avec les doigts.

---

1. Massachusetts Institute of Technology, université et centre de recherche très prestigieux.

Et Nate regardait mes mains ensanglantées l'air choqué, inquiet. Il était sur le point de me demander : « Est-ce que ça va ? » – je voyais les mots se former sur ses lèvres.

Ce n'était pas de moi qu'il aurait dû se soucier.

Nate s'effondra par terre et fixa le ciel avec des yeux étrangement morts.

J'entendis Norma crier au loin.

34

Ils retirèrent la balle du plafond en placoplâtre du restaurant chinois. Apparemment, elle avait traversé la cage thoracique de Nate avant d'entrer chez Foo Yang, ratant sa fille de treize ans d'une quinzaine de centimètres à peine.

Nate n'était finalement pas mort. Sa blessure était moins grave qu'elle n'en avait l'air.

À cause de tout ce sang.

On l'avait transporté à l'hôpital Pat Brown, où ils avaient stoppé l'hémorragie, l'avaient recousu, lui avaient fait deux transfusions et l'avaient laissé se reposer dans le service des soins intensifs.

Un médecin indien, le docteur Plith, nous assura que tout irait bien pour Nate. Nous, c'est-à-dire Norma, Hinch et moi.

Quand on amena Nate, Hinch était toujours en train de veiller sa femme dans le service oncologique. De nous trois, c'est lui qui paraissait le plus calme : en matière d'intensité émotionnelle, un stagiaire blessé ne rivalisait pas avec une épouse mourante.

C'est moi qui fus chargé d'appeler la mère divorcée de Nate à Rancho Mirage et de lui apprendre la nouvelle ; je décidai de commencer par le pronostic très encourageant et seulement ensuite de revenir en arrière jusqu'au coup de feu.

Après avoir noté le nom de l'hôpital – elle prendrait la route dès que j'aurais raccroché –, elle me demanda qui pourrait bien vouloir abattre son fils. Ça lui paraissait tout bonnement incroyable.

— Je n'en sais rien, mentis-je.

Le shérif Swenson et moi passâmes ensuite un long moment seul à seul, à l'écart, pour discuter précisément de ce sujet.

Cette fois-ci, il me traita comme un témoin authentique et non comme un menteur reconnu. Il nota mon compte rendu des faits : le pick-up bleu qui était passé et repassé devant nous – je ne l'avais pas imaginé ; ce bruit effroyable, comme un pneu qui éclate ; Nate qui s'écroulait tout d'un coup par terre.

Il était temps de parler au shérif des événements de Santa Monica, de tout lui dire. Quelqu'un venait d'être blessé par balle.

Je commençai par Sam Savage. Par le site Internet, le plombier et cette fameuse matinée sur la route 45.

Sans surprise, il se montra incrédule :

— Un acteur ?

— Oui. Notre plombier ne se contente plus de cambrioler des maisons. Il engage des acteurs au chômage pour prendre part à des reality shows sur la route 45. Il incinère des gens.

Benjy Washington.

Et c'est à ce moment-là que ses yeux sont devenus vitreux. Que son regard a changé.

— Hein ? fit-il.

Je lui parlai du mot que j'avais trouvé à l'intérieur du cadre de la photo appartenant à Belinda Washington.

— Le gamin qui est mort dans l'inondation ? C'est de lui que vous me parlez ? Un gamin mort ?

— Ce n'est plus un gamin. Et je ne crois pas qu'il soit mort. Il a téléphoné à votre adjoint, vous vous souvenez ?

— Doux Jésus, Lucas... C'était un canular.

— Le docteur Futillo a dit qu'il s'agissait du corps d'une personne de race noire. L'accident ce jour-là n'était qu'une mise en scène.

Swenson soupira, secoua la tête :

— Je vois. D'accord, alors par simple curiosité : *pourquoi ?* Pourquoi est-ce qu'on l'aurait mis en scène ?

— Je ne sais pas encore. Je crois que ça a quelque chose à voir avec la ville. Avec Littleton Flats.

— Littleton Flats. Ben voyons.

Il se leva, referma son bloc-notes.

— Vous avez le numéro de cet acteur, Lucas ?

J'étais encore à l'hôpital quand la maman de Nate arriva.

Le docteur Plith nous avait dit de rentrer chez nous – Nate allait dormir des heures durant pour se remettre. Mais c'était ma faute s'il se trouvait là. *C'est toi*, m'avait murmuré le plombier dans mon sous-sol, sauf que c'est Nate qui avait pris la balle. Quelle est l'expression préférée du gouvernement, de nos jours ? *Dégâts collatéraux.* Réduire le meurtre à un terme qui s'appliquerait mieux à la destruction de biens immobiliers, afin de le rendre plus acceptable pour un public qui préfère la vue du sang au multiplexe.

À voir la mère de Nate, on aurait cru qu'elle était venue de Rancho Mirage en courant. Toute rouge et en sueur, elle était à deux doigts de requérir elle-même des soins médicaux.

Je l'entendis demander à l'infirmière en chef où se trouvait son fils, dont elle avait du mal à prononcer le nom tant elle était essoufflée : *Nathaniel Cohen.*

— Madame Cohen, dis-je en m'approchant d'elle. Tom Valle, du journal. Je suis vraiment désolé pour ce qui est arrivé.

Elle dut prendre mes mots pour la simple manifestation d'empathie d'un collègue, et non pour l'aveu de culpabilité d'une personne qui avait mis son fils directement dans la ligne de mire.

Quand j'ai vu repasser le pick-up, pourquoi ne suis-je pas rentré à l'intérieur ?

Elle s'avança presque au ralenti, puis s'effondra à moitié contre moi ; et je la tins maladroitement, un peu comme si je la serrais dans mes bras, un peu comme si je la laissais seulement s'appuyer sur moi. C'est étrange comme les personnes affligées ont toujours tendance à rechercher un peu de réconfort physique auprès de parfaits inconnus.

Elle finit par s'écarter, rassemblant ses esprits comme si elle ramassait des émotions qui avaient débordé par terre pour les remettre à leur place.

— Je suis désolée... dit-elle, c'est juste que... oh mon Dieu...

— Ne vous en faites pas, voyons, dis-je, bien que pleinement conscient de la grosse tache humide qu'elle avait laissée au milieu de ma chemise. Ça doit être terrible d'apprendre quelque chose comme ça. Au téléphone, en plus. La bonne nouvelle, c'est que le docteur Plith dit que...

Elle répéta ce nom comme si elle ne l'avait pas entendu correctement :

— Le docteur Plith ? C'est quoi comme nom, ça ? Est-ce qu'il est bon, ce docteur ? Enfin, je ne connais personne, je ne connais rien ici.

— Il est d'origine indienne, je crois. Il m'a l'air très compétent.

— D'accord, d'accord...

Elle ramena ses mains vers son visage, et les garda collées comme ça, comme si elle murmurait une prière.

— Le docteur dit que Nate n'est pas en danger. Il a eu beaucoup de chance. La balle a traversé sa cage thoracique sans toucher aucune des artères principales.

Elle n'arrêtait pas de hocher la tête, encore et encore, tout en buvant mes paroles avec avidité.

— Est-ce que je peux le voir ?

— Je ne sais pas. Je crois qu'il dort encore. Il faudrait que vous demandiez au docteur. Bien sûr, étant donné que vous êtes sa mère, ils pourront peut-être...

Elle n'attendit pas que je termine pour courir après la première blouse verte qu'elle aperçut, une infirmière des urgences qui poussait le brancard d'un autre patient vers le service des soins intensifs.

J'attendis.

Il y avait quelques magazines disposés sur une petite table en bois. Un numéro récent de *Time*, un très vieux *People* auquel il manquait la moitié de la couverture – une photo déchirée en deux de Brad Pitt et Jennifer Aniston juste après leur mariage. Le bras gauche d'Aniston semblait pendre dans le vide, cela produisait un effet bizarre. Quelqu'un avait dû vouloir « actualiser » ce cliché. Je tournai les pages sans m'attarder à lire ce qu'il y avait dedans.

J'étais occupé à autre chose.

À guider un crayon imaginaire d'un point à un autre.

Je dirais que notre mort était un Noir.

C'était juste un peu bizarre... le timing... Quelqu'un avait téléphoné à un de mes adjoints...

La voiture était déjà en feu. Il m'a dit qu'elle était vide.

Prêts à tenir des rôles dans des productions non conventionnelles.

J'ai obtenu dix résultats. Dix putains de résultats !

Tu as les contours. Maintenant regarde bien et dis-moi de quoi il s'agit.

Qu'est-ce que tu dessines ? me demandait-elle, la jolie serveuse qui nous offrait toujours une portion supplémentaire de pancakes, à Jimmy et moi. Qui nous caressait parfois les cheveux et se penchait au-dessus de la table, appuyée sur ses deux coudes, pour que nous puissions sentir son parfum – le même que celui des fleurs séchées que ma mère pressait entre les pages des livres.

Une baleine, répondais-je. *Une pieuvre. Un éléphant.*

Elle riait. *Un éléphant, ici dans ce restau ? Je ferais bien de prévenir le zoo alors.*

Je souriais et riais, moi aussi, sentant mes joues qui rougissaient. Complice de toute cette histoire, même si je ne l'étais pas vraiment.

Difficile de déterminer ce qu'un enfant sait ou ne sait pas – n'est-ce pas ce dont Bailey Kindlon s'était rendu compte ?

S'agissait-il de mon premier mensonge ?

Que c'était un hasard si cette serveuse nous réservait ses plus beaux sourires à nous, parmi tous les gamins dans son restaurant ?

Pourquoi ma maman ne nous accompagnait-elle jamais quand nous allions petit-déjeuner à l'Acropolis Diner ?

À moins qu'elle ne soit venue – une seule fois ?

En faisant un grand effort, j'arrivais à m'en souvenir.

Nous quatre, assis dans un box rouge. Une famille malheureuse, mais pas aussi malheureuse que nous allions le devenir. Pas encore. N'y avait-il pas pourtant quelque chose de glacé dans la manière dont ma mère avait tendu son menu à la serveuse qui avait pris notre commande – la serveuse qui m'avait demandé ce que je dessinais, à quel animal fabuleux je donnais vie cette fois-ci ? Et moi qui ne comprenais pas pourquoi ma mère ne lui rendait pas son sourire, pourquoi elle n'était pas charmée par cette femme radieuse comme nous l'étions tous – Jimmy, papa et moi.

Mon souvenir ne s'arrêtait pas là.

Soudain, ma mère l'avait rappelée à notre table, cette serveuse. *Lillian,* lisait-on sur son badge, comme la fleur *lily* – le lys. Mes pancakes m'avaient déjà été servis et j'avais versé un demi-flacon de sirop d'érable dessus. Sans prévenir, ma mère m'avait retiré brusquement mon assiette et avait appelé Lillian.

« Ces pancakes sont froids ! Comment osez-vous servir à vos clients de la nourriture froide ? C'est honteux, vous m'entendez ! Honteux ! Vous devriez avoir honte ! »

Elle faisait ce que les mères ne sont pas censées faire, sauf quand on leur offre des fleurs, peut-être, ou quand elles regardent quelque chose de triste à la télévision.

Elle pleurait.

De grosses larmes coulaient le long de ses joues tandis que le restaurant se retrouvait plongé dans le silence, comme si tous les juke-box s'étaient soudain éteints. Et c'est à ce moment-là que j'ai appris qu'on ne meurt pas réellement de honte.

Après ce matin-là, ce ne fut plus que Jimmy, papa et moi.

Tous les trois, tous les dimanches.

Jusqu'à ce qu'il parte.

Et si je savais que ce n'était pas seulement nous trois – que quelqu'un se rajoutait à notre petit groupe –, je n'en soufflai jamais mot.

Même le jour où nous ne fûmes plus que deux.

J'entendis les portes battantes du service des soins intensifs s'ouvrir, je sentis la légère odeur de sang et d'alcool.

Un chirurgien en sortit, avec la démarche décidée d'un tout-puissant qui a encore un tas de miracles à accomplir. Il ôta son masque et s'en servit pour essuyer la sueur qui brillait sur son front.

Cela me rappela...

Cette autre chose qu'il me fallait vérifier – cette chose qui se trouvait juste au bord du champ de ma conscience et que je devais trouver le moyen de ramener à moi. Cette chose dont j'essayais de me souvenir quand Nate m'avait donné une tape sur l'épaule et m'avait dit : « Ces prix en sciences ? Je sais ce qui s'est passé. »

Bien sûr.

35

— *Voici mes notes, lui avais-je dit. Est-ce qu'il y a un problème ?*

Je me trouvais dans le bureau sur la porte duquel Rédaction *était inscrit au pochoir. Il était recroquevillé au-dessus de son bureau, comme s'il allait s'y endormir. Ce n'était pas tant des poches qu'il avait sous les yeux que des valises pleines à craquer.*

— *Le médecin qui pose des bombes dans des cliniques pratiquant l'avortement ? commença-t-il par me demander. Tu disais qu'il avait étudié la pédiatrie à Saint Alban, un hôpital de Mizzolou dans le Missouri. C'est ce qu'on lit dans ton article, en tout cas.*

— *Oui ?*

Prends l'air calme, *me disais-je.* Et même un peu insulté.

— *Un porte-parole de Saint Alban vient d'appeler. Même si on peut comprendre qu'ils ne tiennent pas à être associés avec un fanatique religieux éventuellement coupable de meurtre, il m'a juré sur une pile de bibles tout ce qu'il y a de plus presbytériennes que l'hôpital n'offrait pas de spécialisation en pédiatrie, en tout cas certainement pas durant les années que tu mentionnes. Nous sommes donc clairement face à un problème...*

— *Je ne crois pas avoir mentionné de dates précises concernant ses années de spécialisation.*

Bien, rien qu'une petite touche d'irritation, comme s'il m'empêchait de faire mon vrai travail, consistant à bosser sur mon prochain article et non à répondre à des questions concernant une incohérence mineure.

— *Non, je sais bien, Tom. Mais tu mentionnes son âge – quarante-trois ans. On peut donc facilement en déduire les dates de sa spécialisation, à un ou deux ans près.*

— *D'accord. Bon, eh bien peut-être que ça lui a pris un peu plus longtemps pour devenir docteur. Je suis désolé, il ne m'a pas donné de dates. J'étais déjà ravi qu'il me dise où il avait fait sa spécialisation. C'est vrai, je pense qu'il a fait une petite gaffe en m'en disant autant, vu que d'après notre accord il devait entièrement préserver son anonymat.*

Un trombone déplié était coincé entre ses dents. Il l'avait presque tranché en deux.

— *Évidemment, maintenant que tu m'y fais penser, c'est possible qu'il m'ait raconté avoir fait sa spécialisation à Saint Alban rien que pour me lancer sur une fausse piste. Je n'aurais sans doute pas dû le mentionner dans l'article.*

— *Tu as tes notes, Tom ?*

— *Ici avec moi.*

— *Parfait.*

Je me penchai pour les poser sur son bureau, ouvrant mon bloc-notes à la deuxième page.

— *Voilà, dis-je en pointant du doigt le nom de l'hôpital. Tu vois, c'est ce qu'il m'a raconté. Saint Alban. Spécialisation après internat. J'aurais probablement dû lui demander plus de détails, mais tu devines bien que je n'en revenais déjà pas qu'il m'en ait dit autant.*

Il examina mes notes ; son doigt caressait l'encre comme un aveugle lisant en braille.

— Quand est-ce que tu l'as interviewé, Tom ?

— Oh... voyons voir... ah, le 5 mars.

Je lui montrai la date en haut de la page, celle que j'avais griffonnée la nuit dernière après avoir interviewé le docteur imaginaire dans ma tête – Tom Valle, je vous présente le docteur X. J'avais alors décomposé mon article en notes soigneusement ordonnées, capables de naviguer sans risques parmi les dangereux bancs de sable que constituaient les vérificateurs, les avocats et les rédacteurs en chef de plus en plus suspicieux.

— C'est bizarre, Tom.

— Pourquoi ?

— Le 5 mars. Tu étais en Floride, le 5 mars. Je m'en souviens parce que j'ai eu mes cinquante-cinq ans la veille, et tu m'as appelé pour me souhaiter un bon anniversaire. Tu te trouvais à Boca Raton, tu préparais cet article sur les résidences pour retraités. C'était le 5 mars, Tom, j'en suis sûr. Mais tu n'es pas censé avoir interviewé le docteur dans le Michigan ?

— Hé... qu'est-ce que... qu'est-ce que tu veux savoir, exactement ?

— Je veux savoir à quelle date tu as interviewé le docteur. On a un porte-parole de Saint Alban qui nous gueule dessus et nous menace de poursuites judiciaires, alors j'ai besoin de connaître les faits. Donc... quand as-tu interviewé ce docteur ?

— Eh bien... laisse-moi voir... tu sais, ça s'est étalé sur plusieurs jours, évidemment. Je lui ai parlé

au téléphone et ensuite je l'ai vu en personne dans le Michigan.

— Tu as dit que tu avais rencontré le docteur dans une espèce de champ désertique, où se trouvaient les ruines d'un village de pionniers dévasté par un incendie. Tu t'y es rendu avec ta propre voiture et lui est venu avec la sienne, c'est ça ?

— Oui, c'est ça. Il est possible que... oui, il est possible que ces notes correspondent à notre conversation téléphonique. Oui, maintenant que tu m'y fais penser, ça doit être le cas. Je l'ai probablement appelé depuis la Floride.

— D'accord, Tom. Tu as utilisé ton portable, j'imagine.

— Mon portable ?

— Ton téléphone portable, Tom. Je présume que tu as utilisé ton téléphone portable pour appeler dans le Michigan ? Si besoin est, nous pourrons obtenir tes relevés téléphoniques et montrer que tu as appelé dans le Michigan le 5 mars depuis la Floride.

— Montrer à qui ?

— Si tout cela se termine au tribunal, Tom, il nous faudra fournir les détails complets.

— OK. Il me paraît clair maintenant que le docteur ne m'a pas donné le nom du bon hôpital. Rappelle-toi que sa condition, c'était l'anonymat : il ne m'a même pas dit où il habitait, ni où il était né. Rien que des anagrammes, tu te souviens ? J'aurais dû me méfier. Il m'a refilé le nom du mauvais hôpital en espérant que je le mettrais dans l'article, et comme un crétin c'est ce que j'ai fait. Il s'est servi de moi. Je serai plus prudent la prochaine fois.

— Je ne te parle pas de l'hôpital, Tom. Je t'ai demandé quand tu avais interviewé le docteur et tu

m'as répondu le 5 mars, sauf que tu étais en Floride le 5 mars. Et maintenant tu me dis que c'est de là que tu l'as appelé, que tu l'as interviewé par téléphone.

— Je l'ai rencontré en personne. J'étais assis juste en face de lui. J'étais aussi près de lui que je le suis de toi maintenant. Je te l'ai dit. J'ai seulement oublié que je l'avais d'abord eu au téléphone. Cette interview s'est étalée sur plusieurs conversations, voilà tout.

— D'accord. J'ai compris. Quand, le 5 mars, tu as appelé le docteur depuis Boca Raton pour conduire le premier entretien d'une longue série, est-ce que tu l'as appelé avec ton téléphone portable ? C'était un coup de fil longue distance. Tu étais en Floride. Je présume que tu as dû utiliser ton portable pour éviter de te faire honteusement surfacturer par l'hôtel ? J'essaie seulement de mettre les choses au clair, Tom.

— Bien, laisse-moi réfléchir une seconde, d'accord... Laisse-moi... Tu sais, je crois bien que je l'ai appelé depuis une cabine.

Il sortit le trombone de sa bouche et le posa délicatement devant lui.

— Tu l'as appelé depuis une cabine ?

— Oui.

— Pourquoi aurais-tu fait ça ? Pourquoi l'aurais-tu appelé depuis une cabine ?

— C'est ce qu'il m'avait demandé. J'avais oublié. De toute évidence, il était obsédé par le secret. Ces histoires d'anagrammes, de me retrouver là où personne ne pourrait nous voir. Il ne savait pas encore s'il pourrait me faire confiance. Il ne voulait pas que je puisse voir de quel numéro il m'appelait.

— Je croyais que c'était toi qui lui avais téléphoné. Tu viens de me dire que tu l'avais appelé depuis une cabine.

— *Excuse-moi, je me suis emmêlé dans ma syntaxe.*
— *Ta syntaxe ? Soit c'est lui qui t'a appelé, soit c'est toi qui l'as appelé.*
— *Je te l'ai dit. Il m'a appelé.*
— *Comment connaîtrait-il le numéro d'une cabine en Floride ?*
— *Je le lui ai envoyé par e-mail. Ensuite, j'étais censé attendre près de la cabine à une heure donnée.*
— *Tu lui as envoyé le numéro par e-mail ?*
— *Écoute, je ne me souviens plus très bien comment tout ça s'est déroulé exactement. C'est vrai, je bossais sur deux articles en même temps. Tu l'as dit toi-même, j'étais là-bas pour enquêter sur les résidences de retraités, alors tu peux comprendre pourquoi j'ai oublié certains détails comme la cabine. J'ai oublié, c'est tout. C'est pour ça que je garde mes notes.*
— *Oui, Tom, dit-il. Tu gardes toujours tes notes.*

Je les avais laissées au bureau.
Les notes que j'avais prises lors de ma visite à Littleton Flats.
Je les regardai – mon entretien avec le médecin de l'armée.
Tu avais rencontré le docteur dans une espèce de champ désertique, où se trouvaient les ruines d'un village de pionniers dévasté par un incendie.
J'avais rencontré le médecin de l'armée parmi les ruines d'une autre ville détruite – celle-ci à cause d'une inondation et non des flammes, même si dans les deux cas il s'agissait de fléaux bibliques.
Troublant.
Troublant comme les échos de mon passé malhonnête ne cessaient de revenir vers moi.

Sam Savage, qui soudain donnait vie à une vieille histoire de mon cru, un article un peu tordu sur des acteurs sans emploi payés pour « jouer » dans des arnaques.

Encore une *enquête exclusive* disponible dans l'anthologie en ligne de Tom Valle, pour ceux que lire des articles totalement indignes d'être publiés ne révolte pas.

Et il y a autre chose – que je n'avais pas relevé tout de suite parce que c'était un élément orphelin, sans contexte. Le soir où j'avais poursuivi le pick-up du plombier, et que tout d'un coup c'est moi qui m'étais retrouvé pris en chasse.

Il avait cogné mon pare-chocs, encore et encore, comme s'il jouait à... chat.

Si vous aviez regardé à la lettre *D* pour *Dangereux mais à la mode*, vous auriez trouvé un autre scoop signé Valle, concernant un phénomène encore passé sous silence bien qu'il soit en train d'envahir les autoroutes américaines : Auto Tag, des voitures qui se rentrent dedans jusqu'à ce que le perdant finisse à la James Dean. Tout cela était bien sûr sorti directement des recoins les plus obscurs de mon imagination de plus en plus enfiévrée et paniquée.

Et qu'est-ce qu'on dit quand on joue à chat et qu'on touche quelqu'un ? Qu'est-ce qu'on lui souffle ?

C'est toi.

Précisément.

Que se passait-il, bon Dieu ?

OK, comporte-toi comme un journaliste. Un vrai, qui respecte la vérité et sait la dénicher. Mets en ordre les faits, relie-les d'un bout à l'autre de la chaîne afin d'arriver à une conclusion. Perce le mystère.

Qu'est-ce qui était vrai et qu'est-ce qui ne l'était pas ?

Sam Savage était réel. Il avait versé de vraies larmes dans son verre de vrai Canada Dry, cependant que sa vraie petite amie – ou ex-petite amie, qui pouvait le dire à l'heure actuelle ? – assise en face de lui le foudroyait vraiment du regard.

C'était également le cas d'Herman Wentworth.

Il était réel.

Après coup, j'avais rêvé de cette ville – les hommes qui se promenaient le long de Main Street coiffés de feutres démodés, l'odeur de sirop d'érable et de pancakes aux myrtilles qui s'échappait du Littleton Flats Café. J'avais imaginé la ville, mais pas lui.

Ce jour-là, il s'était matérialisé en plein désert vêtu de sa veste de sport bleue et de ses chaussures noires brillantes, et il m'avait raconté son histoire : il y a un demi-siècle, il faisait route vers San Diego et il était passé par une petite ville...

Il avait commencé sa carrière au Japon. Une recrue inexpérimentée, tout juste débarquée du bateau, pouvant réciter le serment d'Hippocrate qu'elle venait d'apprendre par cœur.

Le dernier membre en date du 499e bataillon.

Ça aussi c'était vrai.

Encore quelque chose qui s'était trouvé là-bas, juste au bord, et que j'avais réussi à faire revenir dans ma conscience.

J'avais déjà entendu parler de ce bataillon.

36

Le shérif m'appela le lendemain matin et me demanda si je pouvais passer à son bureau. J'étais encore dans mon lit, alors que j'aurais dû être douché, rasé et sur le point de sortir de chez moi. Pour ma défense : j'étais resté devant mon écran d'ordinateur jusqu'à trois heures du matin, occupé à faire revivre le passé en lisant une sélection de rapports liés au passage de la loi sur la liberté de l'information – pour être précis, ceux qui furent divulgués en 1994 et qui forcèrent le chef du département de l'Énergie sous Clinton à présenter des excuses officielles pour des atrocités commises plus de quatre décennies auparavant.

— C'est pressé ? demandai-je.
— Plutôt, oui.
— D'accord. Qu'est-ce qui se passe ?
— Ramenez-vous et je vous le dirai, ça marche ?

En entrant dans le bureau du shérif, je faillis renverser une de ses adjointes qui transportait trois tasses de café Starbucks en équilibre précaire les unes sur les autres.

Je m'excusai et elle me répondit :

— Si vous renversez, c'est pour votre poche.

Le shérif Swenson était dans sa position habituelle, penché en arrière sur sa chaise, les jambes posées sur son bureau. Assis en face de lui, il y avait quelqu'un qui, lui, n'était pas dans sa position habituelle. Hinch.

Hinch était là.

Je ne parlai pas au shérif de l'excrément séché collé à la semelle de la botte de son pied gauche. Peut-être était-ce la cause du vague dégoût que je lus sur son visage au moment où je m'assis.

— Bonjour, Lucas.

Ou peut-être que non.

— Bonjour, dis-je, avant de tourner la tête et de saluer Hinch.

Ce dernier me répondit par un léger mouvement de la tête. Il semblait plus petit ces derniers temps, comme si la douleur le ratatinait.

— J'ai pensé que la présence d'Hinch était nécessaire, dit Swenson. Étant donné la gravité de la situation.

— La gravité de la situation ? Vous voulez parler du fait qu'on ait tiré sur Nate ?

— Oui, se faire tirer dessus, c'est assez grave, selon moi. Vous n'êtes pas de cet avis ?

— Bien sûr que si.

— Parfait. Nous sommes donc d'accord.

— Alors qu'est-ce qui se passe ?

— C'est peut-être vous qui pouvez me le dire, Lucas.

Je tournai mon regard vers Hinch, recherchant son soutien, son approbation ou au moins une indication, mais il semblait à la fois présent et absent. Je fixai à nouveau mon attention sur le shérif.

— Je ne comprends pas. Je vous ai dit tout ce que je sais.

— Tout ce que vous savez, hein ?

Il n'avait pas l'air vraiment convaincu. Il me regardait comme il m'avait regardé la première fois que nous nous étions croisés, quand il avait baissé la vitre de sa voiture pour me dire : *Faites voir votre nez, s'il s'allonge ?*

— Qu'est-ce que vous pensez que je ne vous ai pas dit et que vous voudriez savoir, exactement ? demandai-je.

— Puisque vous en parlez... Nous n'avons pas encore les résultats d'analyse concernant la balle. Mais en attendant, notre expert local en balistique est quasiment sûr de savoir de quelle arme elle a été tirée.

— Super. Et qui est votre expert local en balistique ?

— Moi, apparemment. Nous habitons une petite ville, Lucas. Chacun d'entre nous doit avoir des compétences multiples. D'après ce que j'ai vu, je dirais que cette balle a été tirée par un Smith & Wesson. Calibre 38.

Il me fallut un instant avant de comprendre pourquoi ces mots me paraissaient si terriblement familiers, et pourquoi le shérif Swenson s'y attendait.

— Je suis passé voir Teddy, reprit-il. Je lui ai demandé s'il avait vendu des calibres 38 récemment. Et devinez quoi ? Il m'a dit que non. Au début. Puis il est revenu sur sa déclaration. Il avait bel et bien vendu un 38. Sauf que la personne à qui il l'avait vendu n'avait légalement pas le droit de l'acheter. Cette personne avait été condamnée avec sursis et mise à l'épreuve. Mais vous savez que Teddy et les lois sur le contrôle des armes à feu, ça fait deux.

Je sentis le regard d'Hinch qui se tournait vers moi.

— Oui, c'est vrai, j'ai acheté un pistolet. J'étais inquiet parce que j'avais l'impression d'être suivi. Apparemment je ne me trompais pas.

— Très bien. Il se pourrait que je veuille voir ce pistolet. Il se pourrait que je vous demande de m'accompagner chez vous pour que je puisse m'en saisir. Évidemment, vous pourriez toujours me dire non.

— Qu'est-ce que vous essayez de suggérer, shérif ? Que c'est moi qui me suis tiré dessus ? Qui ai failli tuer mon stagiaire ?

— Non, là, ce serait comme dans un de vos articles. Un truc complètement irréaliste. Néanmoins, j'aimerais quand même jeter un œil à cette arme. Si ça ne vous dérange pas.

J'allais me lancer dans un grand discours sur mes droits de citoyen.

Obtenez d'abord un mandat, allais-je lui dire.

— Je crois que nous devrions laisser le shérif récupérer ce pistolet.

Hinch. Qui faisait enfin sentir sa présence.

Il avait dit *nous* : reporter et rédacteur en chef côte à côte, ensemble contre vents et marées, épaule contre épaule face à l'inquisition. Sauf qu'il s'était rangé avec l'inquisiteur.

— Bien sûr, répondis-je, les joues rouges. Très bien. Aucun problème.

— Merci, Lucas, dit Swenson. Ah, autre chose encore. J'ai appelé le numéro que vous m'avez donné. Celui de Sam Savage. Il n'est plus en service. La pièce que vous m'avez indiquée n'est plus jouée. Et la petite amie – Trudy ? –, elle m'a dit qu'elle ne voyait absolument pas de quoi je parlais.

Une impression effroyable de déjà-vu. J'étais ramené à New York. Je pataugeais dans ma propre merde et tout le monde autour de moi me regardait en se bouchant le nez. Sauf que cette fois-ci, je n'avais rien inventé ; j'étais sincère.

La sincérité n'est pas un gadget, Tom. Ce n'est pas une parure dont tu te revêts le jour où tu en as besoin.

— Écoutez, j'ai dit à Sam que la personne qui l'avait engagé n'aimait sans doute plus trop qu'il puisse se balader en toute liberté, parler à qui il le voulait. Je suis sûr que désormais il se cache. Et sa petite amie le protège. C'est ce que je ferais à sa place.

— Ah oui ?

— Je n'ai pas commis de crime, shérif. J'ai seulement enquêté. Je suis allé couvrir l'accident sur la route 45. Vous vous en rappelez, vous étiez là. Il se trouve que l'identité des deux personnes impliquées dans cet accident était fausse. C'est ça qui est étrange, non ?

Je me tournai à moitié vers Hinch, afin de m'adresser à lui aussi. Je voulais qu'Hinch sache à quoi j'avais passé mon temps. J'aurais dû le mettre au parfum bien avant, il est vrai.

— Ed Crannell est une créature imaginaire, poursuivis-je. Un rôle tenu par un acteur. Dennis Flaherty est aussi vivant que vous et moi, il habite dans l'Iowa où il carbure aux antipsychotiques.

— C'est ce que vous dites, intervint Swenson.

— Allez-y, trouvez un Ed Crannell à Cleveland. Bonne chance à vous ; moi j'ai déjà essayé. Ensuite, procurez-vous le programme de cette pièce, *La Jetée*. Sam Savage, deuxième nom en haut de l'affiche, vous y verrez sa photo. Puis vous m'expliquerez encore comment je me suis tiré dessus.

— Je vous l'ai dit, je ne pense pas que vous vous soyez tiré dessus. Ce n'est pas vous qui teniez ce pistolet, si ? Bien sûr, vous auriez pu le refiler à quelqu'un d'autre, confier à cette personne le soin de vous blesser. Cette personne aurait pu se louper, toucher le gamin.

— Pourquoi est-ce que je ferais une chose pareille ?

Pourquoi est-ce que je voudrais qu'on me tire dessus ? C'est complètement taré comme idée.

— Taré, ouais. Comme écrire cinquante-six faux articles pour un journal. Qu'est-ce qu'il en a pensé, votre psy ?

J'attendais qu'Hinch intervienne, qu'il se porte au secours de son journaliste comme tout rédacteur en chef est censé le faire, et dise au shérif qu'il n'accepterait pas un tel interrogatoire. Qu'il refusait de rester là, à écouter ces accusations ridicules lancées contre son reporter, que lui et moi allions tous les deux nous lever et quitter ce bureau.

Mais le silence de son côté de la pièce était assourdissant.

— Le type dont je vous parle m'a agressé, dis-je. Dans mon sous-sol, vous vous rappelez ? Je suis venu ici pour porter plainte et vous m'avez dit qu'il était entré dans plusieurs maisons avec sa boîte à outils de plombier. Je n'étais donc pas le seul à m'être fait cambrioler...

— Entrer par effraction quelque part, c'est une chose, dit le shérif. Ce que vous me racontez... mettre en scène un faux accident... engager des comédiens... et je ne parle même pas du reste...

Je me jetai à l'eau. Je regardai directement dans les yeux d'Hinch.

— J'aurais dû te dire certaines de ces choses avant, Hinch, mais il fallait que je comprenne ce qui se passait. Je sais que ça a l'air un peu fou, c'est pour ça que je voulais être sûr de ne pas faire fausse route...

— Allons chercher ce pistolet, Tom, me dit-il doucement. Allons tous ensemble chez toi pour que le shérif puisse le récupérer, d'accord ?

D'accord.

Autant que je l'admette tout de suite, ils ne parurent ni l'un ni l'autre très surpris quand, après que nous nous fûmes rendus chez moi – Hinch et moi dans la même voiture, le shérif dans une autre juste derrière nous –, après que Swenson m'eut suivi à l'étage, après qu'il m'eut regardé ouvrir le tiroir de ma table de nuit et contempler d'un œil ahuri l'emplacement où l'arme *aurait dû* se trouver, après que j'eus vidé ce tiroir puis celui en-dessous, après que j'eus fouillé ma commode, puis chacun des placards de ma cuisine, puis ma salle de bains, puis chaque centimètre carré de mon sous-sol et de mon bureau, il fallut constater que mon pistolet n'était pas là.

Il avait disparu.

Hinch me dit que ce serait peut-être une bonne idée si je prenais des vacances.

Il m'assura qu'il ne s'agissait en aucune façon d'une mise à pied.

Non.

Seulement, vu que l'enquête concernant Nate était en cours, vu que le shérif me soupçonnait – sans aucune bonne raison, bien sûr, même s'il aurait été plus confortable de savoir où se trouvait ce fameux pistolet – et vu que Mary-Beth était prête à prendre le relais, ça paraissait plein de bon sens. « Voilà comment il faut voir les choses, me dit-il : si tu ne te trompes pas, ça veut dire qu'un cinglé à la gâchette facile est à tes trousses. Mieux vaut qu'il ne s'approche pas trop de nos bureaux, non ? »

C'était bel et bien une mise à pied. J'avais l'œil pour reconnaître ce genre de choses.

Je ne savais pas ce qu'Hinch croyait, mais je savais *qui* il ne croyait pas.

C'était la faute du pistolet.

Le plombier avait dû le voler, leur avais-je dit – c'était tellement évident. Il s'était introduit une première fois dans ma maison le jour où j'étais tombé sur lui dans le sous-sol. Puis je l'avais surpris avant sa deuxième tentative. À coup sûr il était revenu une troisième fois.

Personne ne semblait convaincu.

Je commençai à raconter le reste à Hinch.

Arrivé à la moitié de la première phrase, je m'arrêtai. Il le fallait bien. Hinch avait la même expression que le shérif. La même expression que le rédacteur en chef que j'avais trahi. Trop d'échos de ce que j'avais pu autrefois écrire résonnaient autour de moi. Tout autant qu'avant, je semblais baigner dans l'irréalité. Les acteurs, le médecin plastiqueur qui me balançait des anagrammes au milieu d'un champ de ruines et même ce soldat de fortune américain qui déchargeait son AK-47 à travers tout l'Afghanistan.

Et si on faisait le point. Qu'est-ce que j'avais en fait ?

Il fallait que j'avance selon les règles. Que tout se tienne, que mes sources soient confirmées, que mes faits soient vérifiés, que mon rapport soit marqué du sceau du journalisme consciencieux.

Le temps me manquait.

Comme quand un orage approche. On le respire dans l'air. Les feuilles mortes s'agitent comme des éventails entre les mains des filles nerveuses du Sud, l'atmosphère devient humide, un voile brumeux recouvre peu à peu le soleil.

Un déluge allait s'abattre.

37

Rouler toute la nuit, la traverser jusqu'à percer le jour a quelque chose d'effrayant. On rejoint une sorte de royaume des esprits qui n'existe que quand le monde réel dort – un univers peuplé de camionneurs dopés aux méthamphétamines, de pères ou mères de famille en fuite, de représentants de commerce esseulés, d'étudiants fêtards bourrés qui tous essaient d'arriver quelque part avant l'aube.

Je me demandai à quelle catégorie j'appartenais.

J'étais parti au milieu de la nuit, après avoir collé un mot sur mon réfrigérateur au cas où l'on se serait inquiété pour moi. Qui aurait bien pu s'inquiéter pour moi ? Je n'en avais pas la moindre idée. Quand je serais arrivé à destination, j'appellerais Norma. Ça allait prendre un bout de temps, parce que je me rendais là où j'aurais dû me rendre depuis le début.

Il m'avait fallu du temps avant de comprendre que c'était là-bas que je devais mener l'enquête.

Suivez la piste de l'argent. C'est ce qu'avaient fait Woodward et Bernstein, les dieux du journalisme d'investigation.

C'est ce que je faisais.

Je suivais la piste du portefeuille.

Je ne pouvais pas m'empêcher d'imaginer Dennis Flaherty, drogué et hébété, sortant d'un champ de maïs en se demandant s'il avait atterri au paradis.

Non, Dennis.

C'est l'Iowa.

Quelque part au milieu du désert du Nevada, je m'arrêtai dans une station d'autoroute ouverte vingt-quatre heures sur vingt-quatre.

Il est trop facile de s'abandonner au rythme monotone de ce mouvement continuel. Je commençais à divaguer, basculant en mode autopilote pendant des kilomètres et des kilomètres.

J'avais besoin d'une injection de sucre.

J'achetai un paquet de petits gâteaux à la crème et au chocolat et je commençai à les dévorer sans même ôter entièrement le papier autour.

Je m'empiffrai ainsi en regardant un présentoir de cartes postales rétro ayant cet aspect Technicolor qui les faisait presque ressembler à des peintures.

Le barrage Hoover.

Le Las Vegas Strip.

Une photo de Sammy, Frank, Dino et Lawford au casino Sands.

Puis une autre partie du Nevada, un sable différent.

Et soudain, je me rappelai pourquoi j'allais en Iowa et ce qui m'avait occupé toute la nuit dernière : déterrer un passé aux vapeurs nocives, le genre de chose qu'il faut faire en se bouchant le nez et en détournant à moitié le regard.

Mais ça n'aide pas beaucoup.

On sent toujours l'odeur qui émane du lit des malades. On voit toujours les mourants. Quel est le symbole universel représentant la noble pratique de la médecine ? Deux serpents enroulés autour d'un bâton surmonté de deux ailerons.

Sauf qu'ils l'étranglaient.

Ils dévoraient ce qu'ils étaient censés protéger.

« Si j'étais vous, je ne resterais pas ici trop longtemps, m'avait recommandé Herman Wentworth. Je suis médecin, après tout, ne l'oubliez pas. »

L'Iowa ne ressemblait pas au paradis.

L'Iowa ressemblait à une grande étendue plate et marron. On se sentait oppressé par l'humidité de l'air ; comme si le poids écrasant de l'atmosphère avait suffi à aplatir le paysage. Des tornades noires traversaient l'horizon tels des chardons arrachés par le vent.

L'uniformité m'endormait. Impossible de distinguer réellement une région de l'Iowa d'une autre. Seules les villes brisaient l'assommante monotonie. On les traversait en quelques minutes à peine, avant d'être à nouveau plongé dans des vagues couleur de blé, sans pour autant voir l'ombre des majestueuses montagnes violettes[1].

Je m'arrêtai sur une aire d'autoroute pour piquer un somme ; quand je me réveillai, un petit garçon était en train de me faire des grimaces à travers la vitre.

Je le regardai dans les yeux jusqu'à ce que son père arrive et lui donne une méchante tape derrière la tête. Le garçon avait l'air habitué ; il retourna sans un bruit vers la voiture de ses parents.

Il me fallut un peu de temps avant de reprendre la route.

Je me sentais désorienté, engourdi ; quand je tournais

---

1. Allusion aux paroles d'*America the Beautiful*, vieille chanson patriotique américaine.

le volant, quand j'enfonçais la pédale d'accélérateur, j'avais l'impression de bouger au ralenti.

D'après la carte, j'avais encore au moins une heure de trajet devant moi.

Je baissai la vitre au minimum pour que l'air frais me tienne éveillé.

En voyant le panneau qui indiquait Ketchum City, je ne me sentis ni content ni soulagé.

Seulement angoissé.

Mme Flaherty dut croire que je voulais lui vendre quelque chose.

Elle mit un bon moment pour m'ouvrir la porte, et avant même de pouvoir la voir je l'entendis me dire qu'elle n'était pas intéressée.

Cela ne me surprenait pas.

Elle occupait le pire mobile home d'un village pour camping-cars délabré – un représentant n'aurait pas pu plus mal tomber.

Quand je l'interrompis pour lui expliquer qui j'étais, elle abandonna toute irritation et toute méfiance pour se montrer sincèrement chaleureuse.

— Tom, me dit-elle comme si j'étais quelqu'un qu'elle connaissait depuis longtemps. Que faites-vous ici ?

— Je voudrais parler à Dennis, dis-je.

— Pourquoi n'avez-vous pas téléphoné ? Vous avez fait tout ce chemin depuis la Californie ? dit-elle comme s'il s'agissait d'un second miracle – d'abord son fils était revenu et maintenant je débarquais.

Elle ne m'invita pas à entrer. Je voyais bien qu'elle en avait envie, qu'elle savait que c'était la coutume quand quelqu'un vous rendait visite – surtout si ce quelqu'un venait de rouler vingt-neuf heures durant. Mais son domicile lui faisait honte.

— Je souhaitais lui parler en personne, madame Flaherty.

— Pourquoi ?

Elle portait une combinaison informe et décolorée. Ses jambes étaient couvertes de varices formant comme des toiles d'araignée bleu-noir sur sa peau.

— J'essaie de comprendre comment quelqu'un a pu finir dans cette voiture en ayant sur lui le portefeuille de Dennis.

— Eh bien, ça n'a plus tellement d'importance maintenant, si ? dit-elle en affectant un ton presque coquet.

— Quelqu'un est mort. J'aimerais savoir de qui il s'agit.

— Mais comment Dennis pourrait-il le savoir, lui ?

— Je n'en sais rien. Peut-être qu'il n'en a pas la moindre idée. Peut-être qu'il pourrait m'aider à le découvrir.

J'entendis quelqu'un l'appeler depuis l'intérieur du mobile home.

— C'est lui ? demandai-je.

Elle hocha la tête.

— Dennis, dit-elle. Viens dehors. Tom Valle est ici.

Il sortit sur le pas de la porte, fatigué, le regard vitreux, vêtu d'un caleçon et d'un maillot de corps. Sa mère le contemplait comme s'il venait d'apparaître en haut-de-forme et queue-de-pie.

— Qui c'est, Tom Valle ? demanda-t-il comme si je ne me tenais pas juste devant lui.

— Je vous ai parlé au téléphone, dis-je. Rappelez-vous, Dennis. Je suis journaliste.

— Hein ?

— Je vous ai appelé au sujet de votre portefeuille.
— Hein ?
— Il est encore un peu groggy, dit Mme Flaherty. N'est-ce pas, Dennis ?
— Ouais, dit-il. C'est quoi votre nom, déjà ?
— Tom. Tom Valle. J'aimerais vous poser quelques questions.
— À propos de quoi ?
— À propos de votre portefeuille. Où vous avez pu le perdre. Qui a pu vous le prendre.
— Mon *portefeuille* ?
— Le portefeuille qui vous a été volé. Qu'on a retrouvé dans une voiture, sur un cadavre.

Dennis se frottait encore les yeux ; il semblait penché vers la gauche, comme s'il se tenait sur un bateau en train de couler.

— Il y a eu un accident, Dennis. On a mis le feu à une voiture et quelqu'un se trouvait à l'intérieur. Il avait votre portefeuille sur lui. Tout le monde croyait que vous étiez mort, y compris votre mère. Vous vous souvenez ?

Mme Flaherty tendit la main et caressa le bras de son fils, comme pour s'assurer qu'il était effectivement bien là et pas six pieds sous terre.

— Mon *portefeuille*, hein ?

J'avais l'impression de parler à un vieillard – au père d'Anna, peut-être. À quelqu'un qui avait perdu la tête.

— Si vous me donnez une minute, je pourrai vous inviter à entrer, dit Mme Flaherty.

Elle disparut à l'intérieur du mobile home et j'entendis le fracas des objets qu'on déplaçait rapidement. Dennis restait dans l'embrasure de la porte, au-dessus de moi ; il me regardait d'un air légèrement perplexe.

Un homme sortit du mobile home d'à côté, fit un signe de tête à Dennis, puis s'assit sur une poubelle et alluma un joint.

— Vous m'avez dit que vous n'aviez pas votre portefeuille à l'hôpital. Vous en êtes sûr ?

— À l'hôpital ?

— L'hôpital des anciens combattants.

— Je me suis tiré de là, mec.

— Vous n'avez pas attendu qu'ils vous autorisent à sortir ?

— Je me suis tiré.

— OK, Dennis.

Mme Flaherty réapparut aux côtés de son fils. Elle s'était changée et portait désormais une jupe qui serait allée à une femme ayant vingt ans de moins.

— Entrez, Tom, dit-elle.

Dès mes premiers pas à l'intérieur, je fus agressé par l'odeur acide d'un produit nettoyant bon marché comme ils en utilisent dans les hôpitaux. Elle avait tenté de maquiller vite fait son antre pour faire bonne impression.

Il ne fallait pas qu'elle se donne tant de mal. Même un pro de la déco n'aurait rien pu faire pour sauver cet endroit, qui faisait penser à un refuge pour sinistrés.

Des traces d'eau jaunâtres descendaient le long des murs. Un réfrigérateur préhistorique ronflait en permanence. La porte-moustiquaire censée séparer la cuisine des chambres pendait à moitié de son rail métallique. Il y avait une espèce de table à manger, mais le linoléum qui la recouvrait était presque entièrement arraché.

— Asseyez-vous, Tom, dit-elle.

— Ça ira, merci, dis-je.

La chaleur était insupportable, il n'y avait même

pas un ventilateur pour déplacer l'air fétide d'un bout du mobile home à l'autre.

Dennis n'avait quasiment pas bougé, il s'était contenté de tourner son corps de façon à continuer de me suivre des yeux comme si j'étais un extraterrestre qui s'était invité au petit déjeuner.

— Voudriez-vous manger quelque chose ? me demanda Mme Flaherty, comme si elle partageait les pensées de son fils. Vous devez avoir faim, après toute cette route.

— Non merci. Je me suis arrêté en chemin pour casser la croûte.

Plusieurs heures étaient passées, mais j'avais encore le goût sucré et rance de ces petits gâteaux collé à ma langue. Je me tournai à nouveau vers Dennis.

— Vous m'avez dit que vous viviez dans la rue, avant d'entrer à l'hôpital. Où ça ?

— Je sais plus.

— Vous devez avoir une idée de la ville où vous vous trouviez ?

— Euh... Detroit, je crois.

— Detroit. Bien. Dans quel coin ?

— Près du stade.

— Quel stade ?

— Le stade de baseball.

— Comerica Park ? Là où jouent les Tigers ?

— Ouais.

— D'accord. Combien de temps avez-vous vécu là-bas ?

— Je sais plus.

— Plutôt un an ? Deux ? Trois ?

— Je suis pas sûr.

— Comment avez-vous fait pour survivre, pour vous nourrir ?

— J'allais au Marriott.
— Vous mangiez dans un hôtel ?
— Derrière le Marriott. Là où ils jettent les ordures.

Mme Flaherty plaqua sa main sur sa bouche, comme pour empêcher quelque chose d'en sortir. Elle n'avait probablement pas demandé à Dennis quel genre de vie il avait mené dans la rue – elle préférait sans doute ne pas savoir.

— D'accord, Dennis. Vous aviez votre portefeuille avec vous, quand vous étiez à Detroit ?
— Je pense. C'est l'heure de mon cachet, maman.
— Tu as déjà pris ton cachet, Dennis.
— Non, maman.
— Si, mon fils.
— Qu'est-ce qu'il prend ? demandai-je à Mme Flaherty. Du lithium ?

Elle haussa les épaules.

— Dennis, vous pensez que vous aviez encore votre portefeuille à Detroit ? Quand vous viviez près de Comerica Park ?

J'eus droit à un autre regard vide.

— Bon, on va dire que oui.
— OK, fit-il.
— Vous êtes allé où quand vous avez quitté Detroit ? Prenez votre temps. Réfléchissez bien.
— À Seattle, peut-être. Il me semble.
— Combien de temps avez-vous passé à Seattle ?
— Il pleuvait beaucoup.
— Bien sûr. Combien de temps à Seattle, Dennis ?
— Je sais plus. Il pleuvait beaucoup.
— Vous aviez encore votre portefeuille ? À Seattle ?
— Ouais.
— Comment le savez-vous ?

— Je l'ai montré au bureau des anciens combattants.
— Vous vous souvenez de ça. C'est sûr ? Vous avez montré votre portefeuille au bureau des anciens combattants à Seattle ?
— Maman, j'ai besoin de mon cachet.
— Non, Dennis. Tu as eu ton cachet. Je te l'ai donné ce matin.
— OK.
— Dennis, dis-je. Pourquoi avez-vous montré votre portefeuille au bureau des anciens combattants ?
— Je leur ai montré ma carte d'ancien combattant. J'avais besoin d'aide.
— Alors ils vous ont hospitalisé ? À Seattle ?
— Non.
— Vous avez séjourné dans un hôpital pour anciens combattants, Dennis.
— Ouais.
— À Seattle.
— Non. J'ai besoin de mon cachet, maman. C'est l'heure de mon cachet.
— Dennis, écoutez-moi. Votre maman vous dit qu'elle vous a déjà donné votre cachet, d'accord ?
— D'accord.
— Où était cet hôpital pour anciens combattants, Dennis ? Celui où vous êtes allé ?
— Je sais plus.
— Ce n'était pas à Seattle ? Vous êtes allé au bureau des anciens combattants à Seattle. C'est ce que vous venez de me dire. Vous aviez besoin d'aide. Ce n'est pas ce que vous venez tout juste de me raconter ?
— Ouais.
— Alors qu'est-ce qui s'est passé là-bas ?
— Les ordinateurs étaient en panne. Il pleuvait.

— Ils n'ont pas pu vous aider à Seattle ?
— Non.
— D'accord. Où se trouvait l'hôpital, Dennis ? On avance, vous voyez. Maintenant on sait que vous aviez votre portefeuille à Seattle. Vous l'avez sorti pour montrer votre carte. Vous vous rappelez de ça. Où était l'hôpital ? Où êtes-vous allé après Seattle ?

Dennis se penchait en avant et se balançait, les paupières à demi fermées, tel un mélomane emporté par sa symphonie favorite.

— Il a besoin de faire une sieste, dit Mme Flaherty. À cause de ces cachets.

— Pouvez-vous rester éveillé encore un petit moment, Dennis ?

— Je suis fatigué.

— Je sais. Accordez-moi seulement quelques minutes encore. J'ai besoin de connaître le nom de cet hôpital.

— Je suis fatigué. Je vais faire la sieste, maman.

— D'accord, Dennis.

Elle passa devant moi et le prit par le bras pour l'emmener à l'arrière du mobile home, comme s'il était aveugle. Comme s'il avait deux ans et qu'il fallait lui lire des histoires au lit au milieu de l'après-midi. Peut-être que tout ça n'était pas aussi triste qu'il y paraissait. Cette femme avait été abandonnée, suite à un décès ou à un divorce, son fils lui était revenu, et maintenant elle pouvait redevenir une mère. Peut-être même une meilleure mère qu'elle ne l'avait été jadis.

— Peut-être devriez-vous partir, dit Mme Flaherty quand elle réapparut.

— Combien de temps durent en général ses siestes ?

— Toutes ces questions l'ont épuisé. Il n'a pas l'habitude. Je pense que vous devriez y aller, d'accord ?

— J'ai besoin qu'il me dise de quel hôpital il s'est enfui. Je pense que je vais attendre qu'il se réveille.
— Quelle différence ça peut faire ? Quelle importance, que ce soit tel ou tel hôpital ?

Elle s'assit à la table de la cuisine et regarda à travers la moustiquaire de la fenêtre, d'où pénétrait une odeur âcre de cannabis cultivé très localement.

— Voulez-vous un café ? me demanda-t-elle. C'est de l'instantané, mais il est buvable.

Après le réveil de Dennis, nous sortîmes nous promener au milieu des mobile homes.

Il faisait une chaleur à crever chez Mme Flaherty et c'était à peine plus supportable dehors. L'atmosphère, épaisse comme une serviette humide, nous étouffait.

Dennis me dit qu'il avait participé à l'opération Tempête du désert et que les produits pétrochimiques dans l'air l'avaient empoisonné.

— Saddam m'a tué, mec.
— Ils vous ont fait faire des tests pour ça ?
— Hein ?
— Pour vérifier si vous étiez victime d'un empoisonnement chimique ?
— Je crois pas. Ils comprennent rien.

Dennis semblait un peu plus cohérent maintenant qu'il s'était reposé. Mme Flaherty m'avait expliqué qu'il y avait des moments comme ça, où la lucidité revenait, rapprochant Dennis de la personne qu'il avait autrefois été.

— On peut parler de l'hôpital, Dennis ?
— Je sais pas.
— Je crois que c'est là-bas que vous avez perdu votre portefeuille. Quelqu'un vous l'a peut-être volé.
— Possible. Cet enfoiré de marine, par exemple.

— Qui était-ce ?

— Un taré, dit Dennis comme si lui était parfaitement sain d'esprit. Ces marines, ils sont givrés, putain.

— Qu'est-ce qui vous fait dire qu'il pourrait s'agir de lui ?

— J'en sais rien. Sa femme se l'est joué commando, mec. Quand il était à l'étranger, elle a refroidi leurs mioches.

— Elle a tué leurs enfants ?

— Exact. Elle les a enterrés le long de la route 80. Puis elle s'est tiré une balle dans la tête. *Bam !* Lui, il a disparu pendant un an sans permission, le temps de chercher leurs corps. Mais il les a pas trouvés.

— Pourquoi croyez-vous qu'il aurait volé votre portefeuille ?

— J'en sais rien.

— Alors pourquoi avoir pensé à lui ?

— Je lui ai montré mon fils, dans mon portefeuille.

— Vous aviez donc bel et bien votre portefeuille avec vous à ce moment-là. Voilà, Dennis, maintenant on sait que vous aviez encore votre portefeuille à l'hôpital pour anciens combattants.

— Ouais.

— Vous lui avez montré une photo de votre gamin. Quel âge à votre fils, Dennis ?

— J'en sais rien. Elle me laisse pas le voir. Cette salope.

Il parlait de toute évidence de l'autre Mme Flaherty, celle que sa mère ne portait pas dans son cœur, comme je l'avais compris au téléphone.

— Qu'est-ce qui s'est passé quand vous avez montré au marine la photo dans votre portefeuille ?

— Rien.

— OK. Alors pourquoi l'aurait-il volé ?

— Je sais pas. Peut-être qu'il voulait la photo.
— Pourquoi voudrait-il la photo du fils de quelqu'un d'autre ?
— Il est taré, je vous l'ai dit.
— Bon. Il était encore là-bas quand vous êtes parti ?
— Évidemment, il est cinglé.
— Alors ce n'était pas lui, Dennis. On a retrouvé votre portefeuille sur quelqu'un en Californie.
— Sans blague.
— Le marine était de race noire ?
— Non.
— OK. Oublions le marine. Réfléchissez, Dennis. À un moment donné, vous n'étiez plus en possession de votre portefeuille. Qu'est-ce qui s'est passé ?
Il haussa les épaules.
— Est-ce qu'ils vous ont autorisé à sortir ?
— Je me suis tiré.
— Comment vous êtes-vous procuré vos cachets ?
— Hein ?
— Vos médicaments. On vous donnait votre dose chaque jour, c'est bien ça ?
— Affirmatif.
— Alors comment vous êtes-vous retrouvé avec ces cachets ? Ceux que vous avez sur vous ?
— Ah, ceux-là...
— Ceux-là quoi ?
— Je les ai réquisitionnés.
— Vous les avez volés.
— J'en ai besoin, mec.
— Qu'est-ce que vous ferez quand vous n'en aurez plus ?
— Hein ?
— Quand vous n'aurez plus de cachets, où allez-vous vous en procurer d'autres ?

— Allô Houston... On a un problème...
— Où était cet hôpital, Dennis ?
— Difficile à dire.
— Vous vous rappelez le marine ?
— Affirmatif.
— Vous vous rappelez lui avoir montré la photo de votre fils dans votre portefeuille ?
— Affirmatif.
— Où était l'hôpital, Dennis ?
— J'en sais rien.

Sa tête jouait à cache-cache avec lui. Peut-être était-ce la faute des cachets, ou bien des produits pétrochimiques en Irak, ou peut-être était-il simplement aussi « taré » que le marine, explorant les chemins labyrinthiques de son cerveau à la recherche de ses souvenirs, tout comme le marine avait exploré les abords de la route 80 à la recherche du corps de ses enfants.

— Bon, on sait que ce n'était pas à Seattle.

Je songeai à appeler tous les hôpitaux pour anciens combattants d'Amérique, mais les dossiers des patients en psychiatrie étaient strictement confidentiels dans les établissements fédéraux et j'imaginais qu'on ne me dirait rien. Dans la plupart des hôpitaux psychiatriques, les noms des patients ne figuraient même pas sur les registres.

— Vous vous souvenez de la direction que vous avez prise en quittant Seattle ? Comment vous déplaciez-vous, au fait ?
— Mon pouce, mec.
— En stop.
— Affirmatif.
— Vous vous rappelez qui vous a pris en stop ?
— Un homme.

— Oui, je me doute bien qu'aucune femme ne se serait arrêtée pour vous.

Nous étions arrivés devant une aire de jeux. Il n'y avait pas grand-chose – seulement deux balançoires et une bascule –, mais plusieurs petits gamins se trouvaient là, suffisamment nombreux pour que certains doivent attendre leur tour. Quelques mères, qui fumaient cigarette sur cigarette et semblaient prématurément vieillies, se tenaient sur le côté et regardaient avec peu d'intérêt leurs enfants jouer.

— Vers le sud, dit Dennis.
— Quoi ?
— La direction que j'ai prise. Je suis allé vers le sud. Il ne reste plus beaucoup de nord quand vous êtes à Seattle.

38

Dennis aimait lire les panneaux de signalisation à haute voix :
— Dawsville. Sortie 42. Deux kilomètres... Boise. Sortie 59. Cinq cents mètres... Attention travaux sur quinze kilomètres...
Je m'y habituai et finis carrément par arrêter de regarder les panneaux, étant donné que j'avais mon propre GPS humain assis à côté de moi.
Quand la distance entre deux panneaux s'étirait sur plusieurs kilomètres, Dennis se mettait à lire les plaques d'immatriculation des véhicules qui passaient.
— A6572G4... M87GT2...
C'était plutôt un bon compagnon de voyage. Malgré son monologue intermittent, il demeurait d'un calme sympathique, s'endormant à l'occasion – même s'il se réveillait presque toujours à temps pour me lire le prochain panneau.
Lorsque je mis de la musique, il me raconta qu'il jouait autrefois de la guitare dans un groupe qui reprenait Metallica, et il me chanta même deux vers de *St Anger*, rendant assez bien la voix de James Hetfield.
Il y avait cinq hôpitaux pour anciens combattants au sud de Seattle.

S'il le fallait, nous les visiterions tous les cinq.

Dennis était mon guide. Un guide qui ne semblait guère en savoir plus long que moi, mais je n'avais pas le choix.

Ça n'avait pas été facile de le faire monter dans ma voiture.

Il venait de s'enfuir d'un de ces hôpitaux ; il n'avait pas particulièrement envie d'y remettre les pieds. Quand j'avais fait part de mon idée à Mme Flaherty, elle m'avait regardé comme si j'étais aussi dingue que son fils.

Dennis allait bientôt être à court de cachets, lui avais-je dit. C'était un fait.

Il n'allait toujours pas bien dans sa tête – ça aussi, c'était un fait.

Ça n'avait pas non plus été une brillante idée de sa part de s'enfuir de l'aile psychiatrique d'un hôpital fédéral. Je ne savais pas si s'être fait volontairement interner l'autorisait à partir à sa guise, mais si ce n'était pas le cas, je préférais ne pas aborder le sujet.

J'avais besoin de lui.

C'est à cause des cachets qu'ils finirent tous deux par se décider. Mme Flaherty n'avait pas de quoi payer un psychiatre. Elle faisait partie des quarante millions d'Américains sans assurance-maladie. Dennis avait besoin de l'aide de l'armée s'il voulait rester sous antipsychotiques.

L'hôpital était le meilleur refuge possible pour lui – triste à dire, mais c'était comme ça.

J'allais l'y ramener.

Si on arrivait à le trouver.

J'appelai Norma depuis le Dakota du Nord.

J'avais puisé dans les maigres ressources de mon compte courant pour payer deux chambres au Sioux

Nation Motel, qui avait son propre minicasino dans le hall d'entrée.

— J'ai de mauvaises nouvelles, Tom, me dit Norma. Laura nous a quittés la nuit dernière.

La femme d'Hinch.

C'était effectivement une mauvaise nouvelle, mais si on la mettait en perspective, ce n'était pas la pire de ces derniers jours. Il y avait la balle tirée depuis ce pick-up bleu, par exemple.

— Comment Hinch tient-il le coup ? demandai-je.

Malgré ma mise à pied, je considérai qu'Hinch s'était toujours bien comporté avec moi. Il m'avait donné ma chance quand personne d'autre sur terre ne l'aurait fait.

— Comme on pouvait s'y attendre. Tu connais Hinch, Dieu seul sait ce qu'il a dans la tête la moitié du temps. Il ne laisse rien transparaître. Mais il était tellement dévoué à sa femme...

— Oui. Comment va Nate ?

— Ça va. Il a eu une petite infection hier, alors ils lui ont donné des antibiotiques plus costauds. Sa mère est là.

— Oui, je sais. Je l'ai croisée à l'hôpital.

— Non, je veux dire qu'elle est ici. Chez moi. Je l'héberge.

— C'est sympa de ta part, Norma.

— C'est le moins que je puisse faire pour cette pauvre femme. Où es-tu, Tom ? On a l'impression que tu appelles de loin.

— Je suis dans le Dakota du Nord.

— Qu'est-ce que tu fais là-bas, bon Dieu ?

— Nous cherchons quelque chose.

— Qui ça, nous ?

— Moi et mon compagnon de route.

— Qui c'est, celui-là ?

— Celui-là, c'est l'homme qui est mort dans l'accident de la route 45.

— Tu sais que tu me fais peur, Tom ?

— OK, il n'est pas réellement mort. Même si parfois on dirait presque.

Il y eut un court silence sur la ligne, meublé seulement par le son de la télé dans ma chambre, qui diffusait « les cent meilleures chansons des années quatre-vingt ». On en était au numéro 22 : *Girls Just Want to Have Fun*.

— Tom ?

— Oui, Norma ?

— Tout ce que tu racontes – j'en ai appris un peu par Mary-Beth, qui elle-même le tient de je ne sais plus qui –, tu ne l'inventes pas, si ?

— Non, Norma.

— Je ne t'ai jamais posé de questions sur... New York et tout ça...

C'est vrai. Pendant longtemps, je m'étais demandé si elle était même au courant. Parce qu'elle ne lisait pas les quotidiens nationaux – et, autant que je sache, on n'avait jamais parlé de moi dans le magazine *People*.

— Je sais, dis-je.

— Je me disais que si tu voulais en parler, tu en parlerais.

— Exact.

— Tu veux en parler ?

— Pas vraiment.

— OK, Tom. Tu n'as pas donné ton pistolet à quelqu'un pour qu'il te tire dessus, si ?

— Non, Norma.

— Ouais, je pensais bien que ça paraissait fou. Mais c'est ce qu'ils racontent quand même...

— Comment ils justifient ça ?
— Ils disent que tu voulais te... *crédibiliser*. C'est ça, le mot ? Que tu voulais être le centre d'attention.
— Il faut croire que j'ai réussi, alors.
— Hein ? Tu ne viens pas de me dire qu'ils disaient n'importe quoi ?
— Quelqu'un a volé mon pistolet, Norma. J'essayais seulement d'être drôle.
— Ha ha ha.
— Pourrais-tu appeler Sam Weitz et lui dire que je me suis absenté ? Que je reviendrai dans une semaine environ ? Il va se demander pourquoi je ne viens pas au bowling.
— Pas de problème... Tom ?
— Oui ?
— Qu'est-ce que tu cherches, au fait ?
— À me crédibiliser, Norma. Exactement comme tu l'as dit.

Dennis ne se trompait pas sur Seattle.
Il pleuvait quand nous arrivâmes, une averse douce et régulière qui soulevait des nuages de vapeur de l'asphalte.
Nous traversâmes le centre-ville parce que Dennis voulait voir Safeco Field, le stade où jouaient les Mariners. Dennis avait jadis été un fan de baseball – avant que lire la grille des scores ne se mette à lui faire mal à la tête. Autrefois, il était capable de réciter par cœur les statistiques de tous les joueurs. C'est peut-être ça qui l'avait poussé à camper dans l'ombre du stade de baseball de Detroit quand il s'était retrouvé à la rue. Ainsi pouvait-il sentir la présence réconfortante du « passe-temps favori de l'Amérique ».
Nous passâmes devant les marchés et les restaurants

de poisson qui bordaient l'eau, puis devant le stade Safeco, avant de prendre l'autoroute vers le sud.

Le premier hôpital pour anciens combattants sur notre itinéraire se trouvait à la frontière entre l'État de Washington et l'Oregon – dans la ville de Tellings, cent cinquante-neuf mille habitants. Du moins c'est ce que Dennis lut sur la carte.

— Ça vous dit quelque chose ? lui demandai-je. Le nom de cette ville. *Tellings*. Ça ne vous rappelle rien ?

— Cent cinquante-neuf mille habitants.

— D'accord. Je vous demande si vous reconnaissez ce nom, si vous êtes déjà venu dans le coin, par hasard ?

— Je sais pas.

Dennis se donnait de petites tapes sur le visage, bien qu'il n'y ait aucun insecte à proximité. Parfois, il se murmurait des choses, mais quand je lui demandais ce qu'il venait de dire, il me demandait de quoi je parlais.

J'essayais d'imaginer ce que les automobilistes qui nous croisaient pouvaient bien penser en nous voyant.

Une Miata en bout de course affublée du pare-chocs d'une autre voiture, avec sur le siège passager un homme qui marmonnait tout seul quand il n'était pas occupé à tuer des mouches fantômes.

Puis je compris exactement de quoi nous avions l'air.

Au moins aux yeux *d'un* automobiliste.

39

La nuit était tombée presque sans que je m'en rende compte.

Il faisait suffisamment jour pour distinguer aisément les plaques d'immatriculation sur la route – Dennis avait recommencé à les lire à la place des panneaux de signalisation – et tout d'un coup c'était devenu impossible.

Il devait se pencher en avant et plisser les yeux, chaque plaque baignant tout à coup dans son îlot individuel de pâle lueur jaune.

— Accélérez, réclama-t-il. Je vois pas le dernier chiffre.

Je suggérai à Dennis de laisser tomber – ça finissait par être agaçant d'écouter un récital incessant de chiffres et de lettres, qui ne variait que quand Dennis tombait sur une plaque personnalisée comme IAMGR8T (« je suis génial ») ou LUV2BWL (« j'adore rigoler »).

Dennis ignorait royalement mes demandes de répit ; je n'insistai pas trop puisque ça avait au moins le mérite de le maintenir occupé.

M65LK1...
RLN895...

Je ne sais pas exactement à quel moment je m'en suis rendu compte.

L983HT4...

K61MN0...

Vous est-il déjà arrivé de rouler avec la radio allumée et de vous mettre à écouter une certaine chanson seulement au moment où on diffuse la suivante ? Votre esprit se balade le long de ses propres routes, et la musique paraît lointaine comme si elle s'échappait d'une fenêtre à demi ouverte ?

VML254...

HG54MT...

La litanie des plaques de Dennis était une sorte de musique – régulière, faible, rythmée. Un air auquel je faisais la sourde oreille, mais pas complètement.

QR327N9...

KL61WT...

À un moment, je me mis véritablement à l'entendre, du moins à prendre conscience d'une certaine phrase qui revenait.

MH92TV...

Ces lettres et ces chiffres. Il y avait quelque chose... Ils m'étaient familiers... Comme si Dennis les avait déjà marmonnés une fois précédemment, et une autre fois encore avant ça.

MH92TV.

Vingt minutes plus tôt, peut-être ; puis quelque temps après ; puis là, maintenant.

MH92TV.

Et alors ? Il y avait des centaines de voitures sur cette autoroute, qui toutes allaient exactement dans la même direction que nous – et nombre d'entre elles jusqu'à Tellings.

J'avais beau essayer de ne pas m'angoisser pour

rien, j'étais sûr d'avoir entendu ces mêmes numéros vingt minutes avant.

Dennis lisait les plaques d'immatriculation à voix haute depuis l'Iowa.

— Dennis... cette plaque. Quelle voiture ?
— Hein ?
— MH92TV ? Quelle voiture ?

Il sembla agréablement surpris de constater que je m'intéressais soudain à quelque chose qui m'avait avant cela ouvertement irrité. Cool.

— Là-bas, dit-il.
— Là-bas où ça ?
— Là.

Il sembla faire un geste vers le véhicule juste à notre gauche, mais quand je ralentis pour laisser la Mitsubishi rouge nous dépasser légèrement, je lus GAYSROK sur sa plaque.

— Ce n'est pas la bonne, Dennis.

Il haussa les épaules :

— Non, pas celle-là. Derrière nous, je crois.
— Où ça derrière nous ?

Je jetai un œil dans les rétroviseurs intérieur et extérieurs, mais l'obscurité était totale et je n'aperçus que de vagues formes balayées par les phares des véhicules roulant dans l'autre direction.

— Je sais pas, mec. Peut-être qu'elle est devant nous.

— D'accord. De quel type de voiture s'agit-il ?

Je savais ce qu'il allait dire avant même qu'il ne le dise.

J'étais Carnak le Magnifique[1], j'avais la réponse

---

1. Personnage de mentaliste comique interprété par Johnny Larson pendant des années à la télévision américaine.

collée à mon front, même si je priais pour ce ne soit pas *celle-là*, pour que ce soit n'importe quelle autre voiture, en fait. Une Honda Accord, une Saturn ou une Cadillac, une fourgonnette Dodge bien pratique ou un minibus Volkswagen, ou encore une Volvo.

Rien n'y fit.

— Un pick-up, dit-il.

Mes mains serrèrent le volant si fort que mes phalanges blanchirent.

— Vous êtes sûr ?

— Ouais. Il nous suit depuis qu'on est partis, mec.

— Depuis l'Iowa ? Pourquoi ne m'avez-vous rien dit ?

— Ben, vous savez, peut-être que j'y faisais attention sans vraiment y faire attention.

— OK. Quelle couleur ? Quelle est la couleur de ce pick-up qui nous suit depuis l'Iowa ?

— C'est une question un peu trop précise, mec.

Je lui balançai tout ce qui me venait à l'esprit, toutes les couleurs de l'arc-en-ciel. À chaque fois, Dennis secouait la tête : *non, je pense pas* – jusqu'à ce que ce long processus d'élimination finisse par me mener à la couleur que je ne voulais surtout pas qu'il confirme.

— *Bleu* ? Est-ce qu'il était bleu, Dennis ?

— Ouais, dit-il. C'est ça. Bleu.

C'est toi.

Se tenant en bas des escaliers, un outil métallique à la main.

Jouant à Auto Tag avec moi sur une route dans le désert.

Roulant lentement sur Third Street tout en visant à travers sa vitre baissée avec un Smith & Wesson calibre 38. Mon Smith & Wesson.

Pan.

Je regardai mon rétroviseur intérieur.

Puis ceux à l'extérieur. Droite, puis gauche.

Mon cœur cognait comme un marteau-piqueur. Il s'apprêtait à donner naissance à un alien qui allait me déchirer la poitrine en deux. Je changeai brusquement de voie et faillis nous faire écrabouiller par un dix-huit roues transportant des cuvettes de WC. Je me rangeai, ralentis et m'engageai prudemment vers la prochaine sortie.

— Hé... qu'est-ce que vous faites ? On s'arrête ?

La sortie approchait. Dennis avait consciencieusement lu le panneau que nous avions croisé trois kilomètres avant.

Wohop Road.

— Faut que je fasse pipi, dit Dennis.

Nouveau coup d'œil vers mon rétroviseur gauche. Je voulais voir si quelqu'un changeait de file. Il y avait plusieurs voitures sur la voie d'à côté : je voyais deux paires de phares distinctes. Puis soudain il n'y en eut plus qu'une.

Je plissai les yeux. Qu'est-ce que ça voulait dire ?

— Putain, Tom, faut trop que je fasse pipi.

Il avait éteint ses phares.

Deux voitures dont une venait de « disparaître ».

Il avait éteint ses phares.

J'enfonçai l'accélérateur, dépassant les 130 kilomètres-heure...

— C'est pas si pressé que ça, dit Dennis. Je ferai pas pipi dans la voiture.

140... 150... 160...

— Peut-être que si, ajouta-t-il.

Quand la sortie pour Wohop Road apparut, Dennis ne se soucia pas de nous la lire. Il n'aurait pas pu. Il était plié en deux, les mains sur les yeux : la position à adopter en cas d'atterrissage d'urgence, connue de tous ceux ayant déjà pris l'avion.

Attends… attends…

Maintenant.

Je braquai brutalement le volant à droite.

J'avais failli louper la sortie – donnant l'impression que j'avais l'intention de choisir la suivante. Je pris le virage sur deux pneus et ça passa tout juste. Je me retrouvai à nouveau sur quatre pneus et m'engageai sans ralentir sur une voie d'accès qui, Dieu soit loué, était déserte.

Écoute.

Rien.

Comment était-ce possible ?

Comment pouvait-il savoir que j'étais *ici* ?

Dans ce village de mobile homes de l'Iowa ?

Puis sur la route de Tellings ?

Comment ?

Réfléchis.

OK. Il y avait *un* moyen. Bien sûr. En admettant qu'il ne m'ait pas suivi tout le long depuis Littleton – un seul moyen.

Mes retraits d'argent.

Ma carte de crédit.

Celle que j'avais utilisée dans les stations-service, à la boutique d'autoroute dans le Nevada, au Sioux Nation Motel dans le Dakota du Nord.

Des miettes bien grosses qu'un bon chien d'arrêt suivrait les yeux fermés.

Semées tout du long, de l'Iowa jusqu'ici en passant par Seattle.

Sauf que…

N'importe qui ne pourrait pas avoir accès à ce genre d'informations.

Pour obtenir des relevés bancaires personnels, des reçus de carte de crédit, le genre de choses qu'ils sont censés protéger au péril de leur vie – il faut avoir une autorisation spéciale.

— Euh, faut vraiment que je fasse pipi, mec.

— Encore quelques minutes, Dennis.

J'approchai – j'étais tout près. Assis sur un tabouret de Muhammed Alley, j'avais commencé à dessiner quelque chose, quelque chose qui maintenant prenait forme. Si je contemplais mon œuvre avec suffisamment d'attention, je pourrais peut-être même murmurer ce dont il s'agissait.

Il fallait que j'accélère la cadence. Que je me magne.

Apparemment, le plombier n'avait pas réussi à prendre la sortie.

Je lui avais faussé compagnie.

Je roulai encore trente bons kilomètres avant de céder aux demandes de plus en plus pitoyables de Dennis – Faut que j'y aiiiiillllle, mec – en m'arrêtant dans une station-service ouverte vingt-quatre heures sur vingt-quatre.

40

Mieux vaut ne pas finir dans un hôpital.
Pas tant qu'on peut l'éviter.
Surtout ne pas finir dans un hôpital pour anciens combattants.

L'armée de terre, la marine, l'armée de l'air et les marines consacrent la majeure partie de leur budget à tuer des gens, pas à les soigner.

Les hôpitaux pour vétérans puent la négligence.

Celui de Tellings ne faisait pas exception.

En plein milieu du hall des visiteurs, un homme en chaise roulante hurlait. La poche de recueil de sa stomie s'était déchirée et personne ne venait la lui réparer. Cela faisait apparemment deux heures qu'il s'époumonait.

L'infirmière à l'accueil semblait ne pas entendre ses vociférations, comme si elle avait un iPod invisible relié aux oreilles et qu'elle écoutait tranquillement du R&B.

Elle ne semblait qu'à peine consciente de notre présence.

— Oui ? fit-elle quelques minutes après que nous nous fûmes postés devant elle.

Nous avions déjà fait le tour des environs, suivant

le chemin qui longeait les trois bâtiments anodins du complexe hospitalier. J'avais demandé à Dennis si l'endroit lui rappelait quelque chose.

— C'était ici, Dennis ? C'était ici que vous étiez ?

Il n'avait pas pu me donner de vraie réponse. Il avait l'air d'un touriste contemplant quelque chose qu'il connaissait par le biais de guides touristiques – quelque chose qui lui était à moitié familier.

Il existait un moyen simple de s'en assurer.

— Vous travaillez ici depuis longtemps ? demandai-je à l'infirmière de l'accueil.

— Pardon ?

— Est-ce que vous travaillez ici depuis plus d'une semaine ?

— Qu'est-ce que vous sous-entendez par là ? demanda-t-elle. Vous avez quelque chose à redire sur mes compétences ?

— Avez-vous déjà vu l'un de nous deux ?

— Qu'est-ce que voulez, exactement, messieurs ?

Le ton de sa voix indiquait qu'elle avait en tout cas suffisamment vu Dennis pour savoir qu'il méritait à peine d'être appelé *monsieur*. Et moi guère mieux. Passez suffisamment de temps sur la route et vous finirez par ressembler à quelqu'un qui vit dans une voiture.

— Nous avons une ordonnance, dis-je. Vous pourriez nous délivrer un médicament ?

— Vous avez vu le mot « pharmacie » marqué quelque part ici ?

— Non.

— Alors pourquoi vous me parlez de votre ordonnance ?

— D'accord, j'ai compris.

— C'est un ancien combattant ? demanda-t-elle en indiquant Dennis.

Elle aurait pu lui poser la question directement, bien sûr, mais de toute évidence elle avait côtoyé suffisamment de patients en psychiatrie pour en reconnaître un quand elle le voyait.

— Saddam m'a empoisonné, ce salaud, lui répondit malgré tout Dennis.

— Ah bon ? fit-elle.

— J'ai ses saletés pétrochimiques dans les veines. J'aurais besoin d'une vidange.

— J'imagine que vous avez la garde de ce type, ou un truc dans le genre ? me demanda-t-elle.

— Un truc dans le genre.

— Vous êtes venu pour le faire hospitaliser ?

— Non. Seulement pour lui remplir sa boîte de cachets.

— Vous devriez y songer quand même. Il ne m'a pas l'air en grande forme.

— Non, ça va. Il a besoin de ses médicaments, c'est tout.

— Parfait. Eh bien moi j'ai un hôpital à gérer, vous m'excuserez...

— OK, mais vous ne l'avez jamais vu, c'est sûr ?

— Sûr.

En sortant, nous passâmes sous le panneau *Soutenez nos troupes* accroché au porche. Je fis ce que je faisais désormais à chaque fois que nous mettions un pied dehors : je cherchai des yeux un pick-up bleu.

— Combien y me reste de cachets ? demanda Dennis.

— Pas énormément. Au fait, vous vous êtes rendu compte qu'ils ont tous une couleur différente ?

La maman de Dennis m'avait sacré gardien des médicaments – elle les avait mis dans une vieille boîte de pansements qu'elle avait fourrée dans ma poche. Je ne pouvais m'empêcher d'y voir une sorte de métaphore : coller futilement des pansements sur une blessure inguérissable.

— J'ai faim, dit Dennis.

— OK, on trouvera quelque chose sur la route.

J'avais essayé de préserver au maximum mon argent liquide car je voulais à tout prix éviter de me servir à nouveau d'un guichet automatique. Même si, à ce stade, ça ne ferait plus une grande différence : j'avais fait le plein d'essence juste avant qu'on arrive à l'hôpital, glissant ma carte de crédit dans le lecteur de la pompe – tel un de ces types d'UPS quand ils vous glissent un mot dans votre boîte aux lettres :

Je suis passé ici à telle heure.

Le prochain hôpital se trouvait cent soixante kilomètres plus loin, dans l'Oregon.

Eisenhower Memorial.

Il y a peu de temps encore, je ne m'étais jamais approché de l'Oregon. Et maintenant j'y retournais pour la deuxième fois en quinze jours.

— Dennis, si jamais vous revoyez cette plaque d'immatriculation, vous me prévenez, d'accord ?

— OK, dit-il en hochant la tête. Quelle plaque d'immatriculation ?

— MH92TV.

— Ah, celle-là...

Il était près de minuit. J'avais décidé que nous étions plus en sûreté lorsque nous nous déplacions – fini les motels en bord de route qui nécessitaient une carte de crédit ou que l'on retire du liquide. Le propriétaire d'un pick-up bleu pourrait profiter de l'obscurité pour nous fondre dessus.

Nous arrivâmes à l'Eisenhower Memorial vers une heure du matin.

Cet hôpital ressemblait un peu à mon ancienne école primaire, en trois fois plus gros : un bâtiment massif en brique rouge, évidemment orné sur sa façade d'un mât surmonté du *Stars and Stripes*. Dans la chaleur poisseuse de l'été, notre drapeau national pendait avec la raideur d'un torchon de vaisselle.

— C'est quoi, ça ? demanda Dennis quand je me garai sur le parking. On est où, là ?

Ça s'annonçait mal.

À l'accueil, il nous fallut revivre l'épisode de Tellings. Cette fois-ci, l'infirmier était un homme pâle à l'allure de hibou qui nous demanda ce que nous voulions, nous assura qu'il n'avait jamais vu Dennis de sa vie, puis s'enquit de sa santé mentale quand il le vit tenter d'écraser un insecte inexistant.

Nous fîmes quand même le tour du bâtiment, comme à Tellings. Fiasco total : Dennis n'avait jamais mis les pieds ici.

Il ne nous restait plus qu'à retourner à la voiture et à quitter le parking.

La route allait être longue : le prochain hôpital pour anciens combattants était à près de cinq cents kilomètres d'où nous nous trouvions.

Dennis donnait des signes d'agitation.

Je le préposai à nouveau aux plaques d'immatriculation. Cela lui donna quelque chose à faire et j'avais ainsi une sentinelle en partie fiable qui surveillait le méli-mélo de chiffres et de lettres autour de nous, à la recherche de la combinaison dont nous devions nous méfier.

Vers trois heures du matin, je ressentis une fatigue telle qu'on ne s'en débarrasse pas facilement. Dennis, lui, s'était déjà endormi à son poste et ronflait bruyamment, la tête contre la vitre. Pour notre plus grand péril, j'étais à deux doigts de faire comme lui, chaque ligne jaune discontinue agissant sur moi comme un cachet de somnifère supplémentaire avalé juste avant de me mettre au lit.

Lorsque je réalisai que j'avais dévié sur la voie d'à côté – que je m'étais *littéralement* endormi au volant –, je me mis à surveiller la prochaine sortie. Cinq kilomètres plus loin, je quittai l'autoroute et cherchai un endroit où nous pourrions nous reposer quelques heures.

Je trouvai une station-service ouverte toute la nuit.

Je passai devant la vitrine éclairée – apercevant à l'intérieur le propriétaire, un Indien – et allai me garer tout au fond, à l'arrière, là où on ne pourrait pas nous voir depuis la route. Je coupai le contact et ne tardai pas à m'endormir.

Dennis me réveilla alors qu'il n'y avait encore qu'une légère couronne rose à l'horizon.

Je jetai un coup d'œil à ma montre : 5:30.

Nous étions entourés de broussailles qui commençaient à peine à émerger de l'obscurité. J'entendais le crépitement de deux énormes lignes à haute tension qui passaient juste au-dessus de la station-service, ainsi que le rugissement épisodique, fantomatique, de véhicules sur la route.

— Faut que j'aille faire, dit Dennis. J'ai mal au ventre.

— D'accord, Dennis. Par là, dis-je en lui montrant du doigt la porte des WC à l'arrière de la station.

Dennis ouvrit la portière et resta un moment assis à se frotter les yeux pour chasser le sommeil, avant de s'extraire de la voiture morceau par morceau : d'abord les pieds, ensuite les deux bras, puis enfin le reste de son corps. Il gagna les toilettes d'un pas mal assuré et disparut à l'intérieur.

J'étais épuisé ; je dus me rendormir. Lorsque j'ouvris à nouveau les yeux, je me demandai si je n'avais pas en fait rêvé – Dennis me tirant du sommeil pour aller aux WC. Mon ex-femme était comme ça : elle menait des discussions avec moi à deux heures du matin, puis m'accusait d'avoir tout inventé.

Mais Dennis n'était pas dans la voiture. La lueur rose s'était mue en jaune pâle.

Il était 5:40.

Je sortis pour aller frapper à la porte des WC.

— Dennis, ça va là-dedans ?

J'obtins un grognement pour toute réponse.

Je fis le tour du bâtiment, en quête de nourriture.

Lorsque j'entrai par la porte principale, l'Indien – qui devait être un sikh puisqu'il portait un de ces turbans rouges – ne leva même pas la tête. Recroquevillé sur le bureau près de la caisse, il lisait le journal.

Le regard trouble, j'avançai le long d'une allée, cherchant quelque chose à nous mettre sous la dent. Les stations-service ne se souciaient de toute évidence pas des dernières recommandations en matière de nutrition. Cette boutique-là se limitait même quasi uniquement à la catégorie d'aliments dont le nom terminait en -os.

Cheetos. Doritos. Tostitos. Rolos. Des chips, rien que des chips.

Le silence était tel que, quand je saisis deux sachets de Doritos sur l'étagère, le craquement fut aussi tonitruant qu'un coup de feu.

Pas aux oreilles du sikh – il resta plongé dans son journal.

— Vous auriez de la salsa ? lançai-je dans sa direction.

Il m'ignora.

— De la salsa, répétai-je. Il y en a quelque part ?

Pas de réponse.

— Hé ! m'écriai-je.

La climatisation se mit à bourdonner. On entendit une voiture passer.

Un chat de gouttière poussa un cri strident derrière la vitrine.

Les lignes à haute tension semblaient crépiter de plus belle.

Parfois une multitude d'informations vous parviennent au même moment – votre cerveau est saturé de choses distinctes et terrifiantes dont vous prenez soudain conscience en même temps et, sans crier gare, voilà que vous ne pouvez plus respirer.

Vous vous noyez.

Je sortis de la boutique en courant, laissant tomber les Doritos par terre.

Je hurlai son nom :

— DENNIS !

J'ouvris brutalement la porte des WC et les mots qui m'échappèrent furent :

— Oh mon Dieu, oh mon Dieu, Dennis, oh mon Dieu, Dennis...

Moi qui évitais généralement d'employer le nom de Dieu car il n'avait jamais fait grand-chose pour moi, je l'invoquai trois fois, comme pour une incantation sacrée. Comme par pénitence, pour expier mon péché.

J'avais péché, oui.

Je m'étais endormi.

41

Nous roulions à toute vitesse sur l'autoroute. Laissant loin derrière nous la station-service où l'Indien était couché sur son journal – l'Indien et non le sikh, car son turban n'était finalement pas rouge, non, du moins il ne l'était pas un quart d'heure plus tôt, avant que quelqu'un ne lui tire une balle dans la tête.

Ça ne s'était pas passé de la même façon dans les toilettes. Là, il n'y avait rien eu pour absorber le sang. Le sol en était intégralement recouvert, ainsi qu'une partie du miroir brisé.

Un long éclat de verre se trouvait encore par terre.

Celui dont le plombier avait dû se servir pour trancher la langue de Dennis.

Je le vis s'élever sur notre gauche, seulement trois kilomètres après la station-service – comme si Dieu avait dit : tu m'as fait signe, je vais te faire signe moi aussi.

Hôpital pour anciens combattants 138.

Aussi facile que ça.

Très ancien, le bâtiment faisait plutôt penser à un fort militaire – tout en pierre et en tourelles. Mais c'était un hôpital avec des docteurs, des infirmiers, de quoi vous soigner alors que Dennis se vidait de son sang.

En passant le portail, je remarquai les barreaux sur les fenêtres du dernier étage.

Je m'arrêtai devant la porte d'entrée, tirai Dennis de la voiture et l'amenai à l'intérieur en le portant à moitié. C'est là qu'au premier coup d'œil l'infirmière à l'accueil s'exclama :

— Monsieur Flaherty, mais enfin, où étiez-vous passé ?

OK.

Nous avions trouvé notre hôpital.

— Bon, dit le chirurgien, un certain major DeCola aux cheveux coupés en brosse, très courts, après qu'ils eurent enfin stoppé l'hémorragie (de tous les appendices du corps humain, c'est la langue qui saigne le plus). Vous voulez bien me dire ce qui lui est arrivé ?

— Quelqu'un l'a agressé, dis-je.

Nous étions assis dans le salon principal : des tables, des fauteuils de bridge, deux distributeurs de boissons et friandises presque vides.

— Sans blague, Sherlock, dit DeCola. Qui ça ?

— Je ne sais pas. Dennis était dans les toilettes d'une station-service à une quinzaine de kilomètres d'ici, quelqu'un est entré et l'a attaqué.

Je ne mentionnai pas que le propriétaire de la station avait trouvé la mort.

Pourquoi ?

Parce que c'est avec mon pistolet qu'on lui avait tiré dessus.

On retrouverait une balle de 38 dans son crâne.

Je le savais.

De toute façon, ce meurtre ne resterait pas secret

bien longtemps – selon toute probabilité, quelqu'un était déjà rentré dans la station pour y acheter un paquet de cigarettes et avait trouvé à la place un corps en état de rigidité cadavérique.

Je comptais raconter à la police – je m'entraînais à répéter ma version des faits en silence – que je dormais à l'arrière de la voiture, que j'avais entendu Dennis crier, que je l'avais trouvé avec la langue coupée. Un point c'est tout.

Ce que je fis une demi-heure plus tard, quand deux inspecteurs et un agent en uniforme vinrent me trouver dans le salon.

Le major DeCola leur avait téléphoné, m'expliquèrent-ils.

Ils étaient au courant pour l'Indien.

L'agent se trouvait avec son coéquipier dans le véhicule de patrouille qui avait répondu à l'appel d'une automobiliste hystérique, quasi incohérente : celle-ci s'était arrêtée à la station pour faire le plein et s'était retrouvée à courir le long de la route avec un seul talon haut.

Je leur narrai ma version revue et corrigée des événements.

— Vous dormiez dans votre voiture ? demanda l'inspecteur Wolfe.

Il y avait un ton particulier dans sa voix. Peut-être parce que les gens qui dorment dans leur voiture sont plus souvent ceux qui commettent les crimes que ceux qui en sont victimes.

— Tout à fait, dis-je.

Quand je leur racontai que j'étais journaliste, il parut encore plus perplexe.

— Pourquoi voyagiez-vous avec M. Flaherty ? demanda-t-il.

Il avait l'apparence bien propre, bien soignée d'un de ces héros américains comme on en voit dans les séries militaires à la télé – *JAG*, par exemple.

— Flaherty était auparavant soigné en psychiatrie dans cet hôpital, c'est bien ça ? reprit-il. Il avait pris la fuite.

— Oui. Je le ramenais ici.

— Pourquoi ça ?

— *Pourquoi ?*

— Pourquoi vous, monsieur Valle ? Quelle relation entretenez-vous avec lui ?

— Je l'interviewais pour un article.

— Ah oui ? Un article sur quoi ?

— Sur les anciens combattants. Sur les difficultés et l'injustice qu'ils rencontrent quand ils retournent à la vie normale, sur le peu d'aide qu'ils reçoivent pour se réadapter.

Je ne sais pas pourquoi j'ai dit ça plutôt qu'autre chose.

Peut-être parce que Wren avait autrefois écrit un article à ce sujet. Un article dont j'étais désormais persuadé qu'il l'avait mis sur la piste de quelque chose de bien plus étonnant. Je reliais les points.

Ou peut-être parce que le plombier qui avait coupé la langue de Dennis disposait d'un accès officiel à mes reçus de carte de crédit, et que j'avais trois fonctionnaires « officiels » en face de moi.

— D'accord. Et vous dormiez tous les deux dans votre véhicule ?

— Tout à fait. Dennis ne se souvenait plus de l'hôpital où il avait séjourné. Nous faisions route vers le sud et les vérifions un par un.

— Il a des problèmes de mémoire ?

— Il a des blancs, en fait.

— OK.

L'inspecteur Wolfe jeta un coup d'œil vers son coéquipier, qui essayait de récupérer le dernier sachet de chips du distributeur en donnant de grandes claques sur le côté de la machine comme s'il s'agissait d'un suspect peu coopératif.

Wolfe se tourna à nouveau vers moi :

— Donc vous dites que vous avez entendu M. Flaherty crier, que vous avez accouru dans les toilettes et que vous l'avez trouvé comme ça ?

— Tout à fait. Et ensuite j'ai conduit jusqu'ici.

— Vous n'êtes jamais entré dans la boutique ?

— Non.

— Vous n'avez jamais entendu de coup de feu ?

— Non, dis-je. Mais qui sait, c'est peut-être ça qui m'a réveillé.

— Qui sait ? *Vous* devriez savoir.

— Je ne me rappelle pas avoir entendu quoi que ce soit ; je me suis réveillé, c'est tout.

— Et vous n'avez vu personne sortir des toilettes, devant la station ou ailleurs ?

— Non. Je dormais profondément.

— Et vous n'êtes jamais entré dans la boutique ?

— Non.

Cette question-là, il me l'avait déjà posée.

— Il y avait deux paquets de... c'était quoi, John ? demanda-t-il à son coéquipier.

— Des Doritos, dit John d'une voix qui laissait entendre qu'il donnerait cher pour être en train d'en grignoter en ce moment même, le distributeur ayant obstinément refusé de relâcher son sachet.

— Exact, dit Wolfe. Il y avait deux paquets de Doritos par terre. Quelqu'un a dû les laisser tomber en quittant la boutique, comme si la personne s'était enfuie en courant. On se demandait de qui il pouvait bien s'agir étant donné que vous n'êtes pas entré dans la boutique.

— La même personne qui a tué le propriétaire de la station ? suggérai-je.

– M. Patjy n'était que l'employé de nuit, me corrigea-t-il. Vous croyez que le meurtrier a pris deux paquets de Doritos avant de sortir, puis s'est ravisé en disant « qu'est-ce que je fous avec ces Doritos ? » et les a laissés tomber ?

— Peut-être qu'il a d'abord pris les Doritos.

— Vous voulez dire qu'il serait entré dans le but d'acheter des Doritos, mais qu'en fin de compte il aurait décidé de tuer M. Patjy à la place ? Et de couper la langue de votre ami ?

— Je n'en sais rien, dis-je.

— Ouais. Moi non plus, je n'en sais rien.

— Et la femme ? Peut-être que c'est elle qui a laissé tomber ces sachets ?

— Oui, ça paraîtrait plausible. Sauf qu'on le lui a demandé et qu'elle a dit que non. Alors ça reste un mystère.

Silence…

— Je me demande pourquoi ils lui ont coupé la langue, reprit l'inspecteur Wolfe.

En guise d'avertissement… ne parle pas. Ne…

— Je suppose qu'il va falloir attendre qu'il nous le dise lui-même, poursuivit-il. Bien sûr, il ne va pas être en mesure de nous parler beaucoup, n'est-ce pas ?

— Je ne sais pas exactement.

— Le médecin dit que non. Et il a des blancs, d'après ce que vous nous avez raconté. Alors ça risque de ne pas nous avancer beaucoup.

— Il a participé à l'opération Tempête du désert,

dis-je. Il est convaincu d'avoir été empoisonné par les champs de pétrole auxquels ils ont mis le feu.

— Il a probablement raison, dit l'inspecteur Wolfe. Quel putain de désastre, là-bas.

— Vous y étiez ?
— J'y étais.
— Dans l'armée ?
— Dans les marines. Pourquoi n'êtes-vous pas entré dans cette boutique ?
— Pardon ?
— Vous avez retrouvé M. Flaherty couvert de sang. La langue tranchée. Pourquoi ne pas courir au magasin pour demander de l'aide ? Ou téléphoner pour qu'on envoie une ambulance ? Vous avez un portable ?
— Il n'était pas chargé, mentis-je.
— D'accord. Alors pourquoi n'avez-vous pas utilisé le téléphone de la boutique ? Pourquoi n'avez-vous pas couru à l'intérieur chercher quelqu'un ?
— Je n'en sais rien. J'imagine que j'ai paniqué. Je pensais seulement à quitter cet endroit.
— D'accord. Bon, eh bien peut-être que la caméra de surveillance pourra nous dire ce qui est arrivé à M. Flaherty, dit-il en me regardant droit dans les yeux.

Puis il ajouta :

— Zut, j'avais oublié. Cette foutue caméra est cassée.

Ils mirent Dennis en salle de réanimation, à côté d'un soldat couvert de cicatrices dues à des éclats d'obus.

— Ça lui est arrivé en Irak ? me demanda le soldat.

J'étais assis au chevet de Dennis. C'était le soir : l'éclairage au néon au-dessus de son lit n'arrêtait pas de produire des crépitements bleus et blancs, qui me rappelaient des tirs de roquette vus de loin.

Je me disais qu'il y avait quelque chose de bizarre dans cet hôpital.

Hôpital pour anciens combattants de l'Oregon 138.

— Non, répondis-je. Ça lui est arrivé ici, dans notre beau pays.

— Merde. Sa langue, hein ?

Je hochai la tête.

— Dur. Sa femme va pas apprécier. Elle pourrait attaquer l'armée en justice en expliquant que son mari ne peut plus accomplir les tâches habituelles. Si vous voyez ce que je veux dire.

Il tira la langue et la tortilla d'avant en arrière.

— Je ne crois pas qu'on puisse attaquer l'armée en justice.

— Ah bon ? Mon putain d'avocat, quel menteur !

Voyant que je ne réagissais pas, il me dit :

— Ça va, je vous faisais seulement marcher...

Dennis émergea environ une heure plus tard.

J'avais dû somnoler ; c'est une espèce de vagissement plaintif – comme un chat abandonné miaulant pour qu'on le laisse rentrer dans une maison – qui me réveilla.

Il s'agissait de Dennis.

Il n'arrivait pas à former de véritables mots.

Ce qui restait de sa langue était couvert de points de suture.

De grosses boules de coton lui gonflaient l'intérieur des deux joues.

— N'essayez pas de parler, Dennis. Je vais vous apprendre de mauvaises nouvelles. Mais ça aurait pu être pire. D'accord ?

Dennis écarquilla des yeux gonflés et injectés de sang. Il avait l'air d'un Chinois.

— Vous avez mal ? Hochez la tête si vous avez mal, Dennis. Si vous souffrez, vous pouvez appuyer sur ce petit bouton de votre perfusion. Ça augmentera la dose de morphine dans votre sang.

Il continuait de me fixer des yeux.

Il continuait d'essayer de parler.

— La personne qui vous a attaqué vous a coupé la langue, Dennis. Pas toute votre langue. Mais une grande partie. Je ne sais pas quelles seront les conséquences en ce qui concerne votre... votre capacité de parler. On est sûrs de rien pour l'instant. Vous comprenez ce que je vous dis ?

Il ne répondit pas en indiquant oui ou non.

Au lieu de ça, il tourna la tête comme s'il cherchait quelque chose autour de lui.

— Vous vous souvenez de ce qui s'est passé, Dennis ? Vous vous rappelez qui vous a attaqué ?

Et maintenant il cherchait autre chose encore : sa langue, avalant frénétiquement pour la sentir, puis enfonçant deux doigts qui tremblaient dans sa bouche pour essayer de toucher ce qui n'y était plus.

Il pleurait.

— Sortez vos doigts de là, Dennis. On vous a tout suturé.

Il ferma les yeux, gémit, donna un coup de tête contre l'oreiller.

Je regardai ailleurs, vers la fenêtre crasseuse. Une branche d'arbre griffait la vitre, comme si elle voulait entrer. J'attendis jusqu'à ce que Dennis se calme, jusqu'à ce qu'il cesse de taper la tête contre le lit.

— Si je vous pose des questions, pourrez-vous écrire les réponses ?

Il leva les yeux vers le plafond.

— Seulement quelques questions, Dennis.

Il y avait un crayon mâchonné sur sa table de chevet. Je le pris et le mis dans sa main. Il ne s'en saisit pas vraiment, mais il ne le laissa pas non plus tomber. Dans le couloir, je trouvai un exemplaire abandonné du quotidien *The Oregonian*. J'arrachai une pub d'une page entière pour « le meilleur revendeur de voitures d'occasion de l'Oregon » et je la glissai dans la main de Dennis.

Il la regarda, l'air déconcerté. Puis il écrivit d'une écriture irrégulière, enfantine :

Pourquoi ?

— Je ne sais pas, Dennis.

Pourquoi ? écrivit-il à nouveau.

Pourquoi... pourquoi... pourquoi... encore et encore, comme un gosse qui refuse d'écouter tant qu'on ne lui a pas donné de réponse – pourquoi est-ce que le ciel est bleu... Pourquoi est-ce que les oiseaux volent... Pourquoi est-ce que quelqu'un m'a coupé ma putain de langue ?

— Le type qui vous a fait ça, à quoi ressemblait-il ?

Il secoua la tête et appuya sur le bouton magique de sa perfusion intraveineuse.

— Est-ce qu'il avait une apparence étrange ? Un peu comme s'il n'avait pas de traits ?

Ses paupières à demi fermées tressaillirent.

Envie dodo, griffonna-t-il.

— C'est de cela qu'il avait l'air ?

Envie dodo.

— Oui, c'est la morphine.

Je lui reposai la question, mais cette fois-ci il n'essaya même pas de répondre.

Je le regardai s'enfoncer dans le sommeil.

Mais il n'y arrivait pas.

Ses yeux se fermaient lentement, puis se rouvraient tout d'un coup comme sous l'impulsion d'un ressort – comme si dans le noir il voyait quelque chose qui manquait de le faire mourir de peur. Les toilettes. Le plombier se jetant sur lui, un morceau de verre à la main.

Au bout d'un moment, il prit à nouveau le crayon entre ses doigts.

Racontez-moi une histoire, écrivit-il.

— Une histoire ?

Une histoire pour dormir.

— Je ne connais pas d'histoires, Dennis.

Envie dodo.

— D'accord. Alors dormez.

J'ai peur. Une histoire.

— Écoutez, Dennis...

Maman.

— Votre maman est dans l'Iowa. Moi je suis Tom. Vous êtes à l'hôpital.

Une histoire.

— Je ne connais aucune histoire, Dennis.

— Faites un effort, mon vieux, intervint le soldat, qui venait de se réveiller. Le pauvre homme a perdu la langue et il veut une histoire. Vous n'en connaissez aucune ?

— Non.

— Même pas *Boucles d'Or* ? Merde, tout le monde la connaît, celle-là.

Les paupières de Dennis tremblèrent. Ses yeux s'ouvrirent et il les fixa sur moi.

— OK, dis-je. Oui. Je connais une histoire. Une histoire vraie.

— Allez-y, mon gars, dit le soldat.

— C'est une histoire de fantôme.

— Je croyais que vous aviez dit que c'était une histoire vraie...

— C'est une histoire vraie.

— Vous entendez, Dennis ? Une histoire de fantôme, et vraie en plus.

— Il était une fois ces hommes, commençai-je. Ces docteurs...

— Il était une fois quand ? interrompit le soldat. De quelle époque on parle ? Aujourd'hui ?

— Non, dis-je. Pas aujourd'hui. En 1945.

42

Le jour de leur arrivée, ils se réunirent devant le sanctuaire Gokoku.

En partie parce que l'endroit appartenait déjà à la légende. Cela n'avait rien de surprenant pour ces hommes : une forme de magie noire venait de prendre le monde d'assaut. Elle exigeait ses totems et ses idoles.

Ils contemplèrent les pierres tombales ; oui, il y avait bel et bien des ombres brûlées dans le granit. Et oui, si vous plissiez les yeux, si vous regardiez suffisamment longtemps quand la lumière était bonne, ces ombres pouvaient sembler être celles d'êtres humains.

De fantômes.

Il y avait d'autres ombres. On en voyait une sur le toit de l'immeuble de la chambre de commerce ; une sur la tour du bâtiment de la compagnie électrique Chugoku ; deux autres sur le seul mur du temple qui tenait encore debout. Mais c'était les ombres sur ces pierres tombales qui avaient capturé l'imagination du public. Et pourquoi pas ? Cette imagination avait subi une transformation radicale, dépassant tout ce qui était autrefois compréhensible.

Un mois plus tôt, il y avait trois cent mille habitants dans cette ville, véritable ruche de l'industrie militaire.

Il ne restait désormais plus que six bâtiments.

Ce que l'onde de choc initiale n'avait pas détruit l'avait été par les incendies qui avaient suivi. La population s'était trouvée réduite des deux tiers – pas d'un coup, mais par étapes successives et terribles que l'on commençait seulement à distinguer, pas encore à comprendre.

Ces hommes se tenaient à la limite de la science vaudoue, même si c'était en fait un précipice qu'ils avaient devant eux, un énorme vide de connaissance.

Ils étaient là pour le remplir.

Certains d'entre eux venaient du Nouveau-Mexique, où ils avaient gardé un œil attentif sur les techniciens, les scientifiques et même les simples ouvriers qui travaillaient directement au contact de ce truc auquel on donnait le petit nom de Kryptonite – une allusion pas si drôle à l'élément capable de mettre à genoux Superman lui-même. Tout le monde savait qu'il fallait s'en méfier – mais à quel point ?

Quelle quantité ? Quelle durée ? Quelle régularité ?

Ils se voyaient comme des charmeurs de serpents tentant d'apaiser le cobra qu'Oppenheimer et d'autres étaient parvenus à faire sortir de son panier : danser autour du danger en espérant ne pas se faire mordre.

Mais le mot « cobra » ne rendait pas vraiment justice à la chose – il s'agissait plutôt d'un dragon. Chatouiller le dragon : voilà l'expression qu'employaient les techniciens lorsqu'ils assemblaient manuellement les matériaux fissibles. Ils espéraient ne pas se faire brûler, comme cela arriva à l'un d'entre eux – un physicien nommé Louis Fruton –, carbonisé par une explosion radioactive soudaine, un beau jour de 1945.

Quand ils avaient lâché Trinity au point zéro, à l'aube, un soleil miniature avait illuminé le ciel – deux mille fois plus chaud que celui autour duquel la Terre orbite. La tour de sept tonnes qui avait servi au largage avait été vaporisée. Les grains de sable avaient fondu pour se transformer en verre. Le premier champignon atomique de l'histoire s'était élevé dans les cieux et avait libéré une légère pluie de flocons blancs qui étaient lentement descendus sur les fourmis légionnaires au sol.

Le deuxième champignon atomique de l'histoire apparut trois semaines plus tard au-dessus de la ville militaro-industrielle d'Hiroshima.

Le serpent était sorti de son panier ; le poison était passé dans le sang.

Ils s'assemblèrent d'abord à Okinawa – les médecins militaires venus de Los Alamos, de Walter Reed, de Rochester, et même quelques-uns de la célèbre clinique Mayo.

Ils comparèrent leurs notes et parcoururent les textes déjà publiés. Il n'existait pas grand-chose sur le sujet, et ce qu'il y avait était si peu pertinent que c'en était ridicule. Alors ils passèrent beaucoup de leur temps à attendre, tout simplement.

La guerre s'était achevée le 13 août, mais ils ne furent pas autorisés à entrer au Japon avant la fin du mois de septembre.

Un laboratoire de vingt-cinq kilomètres carrés les attendait en plein pays du Soleil levant : cent soixante mille cadavres vivants qui avaient besoin d'être examinés, inspectés, passés au rayon X, répertoriés, autopsiés... Et surtout observés.

Comme des biologistes, ils étudiaient une espèce

inconnue jusqu'à présent : les premiers survivants de l'histoire.

En tant que médecins, ils avaient déjà pu voir le corps humain attaqué par toutes sortes de choses : des balles, des lames, des éclats d'obus, des gaz, des poisons... Mais rien de cela ne pouvait être comparé aux dégâts causés par un bombardement de neutrons, de particules bêta et de rayons gamma.

Il semblait y avoir trois phases distinctes.

D'abord, les gens qui étaient morts au cours des premières heures ou des premiers jours.

Pour ces cas-là, ils durent se fier aux observations des médecins japonais, qui pour la plupart étaient totalement perplexes. Des gens sans aucune blessure apparente avaient succombé mystérieusement, s'écroulant à un coin de rue, dans leur lit ou sur leur vélo. Les médecins supposaient que les rayons gamma avaient littéralement brisé les murs de leurs cellules et attaqué les noyaux.

La deuxième phase sembla débuter environ deux semaines après l'exposition initiale.

Les cheveux des victimes commencèrent à tomber. Elles furent prises de diarrhées sévères, de crises de tremblements incontrôlables, de fièvres grimpant jusqu'à quarante et un degrés. Leur taux de globules blancs s'effondra ; leurs gencives se transformèrent en plaies ouvertes ; leurs blessures suppurèrent sans espoir de cicatrisation. La plupart de ceux qui en arrivèrent à cette phase du mal des rayons moururent.

Une troisième phase attendait ceux qui survécurent : leur corps voulut trop compenser – leur taux de globules blancs augmentant démesurément pour faire face à la dévastation interne. Des infections se déclarèrent – pulmonaires, en général – qui se résorbaient puis empiraient ou bien stagnaient, épargnant certains malades et en emportant d'autres.

Il y avait une quatrième phase, bien sûr.

La phase dont ils débattaient constamment, réfléchissant et murmurant entre eux, leurs échanges rendus plus intenses après quelques verres de saké chaud – pas mal, cette gnôle japonaise. La phase au sujet de laquelle ils ne pouvaient que hasarder des suppositions, étant donné qu'on ne pourrait rien savoir avant des années :

Que se passerait-il après ?

Quand ils auraient reconstruit la ville, quand les ombres se seraient estompées sur les pierres tombales et sur le mur du temple, quand tout le monde serait retourné à une vie tranquille... Que se passerait-il alors ?

Ils pouvaient essayer de le deviner.

Les prémices de mutations génétiques commençaient à apparaître. Les radiations demeuraient non seulement dans l'air, mais aussi dans le sang.

Ils observèrent ceux des survivants qui eurent des enfants.

Des bébés venaient au monde avec des bras chétifs, des doigts en moins, des langues fourchues, ou même atteints de mongolisme – même si, franchement, ce n'était pas facile à repérer avec les bébés nippons, vu que leurs traits étaient déjà à moitié mongoloïdes. Puis il y eut les cas de leucémies et d'autres maladies du sang bizarres et mortelles.

Une quarantaine officieuse s'instaura d'elle-même.

Les Japonais eux-mêmes se mirent à éviter les survivants, comme si ces derniers étaient le douloureux symbole de leur honte nationale. Comme si ces gens à la peau couverte de brûlures et de cicatrices étaient le visage même de leur pays défiguré. Hiroshima et Nagasaki en ruine, des sections entières de Tokyo ravagées par les bombes incendiaires des B-52.

On ne pouvait pas leur donner d'emploi, à ces habakusha *– ces survivants des radiations. Ils tombaient tout le temps malades, manquaient des heures et des heures de travail. Ils mouraient à la pelle. Ils n'étaient pas beaux à voir.*

Personne ne se plaignit quand les médecins militaires enfermèrent certains des survivants. Même pas les survivants eux-mêmes. Ils étaient infectés, empoisonnés, une nouvelle espèce de parias. Cela vaut mieux pour nous comme pour eux, pensaient les médecins.

Ainsi ils pouvaient observer les survivants de plus près, ils avaient une plus grande chance de les garder en vie – quand c'était encore possible. Ils prélevaient leur sang, effectuaient des radios de leurs os, examinaient leurs selles. Ils se pressaient goulûment autour des tables d'autopsie pour voir ce qu'ils pourraient découvrir.

Lentement, ici ou là, ils se lancèrent dans des expérimentations.

Au début, seulement sur les patients dont la vie ne tenait qu'à un fil. Les patients au seuil de la mort. Ils essayaient avec eux certains régimes ou les privaient entièrement de nourriture. Ils les bombardaient de rayons X, afin de voir si on pouvait combattre le mal par le mal.

Ils savaient qu'ils auraient besoin de ces connaissances.

La guerre était peut-être terminée, mais ils n'avaient fait qu'échanger un ennemi contre un autre. Le Japon se remettait plutôt bien, ayant déjà commencé à transférer sa ferveur nationaliste vers l'effort de reconstruction économique. C'est l'allié d'hier qui posait problème. L'ours russe grognait, insatiable : il avait avalé l'Europe de l'Est et il serait prêt à dévorer le reste si on lui en laissait la plus petite chance.

Personne ne se faisait la moindre illusion.

Hiroshima et Nagasaki n'étaient que les deux premières salves d'une guerre d'un nouveau type.

Froide aujourd'hui, cette guerre pouvait d'un moment à l'autre devenir brûlante.

Il fallait que ces hommes sachent quoi faire quand la fumée se dissiperait et que des millions de victimes – car elles seraient des millions – seraient évacuées des ruines urbaines.

Il leur fallait des réponses.

La plupart d'entre eux se constituèrent une carapace émotionnelle. Ce n'était pas si difficile, étant donné qu'ils avaient affaire au peuple qui avait pris en traître notre marine nationale à Pearl Harbor. Qui avait semé des cadavres d'Américains à travers toute la péninsule de Bataan.

S'ils étaient un peu froids, un peu calculateurs dans leur manière de traiter ces survivants, s'ils se mirent à les considérer comme des cobayes geignants et gémissants plutôt que comme des êtres humains qui respiraient, qui vivaient encore, c'était compréhensible. C'était pour le bien de la patrie. C'était pour le progrès de la science.

Aux yeux de certains, ces expérimentations pouvaient sembler contraires aux idéaux américains.

Mais pas quand on remettait les choses dans leur contexte. Pas à l'époque.

Ces hommes méritaient des médailles.

À partir de leur recherche on allait pouvoir écrire un manuel de survie postnucléaire.

Même quand ces médecins rentrèrent au pays, même après la fin officielle du projet Hiroshima, les expérimentations continuèrent.

Des ordres spéciaux furent transmis par voies spéciales vers des lieux spéciaux.

Cette fois-ci, les cobayes n'étaient pas les survivants nippons d'une explosion à mille lieues de chez nous.

Non.

Cette fois-ci, les cobayes étaient beaucoup plus proches.

Des garçons souffrant de troubles émotionnels vivant dans un foyer d'enfants à Rochester, par exemple.

Là-bas, les médecins formèrent un « club de sciences » pour les garçons.

Ces derniers voulurent tous en faire partie.

Après tout, il n'y avait pas grand-chose à faire dans ce foyer, à part fabriquer des paniers. Et certains des garçons ne souffraient pas vraiment de troubles émotionnels. Non. Ils avaient été abandonnés par des parents qui n'avaient pas de quoi subvenir aux besoins de leurs enfants. Au club de sciences, on les emmenait à des matchs de baseball. On leur donnait de vraies balles, des gants en cuir, des casquettes.

On leur donnait aussi autre chose.

De la bouillie de flocons d'avoine mélangés à des isotopes radioactifs.

Tous les matins pour le petit déjeuner.

Tous les garçons devaient finir leur bol de porridge s'ils voulaient continuer à faire partie du club. Aucune exception n'était tolérée.

Il y avait également les femmes enceintes à l'hôpital de l'université Vanderbilt.

On les pressait de prendre un « cocktail spécial ».

« Qu'est-ce qu'il y a dedans ? » demandaient ces

femmes, qui en étaient à leur premier, leur cinquième ou leur neuvième mois de grossesse.

« *Des vitamines, leur répondait-on. Des vitamines pour vous rendre plus forts, vous et votre bébé.* »

Il n'y avait aucune vitamine dans ces cocktails.

Il y avait de la radioactivité. Destinée à leur utérus. Buvez.

Et il y avait aussi un certain hôpital dans l'Ouest. Marymount Central.

Où du plutonium pur fut injecté dans les veines de trois cent vingt patients spécialement sélectionnés.

Certains souffraient d'un cancer.

D'autres non.

Certains étaient en phase terminale.

Pas tous.

Mais peu importait.

Au final, ils furent tous condamnés.

À ce stade-là, les médecins militaires avaient été rattachés à la toute nouvelle Commission sur l'énergie atomique, qui fut elle-même incorporée par la suite au département de l'Énergie. Des années plus tard, le directeur dudit département présenta des excuses publiques pour ces « actes atroces ». Mais les médecins gardèrent le surnom qu'on avait donné à leur groupe durant la guerre, comme une marque d'honneur secrète. Même cinquante ans après, ils continuaient de l'invoquer pour se définir. Un nombre à trois chiffres.

« *Le 499e* », *répondaient-ils quand on leur demandait dans quel régiment ils avaient servi.*

Le 499e bataillon médical.

43

Je pris l'ascenseur jusqu'au dernier étage.
Celui avec des barreaux aux fenêtres.
Dès que les portes de l'ascenseur s'ouvrirent, je les sentis, ces barreaux. Je sentis que l'atmosphère était maintenue prisonnière. Tout d'un coup, il m'était plus difficile de respirer ; je marchais avec des poids autour des chevilles.
Peut-être était-ce dû à la grosse porte en métal de l'autre côté du vestibule – bien que le terme « vestibule » soit un peu exagéré, étant donné que la pièce ne semblait avoir aucune fonction particulière. Aucune chaise ni aucun bureau d'accueil, seulement un espace vide entre l'ascenseur et la porte verrouillée. Il y avait un interphone sur le mur.
J'appuyai sur le bouton.
Un visage apparut derrière la grille métallique de la porte.
Je sais. Tout cela a l'air d'un rêve dont je ne me souviendrais qu'à moitié. C'est d'ailleurs ce que j'avais l'impression de vivre. Il était minuit passé ; j'avais laissé Dennis plusieurs étages plus bas, endormi profondément sous l'effet de la morphine.
Un murmure incessant filtrait à travers la porte –

comme une tour de babel, chaque voix chuchotant une langue qu'elle seule comprenait.
— Ouais ?
Cette voix-là était celle de l'homme noir qui me regardait à travers la grille. Je voyais surtout le blanc de ses yeux.
— Je suis l'inspecteur Wolfe, dis-je en lui montrant rapidement mon portefeuille ouvert, espérant que les fils de la grille gênaient autant sa vue que la mienne.
— Ouais ?
— Un ancien patient a été hospitalisé aujourd'hui. Il s'est fait attaquer dans une station-service à quelques kilomètres d'ici. Vous en avez probablement entendu parler ?
— Non.
— C'était un patient en psychiatrie. Dennis Flaherty ?
— Ah, ouais, Dennis. J'ai entendu quelque chose, ouais. On lui a arraché les yeux, c'est ça ?
— On lui a tranché la langue.
— OK.
— Il ne va pas fort. Celui qui lui a fait ça a également tué l'employé de la station.
— OK. D'accord.
— J'aimerais jeter un œil, si ça ne vous dérange pas.
— *Ici* ?
— Oui.
— Pourquoi ?
— Le major DeCola m'a dit qu'il n'y aurait pas de problème.
— Le major *qui* ?
— DeCola.
— Il est médecin dans quel...

— Chirurgie.
— OK. Il est pas psy. Alors...
— Il m'a dit qu'il n'y aurait aucun problème.
— Ouais. Bien sûr. Mais...
— Il est major, dis-je.
— Putain. Ouais. Ça va.
Les mots magiques.

La porte s'ouvrit électroniquement. Du moins c'est ce qu'elle était censée faire. L'homme noir – qui me dit que son nom était Rainey – dut en fait la pousser lui-même.

— Tout fout le camp ici, dit Rainey.

Peut-être que Dennis n'avait pas eu beaucoup de mal à s'échapper, me disais-je. *Peut-être n'avait-il eu qu'à pousser une porte et presser le pas.*

De l'autre côté de la porte, il y avait un petit bureau. Celui de Rainey, sans doute. Un gobelet en polystyrène était posé sur un journal grand ouvert, placé aussi soigneusement qu'un set de table. Un fauteuil bridge en métal se trouvait derrière le bureau.

La pièce elle-même avait à peu près les dimensions de toilettes comportant deux WC. Elle en avait l'odeur aussi. Une odeur de vieille urine et de sueur masculine. D'enfermement.

— Vous connaissiez Dennis ? lui demandai-je.
— On ne connaît personne ici, mec. Mieux vaut ne pas connaître ces gens. La plupart d'entre eux ne sauraient même pas retrouver leurs deux pieds.
— Dennis a su retrouver la sortie, apparemment ?

Rainey rigola doucement.

— Ouais. C'est sûr. Dennis a pris la poudre d'escampette.
— Et il s'est aussi bourré les poches de médi-

caments avant de partir. À quel étage se trouve la pharmacie ?

— Pas à celui-ci.

En face de la porte que je venais de franchir, il y avait une autre porte. Celle qui menait aux chambres, certainement. Chez les fous.

— Je peux voir la chambre de Dennis ?

— C'est rien qu'un lit, mec.

— D'accord. Montrez-la-moi quand même.

Il haussa les épaules, se gratta la tête et dit :

— C'est vous qui voyez.

Il fouilla sa poche, sortit une clé qu'il inséra dans la serrure. La porte s'ouvrit d'un coup.

Je m'attendais à pire.

Cela ressemblait à un dortoir. À un dortoir dans une vieille école de garçons – d'accord, une très, très vieille école de garçons. Mais quand même. Un couloir menait à des portes qui ouvraient sur des pièces où se trouvaient des rangées de lits. Tout ce qu'il y avait de plus normal.

Nous nous arrêtâmes sur le pas de la porte de l'ancienne chambre de Dennis et Rainey mit son doigt en travers de ses lèvres.

Ne faites pas de bruit.

À mon avis, nous ne risquions pas de déranger grand monde. Les patients se tournaient et se retournaient dans leur lit, marmonnant tout en rêvant. Certains semblaient dormir les yeux grands ouverts.

— Quel était le lit de Dennis ? demandai-je.

— Voyons... murmura Rainey. Celui-ci, dit-il en montrant du doigt l'extrémité de la pièce. Il aimait la fenêtre. Il aimait voir le ciel. Peut-être qu'il avait l'habitude de vivre dans la rue.

— Peut-être.

— Vous voyez, rien qu'un lit vide. Je vous l'avais dit.

— Je voudrais y jeter un œil.

— Ben c'est ce que vous êtes en train de faire.

— De plus près.

Rainey haussa les épaules.

Nous avançâmes le long de l'allée centrale, flanqués de chaque côté par des corps qui murmuraient et remuaient. L'odeur était pire ici – âcre, médicamenteuse.

De fins rayons de lune platine zébraient le plancher en bois. Je faillis trébucher sur la chaussure de quelqu'un.

— Celui-ci ? demandai-je.

Il s'agissait du dernier lit, juste au-dessous de la fenêtre. La grille découpait le clair de lune en petits carrés bien réguliers.

— Ouais.

Le lit était fait au carré – la couverture grise impeccablement bordée, tirée de façon à ce qu'il n'y ait pas le moindre pli. Une pièce de monnaie aurait probablement rebondi dessus. Une étagère en bois était fixée au-dessus du lit, mais elle était vide.

Je m'assis et essayai d'imaginer à quoi ressemblait la vie ici, parmi d'autres malades qui eux aussi s'étaient autrefois baladés avec des armes à feu.

— Et celui-là ? demandai-je en montrant le lit juste à côté de celui de Dennis.

C'était le seul autre lit vide de la pièce.

— Celui-là ? fit Rainey. Oh, c'était celui de Benjy.

44

L'étagère de Benjamin était encore bien remplie.

De vieux livres, principalement – des manuels scolaires et universitaires, des bandes dessinées, le genre de choses que les parents ont l'habitude de conserver précieusement dans une malle au grenier. Sauf qu'il n'y avait pas de malles dans un hôpital pour anciens combattants, et certainement pas de greniers ni de parents pour chérir les souvenirs d'enfance de leur progéniture.

— Il était noir, dis-je. Benjamin était noir.

— Aussi noir que moi, dit Rainey. Pourquoi vous vous intéressez à lui ?

— Il a pris la poudre d'escampette lui aussi, non ? Dennis n'était pas le seul à savoir où se trouvait la sortie.

Rainey hocha la tête.

— Je crois qu'il a pris quelque chose appartenant à Dennis avec lui, dis-je.

— OK.

— Combien de temps Benjy a-t-il passé ici, dans cet hôpital ?

Rainey sourit :

— Putain, aucune idée. Il était là pour la vie, mec.

— Pour la vie, bien sûr. Mais Benjy n'était pas un ancien combattant, si ?

— C'est un hôpital pour anciens combattants, autant que je sache.

— Oui. Mais est-ce que ça a toujours été le cas ?

— Je pourrais pas vous le dire. Ça date d'avant mon arrivée. Tout ce que je sais, c'est que ce pauvre débile était là depuis des lustres.

— Il était débile ?

— Qu'est-ce que vous croyez qu'il foutait ici ? Bien sûr qu'il était débile.

— Vous avez eu l'occasion de lui parler, Rainey ?

— Lui parler de quoi ?

— Je ne sais pas. Du temps qu'il fait. Du championnat de baseball. Du prix de l'essence ?

— Hé, je vous l'ai dit, vaut mieux pas trop faire connaissance. Si ces gars sont ici, c'est qu'ils ont perdu la tête. Qu'ils sont aussi tarés que Dennis. Benjy parlait tout seul.

— Est-ce qu'il prenait des cachets ? Comme Dennis ?

— Il en prenait de toutes les couleurs de l'arc-en-ciel, mec.

— D'accord. C'est peut-être pour ça qu'il parlait tout seul.

Rainey haussa les épaules.

— Je ne crois pas que Benjy était un pauvre débile, poursuivis-je. Mais un pauvre homme, sûrement. Quand est-ce qu'il s'est fait la malle ?

— Je sais plus, ça fait un bout de temps. Avant Dennis.

— Oui, avant Dennis. Ils étaient amis, Dennis et Benjy ? Ils passaient du temps ensemble ?

Rainey secoua la tête :

— Je vous l'ai dit, Benjy était là pour la vie. Ces

gars-là ne se mêlent pas aux autres. Dennis, lui, il venait d'arriver.

— Vous laissez les patients garder leur portefeuille, Rainey ?

— Parfois. On leur laisse garder un peu d'argent pour les snacks, vous savez, ce genre de choses. Certains ont des photos dans leur portefeuille de leur femme ou de leurs gosses, vous voyez. Alors ouais, pourquoi on les en priverait ?

— Ça leur arrive d'avoir des sommes d'argent plus importantes ?

— Ils sont pas censés avoir trop de fric...

— Oui, mais ça leur arrive ?

— Ouais. J'imagine. Il y a des gens qui leur rendent visite. On leur envoie des trucs. Ils jouent au poker avec des allumettes, normalement, mais vous savez...

— Je sais. Alors ça peut arriver de temps à autre que ces portefeuilles contiennent plus que de la menue monnaie ou des photos.

— Ouais.

— Dennis jouait au poker ?

— Ça a dû lui arriver. Pourquoi ?

— On a retrouvé Benjy avec le portefeuille de Dennis. Je me demandais s'il contenait beaucoup d'argent. Il avait beau n'être qu'un pauvre débile, il savait qu'il aurait besoin d'argent pour se rendre là où il voulait aller.

— Il voulait aller où ?

— En Californie. Voir sa mère.

— Ah ouais ? Comment vous savez ça ?

— Juste après l'avoir revue, il lui est arrivé un accident.

— Un accident de voiture ?

— Non. Je ne crois pas.

— Quel genre d'accident ?
— Un accident mortel.
— Ah ouais ? C'est dommage.

Nous murmurions, mais je vis une ou deux têtes se dresser au-dessus de draps blancs, comme des fantômes.

— Où pourrais-je trouver le dossier médical de Benjamin ?
— Dans les archives, sans doute.
— Où est-ce qu'elles sont ?
— Au quatrième. Il s'est tiré d'ici juste pour voir sa maman, alors ?
— Disons qu'il ne l'avait pas revue depuis cinquante ans.
— *Hein ?* Pourquoi ça ?
— Il ne savait pas qu'elle était en vie.
— Pendant cinquante ans ? Comment ça se peut, un truc pareil ?
— C'est simple. On lui avait dit qu'elle était morte.
— Ouais, mais pourquoi est-ce qu'elle n'est pas venue le voir, elle ?
— Parce qu'on lui avait dit, à elle, que lui était mort.
— Qui ça, « on » ?
— Il y a une télé à cet étage, Rainey ?
— Ouais. Ils aiment regarder les feuilletons à l'eau de rose, et le truc avec les trois motards tatoués sur la chaîne Discovery.
— Quoi d'autre ?
— Le golf. Les commentaires à voix basse, ça les calme.
— Et l'émission du matin sur NBC ? Ils la regardent parfois ?
— Ouais, de temps en temps.

Un à un, je me mis à prendre les livres poussiéreux sur l'ancienne étagère de Benjy.

— Ne vous inquiétez pas, je les rapporterai, dis-je à Rainey même s'il n'avait pas vraiment l'air de s'en soucier.

— Hé, dit-il, s'il croyait qu'elle était morte, comment il a su qu'elle était encore en vie ?

— Quelqu'un l'a mis au courant.

« Belinda était notre star bien à nous, avait dit M. Birdwell. Vous connaissez ce type qui présente la météo sur NBC – Willard, comment s'appelle-t-il ? Scott –, qui souhaite un joyeux anniversaire à tous les centenaires du pays ? Il a montré la photo de Belinda il y a quelques semaines. »

— Il a pu la voir avant de mourir, alors ? dit Rainey en laissant poindre une toute petite note de tendresse dans sa voix.

— Oui. Avant qu'elle ne meure *elle*, aussi.

— C'est bien.

Je m'assis sur le lit de Benjamin Washington. J'essayai d'imaginer le matin en question. Commencer sa journée avec un verre de jus d'orange et des cachets de Zyprexa, d'Haldol et de Seroquel – le petit déjeuner des champions – puis se traîner jusqu'au salon télé pour profiter de l'animatrice Katie Couric et de ses amis. Arrive le présentateur météo grassouillet avec son atroce moumoute, qui dit : « Souhaitons tous un très joyeux anniversaire à Belinda Washington qui habite à Littleton, en Californie. Elle a cent ans aujourd'hui. Joyeux anniversaire, Belinda. »

Youpi.

— Vous savez qu'il était castré ? murmurai-je à Rainey.

— Ouais, bien sûr. Je l'avais vu sous la douche.

— Vous savez pourquoi ?

Rainey haussa les épaules :

— Je pensais que c'était dû à une blessure de guerre. Il y a des tas de gens à qui il manque un tas de choses, ici, et pas seulement des cases dans leur cerveau.
— Benjamin Washington était un civil.
— Benjamin *qui* ?
— Washington.
— Ben voyons. *Briscoe*. Il s'appelait Benjamin Lee Briscoe.
— Vous êtes sûr ?
— Non, j'invente. *Bien sûr* que j'en suis sûr. Peut-être que vous vous trompez de type, alors ?

OK, quelque chose clochait. Mais je ne me trompais pas de type. Sûrement pas. Pourtant, ce nom me semblait étrangement familier.

Briscoe.

Je feuilletai un des manuels scolaires de Benjamin. Un voyage au fil de l'alphabet. À un moment donné, quelqu'un avait essayé de lui apprendre quelque chose. Il avait griffonné son prénom sur la couverture : *Benjamin : 9 ans.*

— Comment est-ce qu'il a pu sortir d'ici, Rainey ? Vous m'avez dit qu'il était bourré de cachets.
— Non, j'ai dit qu'il parlait tout seul. C'est vous qui avez dit que c'était la faute des médicaments.
— Je parie qu'il a arrêté de les prendre. Qu'il a fait semblant de les avaler, peut-être, mais qu'il les a recrachés. Il fallait qu'il ait les idées claires.
— Si vous le dites. C'est comme ça que Dennis s'y est pris ?
— Non.

Je réveillai Dennis.

Ses yeux étaient rêveurs, paisibles, comme s'il revenait d'un lieu où il avait encore sa langue et où il pouvait s'adonner à lire les plaques d'immatriculation et les panneaux de signalisation autant qu'il le désirait.

— Dennis, lui dis-je. Écoutez et contentez-vous de répondre en bougeant la tête, d'accord ? Oui ou non, Dennis, OK ?

Il hocha la tête.

— Vous avez fait un échange. C'est comme ça que votre portefeuille a atterri dans la poche de quelqu'un d'autre.

Il tourna les yeux vers moi.

— Il s'appelait Benjamin. Il voulait se tirer d'ici, s'enfuir. Vous vous souvenez ?

Aucune réponse.

— Peut-être que c'est ça qui vous a donné envie de faire pareil. Benjamin ne voulait plus ses médicaments, il n'en avait pas besoin. Mais vous oui, c'était indispensable pour vous. Votre portefeuille contenait un peu d'argent ; peut-être aussi une pièce d'identité. Benjamin avait besoin de l'un comme de l'autre. Ce n'était qu'un *fantôme*. Il n'avait absolument aucune identité. Et il allait enfin retrouver le monde.

Dennis me regardait fixement.

— Vous lui avez échangé votre portefeuille contre ses cachets. Toutes les couleurs de l'arc-en-ciel. C'est comme ça qu'un homme noir qu'on a retrouvé carbonisé dans une voiture en Californie avait votre portefeuille dans sa poche.

Dennis cligna des yeux.

— Je sais que vous n'arrivez plus à vous rappeler quoi que ce soit. Je sais que vous nagez dans un putain de brouillard. Mais essayez au moins de vous souvenir de ça. Essayez. Oui ou non ?

Il hocha la tête.

Oui.

45

J'apportai les restes de la triste vie de Benjamin dans le grand salon sombre et vide.

Je me payai un café couleur de boue à une machine automatique, puis je m'assis à une table.

J'ouvris le manuel scolaire. *Benjamin : 9 ans.*

Chaque page était dédiée à une lettre : la page 1 à la lettre A, la page 2 à la lettre B, la page 3 à la lettre C, etc.

Benjamin avait écrit chaque lettre dix fois en majuscule et dix fois en minuscule. Puis un mot commençant par la lettre en question.

Pour la lettre A, il avait écrit *ananas.*

Puis un dessin : un ananas jaune tracé maladroitement au crayon de couleur.

Puis *ananas* était intégré à une phrase simple.

Je mange ananas, avait écrit Benjamin avec la syntaxe d'un enfant de neuf ans qu'il n'améliorerait jamais.

Joyeux anniversaire de cent ans.

Difficile de faire des progrès quand on grandit nourri aux hallucinogènes.

Pour la lettre L, le mot était *lit.*

Le lit que Benjamin avait dessiné ressemblait

beaucoup à celui que je venais de voir dans le dortoir. Une vision simpliste et enfantine. La couverture était de la même couleur. Des ronflements s'échappaient de la bouche d'un petit épouvantail noir : *rrr...*

Je dors lit.

C'est à peu près tout ce qu'il avait fait pendant cinquante ans, jusqu'au jour où il avait vu sa mère à la télé – cette mère dont on lui avait dit qu'elle était morte dans l'inondation avec tous les autres. Alors là il s'était réveillé.

Je regardai chaque page.

Bulle.
Cookie.
Dauphin.
Éléphant.
Feu.
Glace.
Hibou.
Indien.
Jeter.

Puis la page de la lettre K.

Je regardai fixement ce mot-là, qui n'était pas du tout un mot d'enfant.

Non.

Je l'avais déjà vu quelque part.

Lorsqu'une lettre était tombée d'un cadre de photo brisé et m'avait soufflé à l'oreille : « Suis ma trace. »

Vous voyez bien, Rainey, que je ne me trompais pas de type.

Le dessin *K* représentait une rue pleine de petits personnages pleurant à grosses larmes. Emplis d'une terreur enfantine, ils levaient en l'air les petits bâtons qui leur tenaient lieu de bras. De quoi avaient-ils peur ? D'un géant bleu. Il se penchait au-dessus d'eux avec un couteau, ou plutôt une faux dégoulinant de sang – des gouttes épaisses et rouges.

Je lus et relus la phrase.

Je habite Kara Bolka.

K pour Kara Bolka.

Voilà pourquoi je n'avais jamais pu la trouver. J'aurais pu consulter tous les annuaires téléphoniques du monde jusqu'à la fin des temps, je n'aurais rien trouvé.

Meilleurs vœux de Kara Bolka.

Kara Bolka n'était pas une personne.

C'était un lieu.

46

— Garde à vous !

Voilà comment le soldat couvert de cicatrices d'éclats d'obus m'informa que je ferais sans doute mieux de me réveiller, parce que j'avais de la visite.

Seulement j'étais en train de voyager dans un endroit où de petits enfants tremblaient de peur devant des géants bleus armés de couteaux ensanglantés. J'eus du mal à ouvrir les yeux et à reprendre mes esprits.

L'inspecteur Wolfe. Debout devant moi, avec un nouveau collègue qui ne ressemblait pas beaucoup à un policier. L'air était chargé d'une atmosphère menaçante.

— Bonjour, dis-je.

— Peut-être pas, dit Wolfe. Vous m'avez dit que vous étiez journaliste, mais vous n'êtes pas n'importe quel journaliste, monsieur Valle.

Dennis était réveillé lui aussi. Du sang séchait aux commissures de ses lèvres.

— Vous êtes célèbre, poursuivit l'inspecteur. Vous ne me l'aviez pas dit, ça.

L'autre homme avait approché une chaise et mit un pied dessus. Il appuyait ses bras croisés sur son genou. L'inspecteur Wolfe posait les questions, mais c'est son nouveau coéquipier qui semblait le plus attentif aux réponses.

— Ma célébrité n'a duré qu'un quart d'heure, dis-je.

— Vous êtes trop modeste, dit Wolfe.

— Non, c'est vrai.

— Voyons, Tom. Cinquante-six articles ? C'est une sacrée prouesse. Vous auriez peut-être dû m'en toucher un mot.

— Pourquoi ? Ça n'avait rien à voir avec l'agression de Dennis à la station-service.

— Ah non ? Vous ne croyez pas que de tels antécédents font de vous, comment dire, un témoin peu digne de confiance ? Étant donné que vous avez l'habitude de mentir comme vous respirez ?

— J'*avais* l'habitude. Ça fait plus d'un an que je travaille pour un autre journal.

— Il se trouve que vous êtes en congé, on vous a mis au coin parce que vous n'avez pas été gentil. Apparemment quelqu'un s'est fait tirer dessus.

— Ce quelqu'un était censé être moi. Il a raté sa cible.

— Qui ça, *il* ?

— Le tireur.

— D'accord. On le soupçonne d'ailleurs d'avoir tiré avec votre pistolet.

— Il me l'a volé.

— Oui, c'est ce que vous avez raconté à tout le monde.

— C'est ce qui s'est passé. Pourquoi est-ce que je voudrais que quelqu'un me tire dessus ?

— Bonne question. Sauf que ce n'est pas vous qui avez pris la balle. Dans les faits, quelqu'un d'autre a été blessé.

De temps à autre, l'autre homme fermait les yeux, ou il hochait la tête.

— Ce qu'il y a, continua l'inspecteur, c'est qu'on a aussi tiré sur M. Patjy. Et le tireur a eu l'amabilité de laisser une cartouche vide à l'extérieur. Une cartouche de Smith & Wesson calibre 38. La même arme que celle qui a été dirigée contre le gamin à Littleton. L'arme que vous avez achetée illégalement, apparemment, au magasin Ted's Guns & Ammo.

D'accord, je savais depuis le début que ce n'était qu'une question de temps.

L'heure avait sonné.

— Je vous l'ai dit, je dormais dans ma voiture. Je me suis réveillé et j'ai trouvé Dennis dans les toilettes.

— OK. Vous aimez les Doritos, Tom ?

— Pas particulièrement.

— Il y a quelqu'un qui les aime. Et les empreintes de cette personne sont partout sur les sachets qu'elle a laissés tomber en sortant.

Je ne répondis rien.

— À New York, après qu'on vous a arrêté pour... pour quoi, déjà ? Pour cambriolage, pour destruction volontaire de documents, pour une montagne de mensonges, après ça, le tribunal vous a ordonné de suivre une thérapie. C'était votre joker pour éviter la prison, n'est-ce pas ?

— Je ne serais pas allé en prison de toute façon : c'était ma première condamnation.

L'autre fronça les sourcils, l'air perplexe.

— Je vous demande si le tribunal a jugé que vous souffriez de problèmes psychologiques, insista Wolfe.

— J'avais des problèmes. Je ne dirais pas qu'ils sont de nature psychologique.

— Qu'est-ce que vous en diriez, alors ?

— J'étais très ambitieux. J'ai inventé certaines choses. Ça a été un problème.

— Maintenant c'est *mon* problème.

— Pourquoi ?

— Ne jouez pas les idiots. Je viens de vous l'expliquer.

— Je ne vois pas les choses comme ça. Je n'ai tiré sur personne. Ce n'est pas moi qui ai tranché la langue de Dennis. Et la bonne nouvelle, c'est que vous pouvez lui poser la question. Il est juste ici. Donnez-lui un crayon. Demandez-lui qui l'a attaqué dans les toilettes. Il s'agit de la même personne qui a tué M. Patjy. Et oui, je suis sûr à quatre-vingt-dix-neuf pour cent qu'il s'agit également de la personne qui a blessé mon stagiaire à Littleton. Cet homme nous a suivis.

— Merci de m'en informer. Peut-être aviez-vous oublié que s'abstenir de divulguer des informations relatives à un homicide constitue un crime. Quoi qu'il en soit, il nous reste un petit problème.

— Quoi donc ?

— Quoi donc ? Sans vouloir vexer personne, votre ami ici présent est un putain de malade mental. Ce qui signifie que tout ce qu'il peut dire ne vaut pas plus que de la merde. Il a des « blancs » – c'est vous qui avez employé ces mots, pas moi. Il écrase des mouches qui n'existent pas. Ce qui fait de lui un témoin encore un tout petit peu moins digne de confiance que vous. À peine.

Ces paroles brusques semblèrent faire sortir tout d'un coup l'autre homme de sa rêverie. Il me regarda dans les yeux.

— Vous vous êtes trompé de service, docteur ? lui demandai-je.

Il sourit :

— Aurais-je fait un lapsus révélateur sans m'en rendre compte ?

— D'une certaine manière.

Je me tournai vers l'inspecteur :

— Vous savez, si vous vouliez me faire psychanalyser, il vous suffisait de demander.

— Ah oui ? Et si je veux vous envoyer mon poing dans la tête, là aussi il me suffit de demander ?

— D'accord, fit le médecin, l'air un peu inquiet. Nous sommes ici seulement pour discuter.

— C'est vous qui discutez, docteur, dit Wolfe. Moi, j'ai sur les bras un cadavre et un ancien combattant qui ne peut plus parler. Vous n'avez jamais combattu, vous, Tom ?

— À moins qu'on tienne compte du service militaire volontaire que j'ai effectué, non.

— C'est bien ce que je pensais. Je déteste avoir à arrêter un ancien combattant.

— Vous m'arrêtez ?

— Je ne sais pas. Je devrais ?

— Je ne vous le conseille pas. Je n'ai rien fait.

— Ouais. Sauf que vous avez un problème avec la vérité. Peut-être même que vous débloquez complètement. Est-ce qu'il débloque, docteur ?

— C'est un terme que je n'ai pas l'habitude d'employer dans mes diagnostics, dit le docteur.

— OK, utilisez un autre terme. Est-ce qu'il est sociopathe, schizoïde, délirant, paranoïaque ? Allez-y, docteur, lâchez-vous.

— Je ne l'ai écouté que cinq minutes durant, je n'en ai aucune idée. Désolé de parler de vous comme si vous n'étiez pas dans la pièce, monsieur Valle.

— Enfin merde, docteur, combien de temps ça

prend pour établir un diagnostic ? Vous n'avez jamais observé un expert en psychiatrie à la barre ? Deux minutes avec l'accusé et il est certain qu'il n'est pas responsable de ses crimes.

— Je crains que rendre un témoignage d'expert ne soit pas mon point fort.

— C'est quoi, votre point fort, docteur ? Sans point fort, de nos jours, on est cuit. Regardez, j'en ai bien un, moi.

— Qui se trouve être ? demanda le docteur.

— Résoudre et classer les affaires. C'est le marine en moi. Ne laisser personne à terre. Personne. Jamais. Or, là, j'ai un homme à terre et un autre à l'hosto. Et j'ai devant moi un pro du bobard, célèbre dans le monde entier, qui me raconte qu'il n'y est pour rien.

— Vous voulez mon opinion ? dit le docteur.

— Allez-y.

— Il n'y est pour rien.

— J'ai rêvé ou vous me disiez il y a une minute que vous ne l'aviez pas écouté suffisamment longtemps ?

— Appelez ça une première impression.

Entendre parler de moi comme si je n'étais pas là me faisait effectivement un drôle d'effet. J'avais l'impression d'être à nouveau au tribunal de la ville de New York – mon avocat affrontant les leurs, débattant de mon avenir pendant que je restais assis à ne rien dire ou presque.

— Il est passé dans cette boutique, docteur, affirma l'inspecteur Wolfe. Je vous parie cent dollars que ce sont ses empreintes sur les sachets de Doritos. Autrement, il serait allé dire à l'Indien d'appeler une ambulance après avoir découvert M. Flaherty la langue coupée. Mais il n'est pas retourné dans la boutique.

Alors, soit il y était avant et il a vu l'Indien mort, soit il y était avant parce que c'est lui qui a tué l'Indien.

— Et ensuite il aurait coupé la langue de M. Flaherty ? demanda le psychiatre. L'homme qu'il raccompagnait à l'hôpital pour qu'il puisse reprendre son traitement ? Pardonnez-moi, mais je crois que ces deux crimes sont liés. Soit il les a commis tous les deux, soit il n'en a commis aucun.

— D'accord, d'accord. Il les a commis tous les deux.

Le major DeCola entra ; il nous dit qu'il devait examiner Dennis et nous pria de quitter la pièce.

Immédiatement.

L'audience était suspendue.

47

Il y a quelque chose que j'ai oublié de mentionner.
Je vous l'ai dit dès le départ. Je ne suis pas très sûr de la chronologie exacte des événements – en tout cas pour ce qui est des détails, pour ce qui est de savoir précisément quand chaque chose est arrivée. Quand chacun de mes soupçons a été confirmé.

J'avais appelé ce laboratoire à Flint, dans le Michigan.

Vous vous souvenez ?

Cette lettre des laboratoires Dearborne dans la cabane de Wren. *Les résultats préliminaires des tests effectués sur vos échantillons confirment vos hypothèses. Veuillez trouver ci-joint le compte rendu d'analyses.*

Mais le compte rendu d'analyses ne se trouvait plus ci-joint.

Alors j'avais dû les appeler.

Je voulais savoir si le problème médical de Wren l'avait motivé à quitter la ville.

— Allô, dit une voix de jeune femme.

— Allô, dis-je. Bonjour, mon nom est John Wren. Je vous ai envoyé des échantillons il y a quelque temps et je n'ai jamais reçu les résultats. Évidemment, je m'inquiète pour ma santé et j'aimerais qu'on me fournisse une réponse, d'une manière ou d'une autre.

— Votre santé ?

— Oui. Vous avez analysé des échantillons et j'attends les résultats.

— D'accord, mais vous avez parlé de votre santé ?

— Absolument.

Silence sur la ligne.

— Nous analysons des échantillons prélevés sur des sols, monsieur Wren.

— Prélevés sur des sols, répétai-je bêtement. Bien sûr. C'est pour ça que je suis inquiet. Parce que je ne me sens pas très bien et je pensais qu'il y avait peut-être quelque chose dans le sol...

Elle me redemanda mon nom et me pria de patienter une minute. Puis elle reprit la ligne et me dit que les résultats m'avaient été envoyés il y a plus de trois ans. Pourquoi est-ce que j'appelais seulement aujourd'hui ?

— J'ai oublié, dis-je.

Il se trouvait qu'il y avait bel et bien quelque chose dans le sol :

— Vous aviez raison, me dit-elle.

— D'accord. Parfait. Rappelez-moi pourquoi j'avais raison ?

— Il était effectivement chaud.

— Chaud ? Qu'est-ce que vous voulez dire ?

— Vous feriez peut-être bien de vous procurer un compteur Geiger. L'échantillon de sol que vous nous aviez envoyé, il était radioactif. Je peux vous demander où vous l'aviez prélevé ?

Elle pouvait me le demander, mais je n'étais pas obligé de répondre.

Je raccrochai.

J'étais toujours inquiet pour la santé de Wren.

Je me revoyais dans sa cabane, quand il m'avait appelé depuis Fishbein.

J'avais essayé de détendre l'atmosphère et de discuter un peu des cannes à pêche.

Je vous l'ai dit, j'avais écrit un article sur un concours de pêche professionnel dans le Vermont. J'avais traîné avec des hommes dont les bras étaient noueux comme de la corde, des hommes qui aimaient passer tranquillement la nuit à fumer des Camel sans filtre tout en se racontant leurs meilleures histoires de pêche.

Je m'étais parfaitement intégré.

J'avais pris des tas de notes pour mon article. L'oreille toujours aux aguets.

C'est ce que font les journalistes. Nous en apprenons un peu sur tout, juste assez pour nous planter.

Ces hommes parlaient de leurs cannes comme s'il s'agissait d'anciennes petites amies. Débattant des mérites des unes et des autres avec un regard nostalgique et affectueux.

J'avais parlé à Wren des cannes adossées contre son mur. Je lui avais demandé de quel type de cannes il s'agissait.

Il avait hésité avant de me répondre : « Des cannes à truite. »

Il existe toutes sortes de cannes à pêche.

Pour l'eau douce ou pour l'eau de mer, en fibre de verre ou en graphite, pour lancer ou bien à mouche.

Il y a des cannes de trois mètres cinquante et des cannes d'un mètre vingt, et toutes les tailles imaginables entre les deux.

Il n'y a pas de cannes à truite. Ni de cannes à flet, à thon ou à espadon. On ne classe tout simplement pas les cannes à pêche par poisson. Une personne qui prendrait ce sport au sérieux, une personne qui se serait retirée dans un camp désert au bord d'un lac pour passer ses journées à pêcher la truite saurait cela.

Encore une chose.

Ils sont tous partis. Avant, je les voyais sur le parking quand je jetais un œil par la fenêtre. Des représentants de commerce, des gens avec leur camping-car, des familles qui faisaient une halte, des résidents semi-permanents comme moi qui payaient leur chambre à la semaine.

C'est fini.

Ils ont déserté le motel. Il ne reste plus que moi.

C'est ce qu'on fait avant un siège.

On évacue le périmètre.

On isole la cible avant de lancer l'assaut.

48

J'étais encore un homme libre.
J'avais encore du temps devant moi.
Jusqu'à ce qu'ils établissent une correspondance avec mes empreintes – qui étaient fichées puisque j'avais été condamné avec mise à l'épreuve. Jusqu'à ce que l'inspecteur Wolfe réussisse à convaincre l'adjoint d'un adjoint au procureur qu'il n'y a pas vraiment besoin de beaucoup de preuves quand on a affaire à un menteur notoire.

Ce en quoi il n'avait peut-être pas tort.

Même si quelqu'un a calculé que nous mentons environ cent fois par jour. À nos supérieurs, à nos employés, à nos clients, à notre conjoint, à nos enfants, à nos citoyens, à nos policiers, à notre agent du fisc, à nos parents, à nos amis. Aux travailleurs sociaux des Services de protection de l'enfance. À nous-mêmes. Et après nous être menti en nous racontant que Dieu existe, nous Lui mentons, à Lui aussi.

Certains mensonges sont plus gros que d'autres.

Celui qu'ils avaient raconté à Benjamin. Celui qu'ils avaient raconté à Belinda.

Celui qu'ils avaient forcé Lloyd Steiner à raconter.

Les gros mensonges, c'était ma spécialité.

Le dossier de Benjamin se trouvait au quatrième étage, comme Rainey me l'avait dit. L'infirmière préposée aux archives eut la gentillesse de me l'apporter après avoir eu droit à mon imitation de l'inspecteur Wolfe.

Bien sûr, il y avait un problème avec le dossier de Benjamin Washington.

Il n'était pas marqué *Benjamin Washington*.

Rainey avait raison. Le dossier était au nom de *Benjamin Lee Briscoe*.

Né en 1948. Vétéran du Viêtnam. Compagnie Charlie. Avait servi dans le delta du Mékong de 1966 à 1968.

J'avais l'impression qu'on me murmurait à l'oreille.

Je m'assis sur une chaise en plastique et fixai le mur des yeux. Il servait de tableau d'affichage aux infirmières. On y trouvait des annonces pour des appartements à louer, des ventes de gâteaux, des chiens à adopter, des baby-sitters et même des avis de naissance.

Des avis de naissance et non des avis de décès.

Avis de décès. Notice nécrologique.

Je sortis mon portefeuille de la poche arrière de mon pantalon et je me mis à chercher le numéro de téléphone de John Wren, que j'y avais glissé quelques semaines plus tôt.

J'avais griffonné ce numéro au dos de quelque chose.

Au dos de la photo du monument aux morts du Viêtnam.

Une surface en granit noir polie ; une rivière sans fin de noms gravés dans la pierre.

Il fallut que je plisse les yeux avant d'arriver à

discerner son nom. On ne lisait pas qu'*Eddie Bronson* sur ce pan de mur.

Un peu plus bas, coincé entre *Joseph Britt* et *James Bribly*.

Salut, Benjamin.

Benjamin Lee Briscoe.

C'est pour ça que le nom m'avait semblé familier.

Le jour où j'avais lu *Eddie Bronson* dans le *Littleton Journal*, ce nom était entouré de beaucoup d'autres. J'avais contemplé la photo un soir où l'alcool m'emplissait de respect : moi qui avais autrefois rédigé de nombreuses notices nécrologiques, j'avais devant moi la plus triste d'entre toutes.

Benjamin Washington était mort il y a cinquante ans dans une inondation.

Mais il avait réussi à renaître.

Tout comme l'ancien combattant désorienté qui un beau jour s'était installé dans le kiosque de la ville.

Lui aussi avait réussi à renaître.

Qui est donc Eddie Bronson ? – le titre que Wren avait donné à son article.

Puis Wren s'était rendu à Washington et avait découvert la vérité.

Eddie Bronson était porté disparu au combat ; il servait d'engrais dans une rizière vietnamienne. L'ancien combattant qui avait élu domicile dans le kiosque de Littleton lui avait emprunté son nom. Ce dernier devait souffrir du sentiment de culpabilité qui habite ceux qui sont revenus. Voilà. Ce n'est pas si bizarre de vouloir prendre le nom d'un camarade décédé quand vous-même respirez encore, sans savoir pourquoi, quand votre vie de merde ne vaut plus la peine d'être vécue. Quand le brouillard de la guerre vous poursuit comme un nuage noir.

Sauf que...

Il se sentait peut-être coupable, mais ce n'était pas au Viêtnam qu'il avait survécu. Il avait survécu à quelque chose de pire encore.

On l'avait enfermé dans un *hôpital psychiatrique*.

En rendant le dossier à l'infirmière, je l'interrogeai sur cet hôpital-là. Le sien.

Cet établissement avait-il toujours été destiné aux anciens combattants ? Ou avait-il jadis eu un autre statut ?

« Comment vous savez ça ? » me demanda-t-elle. Oui, autrefois, ç'avait été un centre de recherche. Dans les années quarante et cinquante. *Sous la direction de la division médicale du département de l'Énergie.* L'établissement avait alors une aile réservée aux enfants atteints de cancers rares.

Se souvenait-elle du nom que l'hôpital portait à l'époque ?

« Marymount », me répondit-elle.

Marymount Central.

Je la remerciai.

Puis je passai dire au revoir à Dennis.

Il n'était plus là.

— Il a piqué une crise, m'informa le soldat. Ils l'ont ramené à l'étage des dingos.

De toute évidence, il était ravi d'avoir à nouveau la pièce pour lui tout seul.

— Il a perdu la tête, renchérit-il. Enfin, ce qui lui en restait.

— Quelqu'un lui a coupé la langue, dis-je. On peut comprendre qu'il puisse être troublé.

J'aurais dû partir sans plus tarder. J'étais armé, j'étais dangereux, j'avais en ma possession des informations explosives. J'aurais dû me tirer.

Mais Dennis était hospitalisé, il ne pouvait plus prononcer la moindre parole et, comme pour Nate the Skate, c'était ma faute.

Je l'avais exposé à tous ces risques.

Alors je pris l'ascenseur et je remontai jusqu'au dernier étage, où j'appuyai sur le bouton de l'interphone.

Quand Rainey me vit, il sourit.

À cet instant, j'aurais dû me douter de quelque chose.

Peut-être étais-je déboussolé – je n'avais pas beaucoup dormi ces dernières heures, et chaque fois que j'avais un peu somnolé, je m'étais retrouvé pourchassé par des géants bleus et des docteurs de quatre-vingts ans. Dans mes rêves, ainsi que dans les cauchemars que je faisais éveillé, je savais désormais qu'ils ne faisaient qu'un.

— Ah ! tiens, salut, inspecteur Wolfe, dit Rainey.

J'aurais dû remarquer la voix chantante, le ton moqueur.

— Il paraît qu'ils ont remonté Dennis ici, dis-je.
— Exact.
— Il faut que je le voie.
— Bien sûr. Aucun souci.

Il ouvrit la porte.

— Je vais vous laisser attendre dans une pièce pendant que je vais le chercher. Ça vous va, inspecteur ?

Ça m'allait, oui. Je m'apprêtais à dire au revoir à Dennis, puis je devais encore me rendre quelque part avant de boucler toute cette affaire et de remporter un prix Pulitzer.

— Ne faites pas attention à la déco, dit Rainey après m'avoir assuré qu'il serait de retour avec Dennis en un rien de temps.

Je ne faisais pas le moins du monde attention à la déco.

Je n'avais d'yeux que pour mon dessin et les points que j'avais reliés.

Regardez, regardez tous.

Je le tenais à bout de bras, de façon à ce que tout le restaurant puisse l'admirer : mon papa, ma maman, mon rédacteur en chef, mon agent de probation, le docteur Payne et le journaliste qui avait gravé *Je mens, donc je suis* sur mon bureau. Benjy, Belinda, Nate the Skate, Norma, Hinch. Eux aussi. J'émergeais d'une caverne ténébreuse et baignais dans la lumière de la résurrection.

Mon dessin n'était pas entièrement terminé.

Mais suffisamment de points étaient d'ores et déjà reliés.

Laissez-moi vous guider, point par point.

John Wren avait trouvé un ancien du Viêtnam, perdu et traumatisé, qui dormait dans le kiosque de la ville. Cet homme avait dit s'appeler Eddie Bronson.

Point numéro un.

À un moment donné Wren s'était rendu à Washington et avait découvert quelque chose de troublant. Eddie Bronson était mort au Viêtnam. Porté disparu. Son nom était inscrit sur le monument. Or les gens ne meurent en général qu'une fois.

Point numéro deux.

Alors qui était l'Eddie Bronson du kiosque ? De toute évidence, il s'agissait d'un ancien combattant taraudé par le sentiment de culpabilité du survivant. Quelqu'un d'assez désorienté pour prendre le nom d'un autre et oublier le sien. Oublier sa famille, son passé. Mais pas le chemin qui mène chez lui.

Non.

De tous les kiosques de toutes les petites villes d'Amérique, il avait choisi celui-là.

Pourquoi ?

Parce que c'est là qu'il se sentait chez lui.

Ou suffisamment près, en tout cas.

Autrefois, il y avait bien longtemps, il avait vécu à seulement trente-cinq kilomètres de là, dans une ville qui n'existait plus.

Littleton Flats. Wren l'avait compris.

Point numéro trois.

Mais tous les habitants de Littleton Flats étaient morts, ce fameux jour.

Tous.

Y compris Benjamin Washington.

À moins que...

Wren avait commencé sa grande enquête sur l'inondation de l'Aurora.

Il avait découvert certaines choses.

Il s'était emballé. Puis il avait perdu la tête – il était devenu *Littleton Loco*. C'est ce qu'on racontait. Un soir, il s'était enfermé dans les bureaux du *Littleton Journal* et avait refusé d'en sortir.

Pourquoi ?

Qu'est-ce qu'il faisait là-bas, cette nuit-là ?

On avait réussi à l'expulser et il était allé *se terrer dans un coin tranquille pour bosser sur son article*.

Mais le sujet de l'article, c'était quoi ?

Je crois que je le sais.

Une enquête sur des soldats portés disparus qui s'entraidaient.

Uniquement à des fins bureaucratiques.

Ces portés disparus dont les noms figuraient sur le mur de granit – l'administration des anciens combattants conservait leur dossier ouvert tant que leur corps restait introuvable. Ce trou administratif avait pu aider quelques portés disparus d'une autre sorte de catastrophe nationale. Sans le savoir, bien sûr. Grâce à lui, les disparus de Littleton Flats avaient pu se procurer un nom – car ce n'était pas un barrage qui avait explosé ce fameux dimanche matin.

Non.

Vous feriez peut-être bien de vous procurer un compteur Geiger, monsieur Wren.

Je n'avais pas encore vraiment regardé autour de moi.

Autrement, je me serais aperçu que l'endroit où je me trouvais ressemblait à une cellule capitonnée, sans le capitonnage. Je me serais rendu compte que Rainey n'était pas revenu en un rien de temps, qu'une minute s'était transformée en deux, puis trois, puis quatre, puis cinq...

Il fallait que je prenne la mesure du temps qui s'était écoulé.

Tic-tac, tic-tac, tic-tac... Soudain, je réalisai que Rainey m'avait laissé il y a un quart d'heure. Que j'étais assis sur un banc métallique repliable fixé à un mur. Que je me trouvais dans une pièce où il est préférable de ne pas passer trop de temps.

Je n'étais plus en train de me faire acclamer par les clients du restaurant à qui j'avais montré mes brillantes déductions.

Non, j'observais l'espace qui m'entourait. Je lisais ce que différents détenus m'ayant précédé avaient gravé ou griffonné sur le mur.

Ma tristesse est infinie.
Appelez Dieu en PCV.
Je suis porté disparu de ce monde.
Et ceci :

Meilleurs vœux de Kara Bolka.

Je me levai et franchis le mètre cinquante qui me séparait de la porte – un petit grillage y était encastré, comme sur la porte devant l'ascenseur –, mais, avant même de tourner la poignée, je me dis qu'elle ne s'ouvrirait pas. Que les portes qu'on croyait ouvertes peuvent rapidement se révéler fermées.

J'agrippai la poignée, je tournai.

Verrouillée.

J'y mis toute la force de mon poignet. Sans résultat.

Je poussai avec mon épaule comme pour vérifier que cette porte était vraiment, véritablement fermée. Je frappai, poliment d'abord, comme s'il pouvait s'agir d'un malentendu, d'un pépin technique, comme si Rainey allait revenir en courant d'ici une minute pour me présenter ses excuses.

Au bout d'un moment, je me mis à tambouriner.

— Hé ! Hé, Rainey ! Qu'est-ce qui se passe ?

Parfois, quand on formule une question à voix haute, on s'aperçoit qu'on connaît déjà la réponse. Ce n'est qu'une formalité. « Qu'est-ce que vous faites ? » hurle-t-on quand quelqu'un braque un flingue sur vous dans une ruelle mal éclairée d'un quartier mal famé de la ville. Vous savez ce que cette personne est en train de faire. Elle s'apprête à vous tirer dessus.

— Allons, Rainey ! Ouvrez cette foutue porte. Qu'est-ce qui se passe, bon sang ?

Dans ma voix, on sentait la panique grandissante de quelqu'un coincé dans un ascenseur entre deux étages.

Rainey ne montra le bout de son nez que dix minutes plus tard.

À ce stade-là, mes phalanges étaient en sang et je transpirais à grosses gouttes. Le bas de la porte était couvert de traces de mes chaussures, là où j'avais donné des coups pour l'enfoncer.

Rainey ne souriait plus. Il n'avait pas non plus l'intention de me laisser sortir.

— Fermez votre gueule, dit-il.

— Vous ne savez pas ce que vous faites. Je suis flic.

— Ouais, moi aussi je suis flic. Je suis le putain de commissaire.

D'accord, fous-toi de ma gueule.

— OK, ça va, je suis journaliste.

— Tiens donc ?

— Je m'appelle Tom Valle. Je travaille au *Littleton Journal*. Parfois les journalistes doivent mentir un peu pour obtenir les informations qui leur manquent. Ce n'est pas pour ça qu'il faut les enfermer. Sinon nous serions tous en prison. Écoutez, laissez-moi sortir et on oublie toute cette histoire...

— Mentir un peu ? Rien que ça, c'est un mensonge. Un énorme mensonge.

Quelqu'un lui avait parlé.

— Écoutez, vous êtes en train d'enfreindre la loi. Vous vous faites complice des mauvaises personnes. Ici même. Ici même dans ce fichu hôpital.

Parfois, c'est lorsqu'on l'entend dans sa propre voix qu'on se rend compte à quel point on a peur. Jusque-là, on pensait encore qu'on avait les choses en main, qu'on allait s'en sortir.

— Les mauvaises personnes. Ben voyons. Très drôle. Occupez-vous plutôt de rester tranquille, d'accord ? Allez vous rasseoir gentiment.

— Rainey, laissez-moi sortir. Je suis journaliste, nom de Dieu. Un crime a été commis ici.

— Ouais. Je vous le fais pas dire.

— Ce n'est pas moi, le criminel.

— C'est vrai, vous êtes le flic. L'inspecteur Wolfe.

— Vous ne m'auriez pas laissé entrer si je vous avais dit que j'étais journaliste.

— Eh bien, maintenant que vous me présentez les choses de cette façon...

— Vous allez me laisser sortir ?

— Non.

On lui avait donné des ordres. Nous étions dans un hôpital militaire et il obéissait aux ordres.

— Écoutez, vous ne pouvez pas m'emprisonner comme ça. C'est complètement insensé. J'ai des droits...

C'était un refrain usé, des mots qu'il devait probablement entendre cent fois par jour. Comme dans toutes les prisons de la terre. Personne n'est jamais coupable. Tout le monde devrait être ailleurs, libre. C'est toujours une grossière erreur.

— Des droits, hein ? dit Rainey. Moi, j'ai le droit de bosser dans la tranquillité et dans le silence. Alors asseyez-vous et fermez votre putain de gueule.

Je hurlai quelque chose. Je ne sais pas exactement quoi – quelque chose ponctué de beaucoup de gros mots.

Je m'arrêtai pour reprendre mon souffle, juste le temps d'entendre quelqu'un murmurer.

Derrière la porte, du côté où se trouvait Rainey.

Il s'était éloigné à gauche de la grille. J'entendais une conversation dont je n'arrivais pas à déchiffrer les mots.

— Hé ! Hé ! Qui est-ce ? À qui parlez-vous, Rainey ? Hé !

J'entendis des pas. Le bruit d'un chariot qui roulait sur le carrelage.

La poignée trembla, puis tourna.

Instinctivement je reculai, me rapprochant du mur.

Rainey et deux aides-soignants en blouse bleue. De toute évidence, on les avait choisis pour leur gabarit et non pour la douceur de leur attitude envers les malades. L'un d'eux avait une seringue dans sa main gauche.

— C'est quoi, ça ?

— De quoi ça a l'air ? me répondit Rainey.

— Je n'ai pas besoin qu'on me fasse une piqûre.

— D'accord. Comme vous voulez.

— Vous ne comprenez pas que vous êtes en train de commettre un crime ? Vous allez aller en prison.

— Non, je vais rentrer chez moi. Une fois qu'on vous aura mis au lit.

— On ne me fera pas de piqûre.

— Vous êtes nerveux, mon vieux. Les gens nerveux, ça me rend nerveux.

L'aide-soignant qui tenait la seringue avait l'air d'un Samoan ; il ressemblait à un de ces arrières de football américain qui ont un nom imprononçable. Il me sourit et me dit :

— Venez par ici.

— C'est sympa de votre part, mais non merci. Je suis bien où je suis.

— Écoutez, mon gars, dit-il d'un ton à moitié las, à moitié exaspéré. On peut faire ça gentiment, ou un peu plus violemment.

— OK, gentiment alors. Laissez-moi sortir, et je serai gentil avec vous. C'est promis. Avec vous tous ici. Je comprends. Vous obéissez aux ordres. Ce n'est pas de votre faute. Vous êtes des aides-soignants à qui on donne des ordres. Mais je ne suis pas un patient. Je suis un journaliste. Qui prépare un article.

— Vous avez intérêt à épeler mon nom correctement, mon vieux, dit le Samoan. Il a onze lettres.
— Votre nom ? Hé, je ne le mentionnerai pas. Laissez-moi partir d'ici tranquillement et tout est réglé entre nous. Tout est cool.
— C'est vraiment comme ça que vous voulez que ça se passe ? me demanda Rainey. Vous voulez qu'on vous attrape et qu'on vous attache, qu'on vous enfile une camisole de force, qu'on vous mette la dose ? Vous voulez vraiment qu'on emploie les grands moyens ?
— D'accord, c'est bon, vous avez gagné, dis-je.

Il y avait un petit espace entre le Samoan et la porte, un interstice de lumière dans lequel un bon running back pourrait s'engouffrer à la façon d'un ouragan de catégorie 4.

— Je peux remonter moi-même la manche de ma chemise ?

Je n'avais pas joué au football américain depuis que j'étais gamin – quand nous disputions des trois contre trois en pleine rue, ouvrant l'œil pour éviter les voitures qui déboulaient. On me jugeait insaisissable et sournois à l'époque, même si ce qui était considéré comme une qualité quand nous jouions au milieu de la 167e Rue le fut nettement moins en salle de rédaction des années plus tard.

J'essayais d'avoir l'air calme, résigné à mon sort.

Ce qui n'était pas facile quand chaque muscle de mon corps vibrait, en alerte.

Les gens nerveux les rendaient nerveux. Les gens calmes les rendaient calmes. La preuve. Rainey était déjà tranquillement adossé au mur. L'autre aide-soignant s'en allait, on n'avait plus besoin de lui. Il avait quitté la pièce – au revoir. Le Samoan croisa les bras, comme un mari patient qui attend que sa femme en ait terminé dans la cabine d'essayage afin qu'il puisse rentrer à la maison regarder le match.

— Quel bras il vous faut ? demandai-je.

— C'est vous qui choisissez, mon vieux, répondit le Samoan.

— Le gauche, dis-je. Comme je suis droitier.

Je commençai à remonter soigneusement ma manche.

Un, deux, trois.
Un, deux, trois.
Nous irons au bois...

Comme au bon vieux temps, dans la 167e Rue du Queens.

Je fonçai vers la lumière.

Les prenant suffisamment par surprise pour échapper à la tentative du Samoan de m'attraper par la taille.

Courant suffisamment vite pour franchir la porte ouverte et me retrouver dans le couloir.

Restant suffisamment concentré pour dépasser un docteur/aide-soignant/patient sans perdre une seconde pour regarder de qui il s'agissait.

Cours, Forrest, cours...

J'aurais pu y arriver. Vraiment.

Atteindre l'ascenseur puis le rez-de-chaussée où j'aurais pu faire un scandale – Vous imaginez un peu ce que ces gars essayaient de me faire ! Vous arrivez à le croire ? –, où le major DeCola m'aurait aidé à refouler ces barbares du service psychiatrique.

J'aurais pu. Mais je me heurtai à un mur de brique.

Un mur de brique humain.

Il faut croire que le Samoan avait dû réussir à me la faire, cette piqûre, finalement.

Après m'être réveillé, avoir toussé, craché, j'ouvris

les yeux et me vis... dans un miroir. Un de ces miroirs de fête foraine, dans lequel votre reflet apparaît aussi brouillé qu'une aquarelle oubliée sous la pluie – tellement déformé que vous en avez presque le mal de mer.

Mon reflet me souriait, même si j'étais presque sûr de ne pas être en train de lui sourire, moi.

Cela me donna encore davantage la nausée.

— Bonjour, dis-je, d'une voix qui me semblait comme filtrée par un téléphone portable quand la réception est mauvaise. Bonjour. Qui êtes-vous ?

— Vous me l'avez déjà demandé, dit mon reflet. Je suis plombier, rappelez-vous. J'effectue un entretien de routine.

Cette voix de fausset couinante que j'avais entendue dans mon sous-sol. « Comme une fille », avait dit Sam.

Il continuait de me sourire.

Vous ne pouvez rien contre moi, disait ce sourire. *Rien... rien... rien.*

Je ne pouvais rien contre lui.

J'étais allongé. Les jambes et les bras fermement liés.

— Vous nous avez suivis jusqu'à cette station-service, dis-je, toujours de cette voix étrange et lointaine. Vous aviez accès à mes relevés de carte de crédit et vous avez pu nous suivre.

Il rit et secoua la tête :

— Carte de crédit ? Voilà qui n'aurait pas été très efficace.

— Vous saviez où nous nous trouvions ? Comment ?

— Vous êtes un journaliste *d'investigation*. Réfléchissez donc un peu.

Comme dans un rêve.

— Pourquoi est-ce que je suis attaché ?

— Ah, ça... Vous vous opposiez à ce que l'on vous administre votre traitement.

Une malformation congénitale, me disais-je en observant son visage. Je m'étais imaginé un accident – un horrible carambolage à la suite duquel les médecins n'avaient pas réussi à remettre tous les morceaux en place. Mais ce n'était pas ça. Il n'avait pas de cicatrice. Le problème se situait au niveau du processus de fabrication. Il était né comme ça.

— Vous étiez à la station-service, dis-je. Je n'arrive pas à comprendre comment c'est possible.

— Vraiment ?

Il plaça sa main près de son oreille et mima quelque chose. Nous jouions aux charades.

Mais oui. Bien sûr.

— Mon portable, dis-je. Vous vous êtes servi de mon téléphone portable.

— Je n'ai aucun commentaire à faire. À moins que notre conversation soit confidentielle ? Je ne voudrais surtout pas être cité.

— Vous avez triangulé mon signal.

Ils sont capables de faire ça, de nos jours : des satellites arrivent à déterminer votre position géographique à quinze centimètres près. Vous n'avez même pas besoin d'utiliser votre portable – il suffit qu'il soit allumé. C'est pour ça qu'il avait pu être là lui aussi. Qu'il avait pu nous suivre sur l'autoroute, puis s'approcher tranquillement de nous pendant que nous dormions.

— Vous avez tué l'employé dans la boutique, dis-je. Vous avez tranché la langue de Dennis.

— Ouah. Dis comme ça, ça fait froid dans le dos.

— Pourquoi ? Je dormais. Pourquoi ne vous êtes-vous pas contenté de me tuer, moi ?

Il ricana, puis ne dit plus rien.

— Qu'est-ce que vous voulez ? lui demandai-je. Qu'est-ce que vous comptez faire de moi ?

— Je suis plombier. Pas psy.

— Je ne suis pas fou.

— Bien sûr que non.

— Je connais la vérité sur Kara Bolka. Et sur le 499ᵉ bataillon médical. Et sur ce qui s'est passé à Littleton Flats.

— Sacrée histoire, non ?

— Si moi je sais, si j'ai réussi à comprendre, quelqu'un d'autre y arrivera. C'est ça dont vous ne vous rendez pas compte, vous et vos amis. Ça ne s'arrêtera pas après moi. Vous ne remettrez pas l'eau dans la bouteille. Elle s'est vidée par terre, il y en a partout sous vos putains de pieds.

— C'est à ça que servent les plombiers. À colmater les fuites.

— C'est moi, la fuite, dis-je. C'est moi que vous voulez colmater.

— Ne vous inquiétez pas, dit-il. Je ne vous facturerai pas mes services.

Des fourmillements. Je sentais de terribles fourmillements dans mes jambes.

— Qu'est-ce qui est arrivé à votre visage ? lui demandai-je.

— Mon visage ? Pourquoi ? Il y a un problème avec mon visage ?

— Vous n'avez pas de visage.

— Ah, ça. J'ai encaissé trop de crochets du gauche.

— Ça ne vient pas de la boxe.

— OK, on ne vous la fait pas. C'est ce que je raconte aux filles dans les bars.

— Elles vous croient ?

— Jamais.
— Alors qu'est-ce qui vous est arrivé ?
— J'ai eu un accident.
— Il n'y a aucune cicatrice.
— Un accident à la naissance.
— Où ça ? Où est-ce que cet accident s'est produit ?
— À l'hôpital.
— Quel hôpital ? demandai-je.
Mais mon cerveau avait beau nager dans les psychotropes qu'ils m'avaient injectés, je la connaissais, la réponse à cette question.
— Celui-ci, dit-il. Ça n'a pas toujours été un hôpital pour anciens combattants.
— Non. On y faisait de la recherche. Pour le compte du département de l'Énergie. Je sais même quel genre de recherche. Et vous, vous étiez un autre résident de Kara Bolka.
— Kara Bolka, répéta-t-il. Ah. Rien qu'un surnom, donné par les médecins. Une plaisanterie, c'est tout. Nous n'étions pas vraiment des résidents à Kara Bolka. Nous étions des réfugiés. Nous vivions comme des rats dans son ombre. C'était notre maison hantée. L'histoire qu'ils nous racontaient pour nous maintenir dans la peur.
— D'accord. Mais qui était le fantôme ? Chaque maison hantée a son grand méchant fantôme.
Il sourit :
— Il me semble que vous l'avez rencontré.
— Oui. Et je ne suis pas le seul. Mais elle ne s'en est pas rendu compte à l'époque. Elle n'avait que trois ans.
— La petite fille, murmura-t-il. Bailey.
Vous croyez aux contes de fées ? Vous en avez lu depuis que vous êtes adulte ? Même quand on cesse

de croire aux lutins maléfiques, ils peuvent encore vous foutre les jetons.

Il y a toujours plusieurs niveaux de lecture dans les contes de fées.

— Bailey a vu les choses de son point de vue de petite fille, dis-je.

Ma voix grésillait à mes oreilles comme des parasites à la radio.

— Les sauveteurs vêtus de combinaisons blanches ressemblaient à autre chose, poursuivis-je. À des robots sans visage. Le bruit de leurs détecteurs de radiations ressemblait à un langage – aux cliquetis des dauphins. Les médecins avec leurs masques chirurgicaux avaient l'air d'extraterrestres sans bouche. Leur hôpital militaire de campagne était comme un vaisseau spatial. Bailey se souvenait d'une lumière bleue éclatante – et cet homme avait les yeux les plus bleus que j'ai jamais vus.

— Bénis soient tous ces gens qui croient que « nous ne sommes pas seuls », n'est-ce pas ?

— Pourquoi ?

— *Pourquoi ?* Pourquoi quoi ?

— Pourquoi est-ce que Bailey n'a pas rejoint le rang des réfugiés ? Pourquoi est-ce qu'elle n'a pas été emmenée avec Benjy et les autres ? Pourquoi est-ce qu'on ne l'a pas enfermée à Kara Bolka, elle aussi ?

— Je n'en ai pas la moindre idée. Je n'étais pas encore né.

— Vous êtes né après les événements. Ici même.

— Exactement.

— Votre mère, qu'est-ce qui lui est arrivé ?

— Que croyez-vous qu'il lui soit arrivé ? Des neutrons. Des rayons gamma. Voilà ce qu'il lui est arrivé.

Elle est passée au micro-ondes, et c'est moi qui suis sorti du four.

Il rit à nouveau, mais cette fois-ci son rire semblait forcé et amer.

— Mais vous... ?
— Quoi ?
— Vous faites leur sale boulot.
— Je suis leur sale boulot. En plus, mes perspectives d'emploi à l'extérieur étaient assez restreintes. Alors je leur suis resté fidèle et ils m'ont offert de très belles possibilités d'avancement. Et pour être franc, vous connaissez un meilleur régime de retraite que celui du gouvernement ?
— Quelle branche du gouvernement ? Le département de l'Énergie ?
— Une branche qu'on ne trouve pas dans leur annuaire officiel, disons.
— Vous avez accepté de devenir leur tueur à gages. Leur plombier. Même après ce qu'ils ont fait ?
— Révisez vos leçons d'histoire. Vous savez qui étaient les pires gardes dans les camps nazis ? Les plus brutaux ? Pas les Allemands. Les *kapos*, ces Juifs à qui on avait confié leur propre matraque.
— Personne ne vous menaçait de finir dans une chambre à gaz.
— Non, on me menaçait seulement de finir au dernier étage de cet hôpital. Ce qui est déjà suffisamment terrifiant. Et puis ils ne sont pas responsables de la destruction de Littleton Flats. C'est la faute du fantôme dans la machine.
— Je ne parle pas de Littleton Flats. Je parle de ce qu'ils ont fait à Benjamin. De ce qu'ils vous ont fait, à vous.

Cette étrange voix de fausset. Comme ces chanteurs italiens – comment appelait-on ça ?

Des *castrats*.

— Ils vous ont mutilé, continuai-je. Quand vous n'étiez qu'un bébé. Comme ils l'ont fait avec Benjamin. Ils vous ont castrés tous les deux.

Ce sourire encore – que maintenant je prenais pour ce qu'il était. Se moquer des autres avant que eux se moquent de vous, ça fait moins mal.

— Vous voyez ça ? dit-il en montrant son visage du doigt. Vous vous rendez compte un peu ? Ils pensaient qu'un spécimen comme ça, ça suffirait. Ils voulaient protéger le patrimoine génétique national. Difficile de leur en vouloir.

Il me sembla que son expression signifiait autre chose. *Regardez ça. Regardez ce qu'ils m'ont fait.*

— Combien sont-ils à avoir survécu ce jour-là ? lui demandai-je. Benjamin. Votre maman. Combien y a-t-il eu de rescapés ?

— Désolé. Comme je vous l'ai dit, je n'étais pas né.

— Quand l'hôpital a été rattaché à l'administration des anciens combattants, ils ont inventé un passé à ces enfants qui avaient survécu. Ils leur ont donné le nom de soldats portés disparus dont l'âge correspondait à peu près. Il fallait qu'ils justifient d'une manière ou d'une autre pourquoi ces gens-là dépendaient de leur administration, qu'ils les absorbent dans le système. Benjamin Washington est devenu Benjamin Briscoe. Il a eu de la chance, il a pu conserver son prénom. Et il y avait un autre survivant, n'est-ce pas ? Au moins encore un autre. Celui qui a débarqué à Littleton il y a trois ans et qui s'est installé dans le kiosque de la ville. C'est ça que Wren a découvert quand il est allé à Washington. C'est pour ça qu'à son retour il a commencé à poser des questions sur l'inondation.

— Ces informations ne sont fournies qu'aux personnes concernées, dit-il. Laissez-moi vérifier la liste. Si jamais vous y figurez, nous en rediscuterons.

— J'ai fait des copies de tout ce que j'ai. De tout ce que je sais. Je les ai confiées aux bonnes personnes.

Il avait presque l'air de s'ennuyer :

— Évidemment... À mon avis, les *bonnes personnes* ne daignent même pas décrocher le téléphone quand vous les appelez.

— Cette histoire vaut son pesant d'or.

— Encore faut-il y croire. Et vous n'êtes pas crédible. Personne ne croit à ce que vous racontez. Tenez, moi je ne crois pas que vous ayez fait la moindre copie de quoi que ce soit. Les *bonnes personnes* ? Même le pire des tabloïds ne prendrait pas vos appels.

— Vous avez raison. Je n'ai fait aucune copie. Personne ne serait prêt à me croire. Alors vous pouvez me laisser partir.

Il ne prit même pas la peine de me répondre.

— Je ne sens plus mes jambes, dis-je. Pouvez-vous desserrer les sangles ?

— Vous avez un mot de votre médecin ?

— S'il vous plaît.

— Pratiquer la médecine quand on n'a pas de diplôme constitue un crime.

Un jour, mon dentiste m'avait insufflé un peu trop de gaz hilarant. Du coup, je n'avais pas eu l'agréable impression de flotter, mais plutôt la sensation d'être propulsé au-delà de la stratosphère, là où l'air est trop raréfié pour qu'on puisse le respirer. C'est ce que je ressentais à présent. Chaque fois que le plombier disait quelque chose, ses mots mettaient une éternité à me parvenir. Comme s'ils devaient voyager jusqu'à la planète Mars.

Ils avaient injecté la même saloperie à Benjy.

Tous ces marmonnements qui emplissaient le service psychiatrique. Peut-être ceux de Benjy évoquaient-ils des explosions, des inondations, des docteurs avec leurs scalpels. Peut-être bredouillait-il que son vrai nom de famille était Washington, qu'il n'avait jamais mis les pieds au Viêtnam. Peu importait. Ses paroles n'étaient que bruit et fureur, une fable racontée par un idiot.

Il fallait s'y résigner.

J'essayai de demander au plombier ce qui allait m'arriver maintenant – allais-je vivre, mourir ou peut-être devenir un zombi comme Benjy ? –, mais je n'arrivais pas à prononcer les mots. Ne sortait de ma bouche que du charabia. J'avais envie de pouffer de rire.

J'étais dans la même pièce que tout à l'heure. Je m'en apercevais maintenant.

Il y avait un espace sur le mur qui m'était réservé. Je pouvais y rédiger ma propre lettre de Kara Bolka. *Je suis porté disparu de ce monde. Appelez Dieu en PCV.*

C'était le pire endroit du service psychiatrique.

La pièce où ils enfermaient les cas désespérés, ceux qui n'ont même pas le droit aux cuillères en plastique.

N'écoutez rien de ce qu'il raconte – c'est ça qu'ils avaient dit aux aides-soignants. C'est un menteur. Il vous racontera n'importe quoi. Il vous racontera qu'il est journaliste ; il vous parlera d'un réacteur nucléaire, de plus de huit cents victimes, de tentatives crapuleuses pour étouffer l'affaire, de Kara Bolka. « C'est quoi, Kara Bolka ? » demanderez-vous. Qui sait ? Le délire d'un paranoïaque schizophrène à tendances homicides.

Il paraît qu'il a tué un employé de station-service. Qu'il a tiré sur un gamin de dix-neuf ans à Littleton, en Californie. Et il a coupé la langue de ce pauvre Dennis.

Voilà une histoire intéressante. Si quelqu'un me racontait une histoire pareille, je la soumettrais à Hinch. Je ferais un bel article dessus.

Sans hésiter.

49

Une cellule d'isolement.
Voilà où je me trouvais.
Privé de compagnie. Du moins pour le moment.
Ils venaient deux fois par jour pour me faire mes injections. Pour m'abrutir et me propulser à nouveau en direction de Mars, où de petits hommes bleus pouvaient vous attacher les bras et les jambes et mettre d'étranges pensées dans votre tête.
Il n'y avait pas de fenêtre. Je passais beaucoup de temps à fixer le mur des yeux. Il y avait au plafond des taches d'humidité dont la forme finissait par ressembler à quelque chose si je les contemplais suffisamment longtemps – comme des nuages dans un ciel couleur jus de chaussette. L'une de ces taches m'évoquait une enseigne de coiffeur avec son ruban rouge en spirale. Là-haut, je voyais aussi un portrait en profil de George Washington. Parole de scout. Ainsi qu'un modèle de Chevrolet datant de 1958, pourvu d'ailerons noirs très classe.
Voilà à quoi vous vous occupez pendant que vous restez enfermé tout seul.
Pendant qu'on fait bouillir votre cerveau à feu doux.
Force est de reconnaître qu'ils utilisaient des

narcotiques de première qualité – la science avait fait de gros progrès en matière de psychotropes. C'était comme m'infliger chaque jour une nouvelle lobotomie frontale. Même pas besoin d'un pic à glace.

Pourtant...

J'appris à me concentrer, même si c'était comme essayer d'y voir clair à travers le brouillard. J'appris à plisser les yeux, mentalement parlant. À rassembler mes petits neurones pour leur dire : « Allez, les gars, un, deux, trois... »

Je gravais des choses dans le mur pour voir si cela ressemblait véritablement à de l'anglais. Si c'était ne serait-ce que vaguement compréhensible.

Si cela avait du sens, alors moi aussi. Si c'était dingue, alors moi aussi. Ça me servait de test.

J'écrivis des noms. Comme une sorte d'exercice.

Mon équipe de bowling. Mes collègues. Sam, Seth, Marv, Nate et Hinch. Un groupe de folk, un cabinet d'avocats opportunistes à la réputation douteuse.

Je les épelai à l'endroit, à l'envers et dans le désordre.

Je les reliai comme les voitures d'un train et je les lançai sur des rails.

J'invitai Belinda et Benjamin à se joindre à nous.

Je démontai le train, je rajoutai les noms de tous les gens que je connaissais, je mélangeai les voitures et je les remis sur les rails. Puis je cassai tout ça en morceaux.

Je classai les débris par ordre alphabétique.

A avant B qui précède C qui rime avec D qui bizarrement est suivi par E.

Je commençai par Anna.

OK, vous avez probablement une bonne longueur d'avance sur moi.

Vous aviez déjà tout compris quand elle m'a dit son nom sur le parking du bowling. Dès qu'elle s'est penchée au-dessus de mon moteur pour me montrer à quoi ressemble un vrai châssis.

Depuis lors, vous n'avez pas cessé d'essayer de me le crier.

Vous vous demandiez quand la vérité réussirait à pénétrer mon crâne si dur, quand j'aurais enfin la grande révélation – *Ah !*

Peut-être avais-je seulement besoin d'un cocktail à l'Haldol et de quatre murs sur lesquels écrire.

Et de temps.

De ne plus avoir à m'occuper de l'inauguration du nouveau centre commercial ni du prix des alpagas à deux têtes. J'avais besoin de temps pour laisser libre cours à mes pensées.

Je gravai son nom dans le plâtre – numéro un de ma « Liste alphabétique des gens qui ne savent pas où Tom se trouve et n'en ont de toute façon rien à foutre ».

Anna Graham.

Je regardai ce nom suffisamment longtemps pour que les lettres finissent par se brouiller, pour que les deux mots fusionnent et n'en fassent plus qu'un.

AnnaGraham.

Il fallait que je le sente dans ma bouche.

AnnaGraham... AnnaGraham... AnnaGraham... Je le répétai encore et encore jusqu'à ce que je me rende compte que je murmurai quelque chose d'autre.

Anagramme.
Anagramme.
Anagramme.

Je me tus.

Bouche bée car je voyais maintenant ce que j'avais refusé de voir.

Anagrammes.

Je m'y connaissais en anagrammes, n'est-ce pas ?

Mon pédiatre plastiqueur antiavortement (à moins qu'il ait été obstétricien, je ne m'en souvenais plus) m'avait balancé plein d'anagrammes – tout ça parce qu'il s'efforçait pathétiquement de me faire suivre une fausse piste.

Mais ses anagrammes n'étaient pas à la hauteur du reporter intrépide que j'étais.

Je les avais tous déchiffrés.

Sauf que... oui, bien sûr, ce type n'existait pas vraiment.

Après la découverte de certaines incohérences dans un article publié récemment dans notre journal, concernant un pédiatre se livrant à des actes terroristes antiavortement, nous avons mené une enquête approfondie. Nous avons le regret d'informer nos lecteurs qu'il s'avère que M. Valle, auteur de cet article et reporter pour notre journal depuis plus de cinq ans, a inventé plusieurs éléments importants relatifs à cet article. Plus grave encore, nous le soupçonnons d'avoir imaginé plus ou moins de toutes pièces cinquante-cinq autres reportages. Dès que ces faits ont été portés à notre connaissance, M. Valle a été immédiatement licencié, et nous songeons désormais à le poursuivre en justice. Nous devons également annoncer la démission de notre rédacteur en chef, ainsi que la mise en œuvre de changements importants dans notre manière de fonctionner qui, nous l'espérons, empêcheront de telles fraudes journalistiques de se reproduire à l'avenir. Nous présentons nos excuses à nos lecteurs, eux qui ont placé une si grande confiance en notre intégrité.

Cinquante-six articles.

Dont un sur un groupe d'acteurs sans le sou à L. A. qui acceptaient de prendre part à des arnaques.

Un autre sur une mode dangereuse : jouer à l'Auto Tag.

Un autre sur un médecin que j'avais rencontré au milieu de ruines d'une ville détruite et qui avait essayé de me communiquer des informations à l'aide d'anagrammes.

D'accord, Anna.

J'irai là où tu veux que j'aille.

Anna Graham.

Hamnaagran.

Gramahanna.

Man. Gram. Ana. H.

J'y mis toute mon énergie. Cela me prit l'après-midi entière – ou était-ce la matinée ? Difficile à dire sans fenêtre.

Je n'arrivais pas à le résoudre. Les lettres restaient collées entre elles, murées dans leur silence – elles n'avaient rien à me dire.

Jusqu'à ce que...

Anna avait *deux* noms.

Évidemment.

Il me fallut moins de dix minutes – un clin d'œil quand on est sous psychotropes – pour décortiquer ce second nom et pour le remettre dans le bon ordre.

AOL : Kkraab.

L'anagramme qu'Anna avait voulu que je voie.

Changer la position des lettres d'*AOL : Kkraab* et ça vous sautait soudain à la figure.

J'étais même déjà tombé sur la réponse quand j'avais ouvert le manuel scolaire de Benjy.

Karabolka.

Ce soir-là, j'avais pu utiliser un ordinateur sur le bureau d'une infirmière.

J'étais allé sur le Net, j'y avais trouvé une réponse.

La moitié des sites étaient russes.

Karabolka était un nom russe, après tout.

Il est maintenant temps que je vous raconte cette histoire.

Pourquoi pas ?

Il est plus que temps.

L'histoire qu'on avait dû raconter à Benjy.

Au plombier.

À cet homme perdu qui avait échoué à Littleton trois ans plus tôt, et à quiconque avait refait surface ce jour de 1954, arraché à une forme de néant avant d'y être replongé d'une façon ou d'une autre.

Une histoire à ne pas raconter aux enfants avant d'éteindre la lumière, sous peine de leur faire passer une nuit pleine de cauchemars.

Une histoire qu'il peut être amusant de partager autour d'un feu de camp, au cœur d'une forêt obscure.

Un conte particulièrement terrifiant.

L'épilogue que le 499e bataillon avait attendu.

Hiroshima, le retour.

Sauf que, cette fois-ci, personne n'en sut rien.

Personne.

Cela resta un très, très grand secret.

Chhhuuut...

50

Au départ, il y avait *Karabolka*.

Un mot seulement – Benjy n'était pas doué pour la syntaxe. Il avait dû croire qu'il s'agissait du nom d'une personne.

Or c'était le nom de l'enfer sur terre. Du purgatoire.

Le nom d'une petite ville russe.

Une petite ville russe située à quelques encablures d'une plus grosse ville russe qui ne portait pas de nom.

Cette dernière ne figura jamais sur aucune carte.

Jamais.

Aucune.

Vous pouviez chercher tant que vous vouliez, jamais vous ne l'auriez trouvée. Elle demeurait invisible pour tous les cartographes du monde.

Personne n'aurait osé vendre la mèche.

Cette ville avait été construite au cœur des monts Oural par les squelettes vivants du goulag. Ils furent ses toutes premières victimes, leurs corps jetés dans des fosses après qu'ils eurent succombé à la malnutrition, à la tuberculose ou aux mauvais traitements, puis recouverts de chaux. Exactement ce que les *Einsatzgruppen* nazis avaient fait avec les Russes à Babi

Yar, Stalingrad et Minsk durant la Grande Guerre patriotique.

Cette ville sans nom avait une seule raison d'être et un seul dieu.

Le grand dieu Plutonium.

Point final.

Cette ville n'avait qu'une seule mission, et elle s'efforça de l'accomplir jusqu'à sa disparition.

Elle était l'enfant illégitime de la Mère Russie.

Tout ce qui la concernait était *Secret* avec un grand *S*.

Son laboratoire nucléaire secret fabriquait secrètement du plutonium.

Sa main-d'œuvre nucléaire secrète vidait des déchets radioactifs secrets dans des réservoirs de stockage secrets.

Sa police secrète surveillait quatre-vingt mille citoyens secrets.

Quelle fut la première trace visible de ce secret ?

La fumée.

Des tonnes et des tonnes de fumée.

Des volutes longues, épaisses et torses comme les tresses des paysannes russes.

C'est ce qu'aperçurent les habitants de la petite ville de Karabolka.

Il s'agissait en majorité de Tatares, ingrédients de la soupe ethnique que Staline aimait remuer lentement de façon à ce qu'elle bouille à petit feu, et dont il écumait de temps à autre le gras pour le balancer quelque part en Sibérie.

Ces habitants sortirent de leurs maisons et contemplèrent la fumée qui s'élevait au-dessus des arbres à l'horizon.

Un feu de forêt, pensèrent-ils.

Un énorme feu de forêt.

Monstrueux, infernal, mais un feu de forêt quand même.

Ils ne se doutèrent de rien car la ville secrète était si secrète qu'ils en ignoraient l'existence.

Totalement.

Ils ne soupçonnaient pas la présence d'une importante cité atomique à trente-cinq kilomètres de chez eux, protégée par une forêt dense et obscure.

Ils n'imaginaient pas que ce feu de forêt puisse être autre chose qu'un feu de forêt.

Ils ne pouvaient pas savoir que le système de refroidissement du réacteur nucléaire secret de la ville sans nom s'était inexplicablement arrêté.

Que la température avait atteint des sommets à l'intérieur d'un réservoir de stockage rempli d'une boue radioactive toxique.

Que ce réservoir avait finalement et irrévocablement explosé avec une puissance équivalente à soixante-dix tonnes de TNT.

Soit quatre Tchernobyl.

Soit dix Hiroshima.

L'explosion avait arraché le toit du bâtiment de stockage et avait propulsé des débris radioactifs à des kilomètres et des kilomètres dans l'atmosphère.

Les habitants de Karabolka ne pouvaient se fier qu'à ce qu'ils voyaient.

Le lendemain matin, une épaisse suie recouvrait chaque centimètre carré de la petite ville.

Une escouade de soldats de l'Armée rouge débarqua alors et interdit l'accès à une moitié de la ville.

La moitié tatare.

Personne ne devait entrer. Personne ne devait sortir.

Parce qu'il y avait en fait deux Karabolka. La Karabolka *tatare* et celle des autochtones *russes*.

Aux Russes on dit la vérité. On les évacua immédiatement dans de longs camions noirs. Ils ne revinrent jamais.

Aux Tatares on mentit.

Ils restèrent.

Il était une fois deux villages. Un village où l'on disait toujours la vérité. Un autre où l'on mentait toujours.

Du pétrole brut s'était infiltré dans la nappe phréatique. Voilà le mensonge que l'on raconta aux Tatares.

Voilà pourquoi leurs vaches, leurs moutons, leurs cochons et leurs chevaux étaient tous morts ou mourants.

Voilà pourquoi l'eau de leur puits avait un goût de métal.

Voilà pourquoi de la suie recouvrait tout.

Voilà pourquoi l'Armée rouge avait débarqué.

Du pétrole brut.

Il fallait bien que quelqu'un nettoie ça.

C'est eux que l'on avait désignés.

Les soldats de l'Armée rouge les menèrent dans les champs, où ils arrachèrent les pommes de terre, les carottes et les ignames à mains nues avant de les enterrer dans de longues fosses.

On les conduisit en file indienne dans la moitié russe de Karabolka, désormais abandonnée, où ils grattèrent la suie sur les murs et démolirent les maisons.

On les emmena dans des granges sinistres et silencieuses, où ils durent tirer le bétail mort par la queue pour le jeter dans des fosses, respirant à l'occasion les vapeurs nocives de la chaux.

La plupart de ces travailleurs étaient des enfants, âgés de huit à onze ans.

Des petits garçons et des petites filles.

Des classes entières qui faisaient chaque jour des excursions dans la zone contaminée.

Leurs mains se mirent à saigner.

Des lésions qui ressemblaient à des piqûres de moustique recouvrirent leur corps.

Ils vomissaient de la bile verte.

Pas de quoi s'inquiéter, leur dirent les soldats.

C'est le pétrole. Nettoyez la ville et tout le monde ira mieux, tous les symptômes disparaîtront.

Les maux de tête et la nausée. Les saignements du rectum et les vomissements. Les plaies ouvertes et les cheveux qui tombent par paquets. Fini, tout ça.

L'opération de nettoyage se poursuivit sur une année entière.

Quand l'hiver arriva, la neige refusa de coller au sol.

L'eau du puits était toujours saumâtre, infecte. Elle gardait un goût de fer.

Une forme de maladie du sommeil atteignit la population.

Peu importait.

Les gens restaient soumis.

Les enfants continuaient de se rendre aux champs, dans les étables sépulcrales et dans les maisons vides.

Plus tard, on parla d'eux comme des *jeunes liquidateurs* – bien plus tard, quand on sut ce qui s'était passé.

Les enfants aux mains radioactives. Les enfants des damnés.

Une génération entière fauchée par la mort.

Cinq mille enfants tatares, dont au final moins d'une centaine survécurent.

En tenant compte des bébés.

Ceux qui naquirent des semaines, des mois et même des années plus tard.

Des enfants qui ne ressemblaient à aucun autre enfant sur terre. Des enfants comme on en voit parfois exhibés dans les fêtes foraines ou flottant dans des bocaux de laboratoire.

Cela arriva d'ailleurs à certains d'entre eux. Aujourd'hui, vous pouvez vous rendre au musée d'Embryologie de Tchelyabinsk pour les voir.

Ceux qu'on a arrachés à des ovaires pollués, plongés dans du formol et alignés le long de grandes étagères en bois.

Des têtes de poisson. Des jambes de triton. Des yeux d'anguille. Des peaux à écailles, des pieds à sabots et des queues de petit chien.

Comme une malédiction ancestrale qui se réalisait soudain.

Rien à voir avec des déchets radioactifs stockés dans un réservoir secret, non : tout cela était la faute d'un brouet de sorcière déversé sur des innocents.

C'était ça, le secret.

Un secret qu'il ne fallait pas dévoiler. Jamais. Surtout pas.

Et pourtant...

De temps en temps, quand les enfants étaient dans les champs, qu'ils creusaient à mains nues un sol couleur de nuit... De temps en temps, il y avait un bruit. Au-dessus de leur tête, quelque part dans les cieux. Comme si Dieu leur murmurait quelque chose. Suffisamment fort pour qu'ils l'entendent ; suffisamment discrètement pour qu'ils l'oublient.

Mais ils ne rêvaient pas.

Les hommes de l'Armée rouge qui les surveillaient avec leurs fusils ne semblaient jamais s'en apercevoir.

Mais eux oui.

Peut-être que Dieu ne murmurait qu'aux oreilles des enfants. De ces jeunes *liquidateurs* qui se retrouvèrent eux-mêmes très rapidement liquidés.

Dieu leur soufflait une promesse.

Leur faisait un serment.

Je sais que vous souffrez.

Je ne vous oublierai pas.

Je n'oublierai pas.

Dieu voit tout, n'est-ce pas ?

Oui, quelqu'un observait.

Ce n'était pas Dieu, mais un œil de verre qui voyageait à 800 kilomètres-heure.

Un appareil qui prenait cinquante clichés par seconde dans un ventre de métal aérodynamique. Filant au-dessus des radars, tel Icare en route vers le soleil.

Un U-2.

L'avion ultra secret.

Émerveillez-vous un instant de la symétrie, de l'ironie de la chose. Puis allez-y, laissez-vous aller à rire jusqu'à en avoir mal au ventre.

L'avion secret de l'Amérique. Accomplissant un vol secret. Au-dessus d'une petite ville russe secrète. Qui venait d'être victime de la plus grosse explosion nucléaire secrète de l'histoire.

Nous ne dirons rien, à condition que vous ne disiez rien.

Nous ne dirons rien, parce que aucun de nos avions ne vole secrètement au-dessus de l'espace aérien russe. Non.

Nous ne dirons rien car vous ne fabriquez pas secrètement du plutonium qui vient de partir en fumée. Vous n'assassinez pas vos propres enfants. Non.

Marché conclu.

Dieu ne murmurait rien aux enfants.

Deux ennemis murmuraient entre eux, n'osant pas hurler.

Aux États-Unis, les clichés secrets furent développés, examinés, analysés, disséqués. On en tira toutes les leçons qui s'imposaient. Si jamais quelque chose devait se produire ici – ce qui n'arriverait pas, ce qui n'était pas possible, mais si l'on voulait quand même parer à toute éventualité, peu importe qu'elle soit totalement ridicule, complètement inimaginable –, au cas où, nous ne serions pas pris au dépourvu. Nous saurions comment réagir.

Puis l'inimaginable arriva.

51

Des images.
Mes journées passaient comme un album de photos dont on tournerait les pages à toute allure : les clichés défilaient, parfois flous, parfois nets. Parfois j'arrivais à m'en souvenir.

— Comment est-ce arrivé ? demandai-je à Herman Wentworth.
Séjournez suffisamment longtemps dans un hôpital, vous finirez par rencontrer le médecin chef. Enfin, l'*ancien* médecin chef.
Le médecin chef honoraire.
— Une erreur humaine, dit Wentworth. Un léger problème avec le système de refroidissement. On procédait par tâtonnements à l'époque.
Un léger problème... tâtonnements. Parler de l'explosion d'un réacteur nucléaire comme s'ils avaient fabriqué un volcan miniature en travaux pratiques de sciences et qu'ils avaient malheureusement noirci le bout du nez du prof.
Un léger accident.
Ça arrive.
— C'est exactement ce qui est arrivé en Russie, me

dit-il. La même chose. Le système de refroidissement a mal fonctionné.

— Oui.

Wentworth était en train de m'injecter quelque chose, pendant que je regardais le père de notre nation au plafond.

Salut, George.

— L'usine du barrage de l'Aurora n'était qu'une couverture, dis-je. L'eau vous servait à refroidir le cœur du réacteur.

— Ils avaient leurs centrales secrètes, dit Wentworth. Nous aussi. C'était une époque différente. Nous vivions sous la menace permanente d'une apocalypse nucléaire. Difficile d'imaginer ça aujourd'hui. Cette peur omniprésente.

— Et quand le réacteur a explosé, ça n'a été qu'un barrage qui cédait. Une *inondation*. Mais dans l'eau, il n'y avait pas seulement des cadavres et des microbes – il y avait aussi de la radioactivité. Vous avez étouffé l'affaire. Vous avez pris ceux qui avaient survécu ce jour-là et vous les avez cachés. Le Karabolka américain, tout simplement.

— Réfléchissez deux secondes. Nous étions en 1954. Annoncer au monde que nous venions d'avoir un accident nucléaire de vingt-deux mégatonnes ? Le dire aux Russes ? Au peuple américain ? Comme je vous l'ai expliqué, c'était une époque très différente.

— Il y a beaucoup d'autres choses dont vous ne parliez pas au peuple américain à cette époque. L'école de garçons de Rochester. Les femmes enceintes de Vanderbilt. L'hôpital où nous sommes, quand cet endroit s'appelait encore Marymount Central. Au fait, *Hôpital pour anciens combattants 138*, c'était une plaisanterie entre vous ? L'uranium 138, à l'origine des champignons atomiques.

Il ne me répondit pas ; il était en train de retirer la seringue.

— Vous n'en avez laissé partir qu'une, dis-je. Une seule survivante. La petite fille, Bailey Kindlon. Pourquoi ?

— Ahh... Bailey. Si petite, si terrifiée. Elle s'était maintenue presque tout le temps hors de l'eau. Elle était radioactivement propre. Relativement. Et elle n'avait que trois ans, ça comptait aussi. Elle n'avait peut-être pas vu les mêmes choses que ceux qui étaient plus âgés, ou du moins elle ne les avait sans doute pas comprises.

— Lorsque vous m'avez dit que vous apparteniez au 499e bataillon, j'aurais dû comprendre tout de suite. Hiroshima, le bon vieux temps... Qu'est-ce que vous venez de m'injecter ? Ça fait mal.

— Quelque chose de nouveau. Un sérum de vérité. Imaginez du pentothal puissance dix.

— Toutes ces mutations au Japon. Puis à Karabolka. Elles vous ont sacrément foutu les jetons.

— Elles nous ont surtout sacrément appris.

— Pas assez. Il vous en fallait plus.

— Chaque chose a un prix. Ce qu'on apprend grâce aux rats de laboratoire reste très limité.

— Alors vous avez utilisé des êtres humains. À Rochester. Et ici. Ainsi, quand Littleton Flats est arrivé, vous saviez quoi faire. Vous saviez où amener ces gens. Vous les avez castrés – pas de bébés gargouilles qui risquaient de choquer votre sensibilité ou de donner lieu à d'autres mutations au fil du temps. Grâce aux drogues, vous avez pu les maintenir dans un état d'oubli perpétuel. Benjamin. Et l'autre « ancien combattant » qui s'est échappé et a retrouvé le chemin de Littleton comme un pigeon voyageur. Vous aviez beau lui avoir abruti le cerveau, il se souvenait d'où il venait. On sait toujours comment rentrer chez soi. Wren l'a trouvé qui dormait dans le kiosque. Plus tard, il a découvert son nom sur le monument aux morts à Washington. Mais les gens ne meurent pas deux fois, n'est-ce pas ?

— Vous avez lu ça dans l'article de Wren ? Celui qu'il a écrit au sujet de l'inondation de l'Aurora ?

— Il n'y a jamais eu d'article sur l'inondation. Wren ne l'a pas terminé. Il n'a jamais été publié.

— Il n'est jamais paru, bien sûr. Mais peut-être qu'il a été écrit. Peut-être qu'il l'a laissé quelque part ?

— Je ne sais pas de quoi vous parlez.

— C'est ce que nous allons voir.

Autre aspect du problème : Rainey.

Je ne savais pas si Rainey était ou non de mèche avec eux. Probablement pas. Il n'était qu'un soldat qui faisait son boulot.

Je lui demandai comment il était possible que je sois englouti dans le système. D'un point de vue légal. Personne ici ne jouait suivant les règles, mais quand même...

— Bien sûr qu'on respecte les règles : « Les gens qui représentent un danger pour les autres ou pour eux-mêmes... » Il me semble que ça s'applique tout à fait à vous.

— Je ne suis pas un ancien combattant. Nous sommes dans un hôpital pour anciens combattants.

— Vous avez effectué un service militaire volontaire. Ça suffit.

— Il y a un psy qui est venu me voir avec le vrai

inspecteur Wolfe. Il pensait que j'étais parfaitement sain d'esprit. Peut-être que je pourrais lui parler ?
— Il s'appelle comment ?
— Je n'en sais rien.
— C'est embêtant. Mais si je croise quelqu'un qui pense que vous êtes parfaitement sain d'esprit, je vous tiens au courant.
— Comment va Dennis ?
— Difficile à dire. Il ne parle pas beaucoup.
— Ce n'est pas moi qui lui ai fait ça. Je l'ai amené ici. Je lui ai sauvé la vie.
— Je penserai à lui dire de vous écrire un mot de remerciements.
— Je vous dis la vérité.
— Bien sûr, Pinocchio.

Une tempête.
Je l'entendais faire rage derrière les murs. Le tonnerre. Comme quand on se tient trop près d'un ampli de basses dans une petite salle. Mes côtes tremblaient sous l'effet des vibrations.
It's a hard... it's a hard... it's a hard rain... gonna fallllll...
Je chantais.
J'étais mon propre iPod.
Je me concentrais sur le répertoire de Dylan.
You better start swimming or you'll sink like a stone.
« Tu ferais mieux de te mettre à nager si tu ne veux pas couler comme une pierre. »
La citation préférée d'Anna. Vous vous souvenez ? Sur son profil AOL : Kkraab.
Peut-être encore un indice pour les idiots comme moi.
L'inondation de l'Aurora.

Tu ferais mieux de te mettre à nager.
Benjy avait dû nager comme un dératé ce jour-là.
Comme Eddie Bronson, quelle que soit sa véritable identité.
Comme la maman du plombier.
Ils avaient nagé pour fuir le danger et s'étaient précipités dans la gueule du requin.
Il les avait engloutis.
Qui était Anna ?
Si elle n'était pas *Anna Graham*, alors qui était-elle vraiment ?
Il y a toujours une part de vérité dans ce que vous racontent les gens. C'est la première règle dans le Manuel du parfait menteur. C'est ça qui rend un mensonge crédible. C'est ça qui vous le fait avaler.
J'allais devoir méditer là-dessus.
Sérieusement.

Le milieu de la nuit.
Une pâle lueur rouge filtrait à travers la porte, comme du sang.
J'entendis des bruits de pas, quelqu'un qui traînait lentement les pieds.
Une démarche saccadée, comme un jouet mécanique qui fait deux pas en avant puis s'arrête parce qu'il a besoin d'être remonté.
Quelqu'un avançait le long du couloir. S'arrêtait un instant devant chaque cellule.
Ce n'était pas Rainey, ni le Samoan, ni un autre aide-soignant. J'avais eu le temps d'apprendre à reconnaître leur pas. Ils avaient des démarches très différentes – guillerettes, lourdes, déterminées…
Celle-ci était différente.
J'entendis quelqu'un respirer juste derrière ma porte.

La grille s'ouvrit : la lueur rouge s'engouffra, transformant ma cellule en chambre noire.

Un bruit étrange.

Entre des mots, des grognements et quelque chose d'autre.

Je m'assis et regardai l'œil qui scrutait l'obscurité de ma cellule.

Ce bruit encore.

À moitié humain.

Ou au contraire...

Trop humain.

— Dennis, murmurai-je. C'est moi, Tom.

L'œil parut acquiescer.

Je m'approchai de la porte sur la pointe des pieds, collai mon visage contre l'ouverture laissée par la grille.

— Écoutez-moi, Dennis. Ils m'ont enfermé ici. Ils vont jeter la clé. Vous comprenez ?

Dennis me regarda sans exprimer la moindre réponse. Il était possible que *compréhension* et *Dennis* soient désormais deux termes s'excluant mutuellement.

— Votre ami Benjy. C'est ça qu'ils lui ont fait. Et ensuite ils l'ont tué. Ils ne veulent pas que certaines choses sortent d'ici.

Je n'aurais pas pu dire à quel point Dennis parvenait à assimiler mes paroles. Étais-je aussi indéchiffrable pour lui que lui l'était pour moi ?

— Dennis, il faut que je sorte d'ici. Aidez-moi.

Il fit ce bruit à nouveau. Comme un sourd qui n'a jamais entendu la voix d'un être humain. Voilà à quoi ça ressemblait. Il me disait peut-être oui. Ou peut-être non. Ou peut-être... peut-être. Ou alors il me demandait ses cachets.

— Dennis, vous comprenez ce que je vous dis ? Ils m'enterrent vivant.

L'œil bougea. La grille se referma. J'entendis ses pas traînants s'éloigner dans le couloir.

On m'autorisa à me doucher.

La cabine de douche restait ouverte pour qu'ils puissent vous surveiller. Des poignées en métal étaient fixées au mur afin d'éviter aux vétérans dans les vapes de tomber et de se tuer.

En entrant, je croisai quelqu'un qui sortait.

Lent, les paupières lourdes – et pourtant nerveux. Les mots « Semper Fi » étaient tatoués sur son bras.

Peut-être était-ce cet *enfoiré de marine* dont Dennis m'avait parlé. Celui qui s'était barré sans permission pour partir à la recherche du corps de ses gosses le long de la route 80.

Je le saluai.

Le marine regarda dans ma direction, mais parut ne pas me voir. Comme si j'étais devenu transparent. Ce qui était le cas.

Personne ne pouvait me voir.

J'étais l'homme invisible.

Je demandais à Seth comment il se débrouillait au bowling.

Qui avait-il pu trouver pour remplacer mon irremplaçable moyenne de 132 ?

S'était-il vengé du connard avec le tatouage de Judas Priest qui l'avait pris en traître ce soir-là ?

Et Sam, est-ce qu'il avait réussi à fourguer quelques polices d'assurance ces derniers temps ?

Seth n'était pas vraiment là, bien sûr.

Ce qui était assez inquiétant.

Mais Seth me répondait quand même.
Et c'était encore plus inquiétant.

Une nuit, je rêvai que j'étais de retour dans le Queens.
Le soir de la tempête de neige.
Quand ma mère avait descendu une bouteille entière de Jack Daniel's. Quand je l'avais entendue marmonner quelque chose à propos des jouets que Jimmy avait laissés éparpillés dans le salon. Quand j'avais fait entrer Jimmy avec moi dans la chambre et que j'avais essayé de fermer la porte, parce que je savais ce qui allait venir.
Lui aussi.
Jimmy, qui était plus petit que moi et donc plus vulnérable, plus facile à balancer d'un bout à l'autre de la pièce comme une poupée de chiffon. Jimmy qui ressemblait plus à mon père, le père qui nous avait abandonnés pour la femme plus jeune et plus jolie qui nous apportait toujours un supplément de pancakes à l'Acropolis Diner. Jimmy, qui encaissait toujours ce que ma mère lui infligeait avec un air stoïque, peut-être même un air de défi – alors qu'il n'avait que six ans, il trouvait quelque part en lui cette émotion d'adulte –, un air qui la faisait encore plus enrager. Évidemment. Alors elle trouvait des trucs avec de l'eau bouillante, le radiateur de la chambre, le vieux ceinturon de mon père.
Des trucs qui le poussaient à hurler, sangloter et gémir pendant que moi je me couvrais les oreilles dans le faux sanctuaire de ma chambre – parce que la défier n'aurait en rien arrangé les choses.
Ce soir-là, je l'emmenai avec moi dans la chambre et je fermai la porte. Cette fois-ci, me dis-je, je ne

la laisserai pas entrer. Non. Elle aura beau souffler, souffler, j'empêcherai la porte de s'envoler. J'essayai, j'essayai de toutes mes forces de petit garçon de neuf ans. Ça ne suffit pas. En poussant elle réussit à ouvrir la porte, à attraper Jimmy par le bras et à le tirer hors de la chambre, qui criait et se débattait.

Et je pouvais entendre.

Tout entendre.

Même par terre, la tête prise dans l'étau de mes mains qui couvraient mes oreilles.

Le vent hurlait dehors mais ne pouvait couvrir les hurlements dans la pièce d'à côté. La tempête régnait à l'extérieur comme à l'intérieur, où Jimmy était violemment projeté contre les murs et les meubles. J'entendais aussi le claquement de la ceinture sur sa peau.

Et ses atroces cris de douleur.

Qui cessèrent tout d'un coup. Étrangement. Définitivement.

Dans mon rêve, je ne sors pas de ma chambre pensant que c'est fini, que je vais retrouver Jimmy assis, couvert d'ecchymoses bien sûr, et même en train de saigner, mais *Jimmy* tout de même, toujours vivant.

Je ne sors pas de ma chambre pour le découvrir allongé par terre, parfaitement immobile et bleu.

Ma mère ne m'ordonne pas de retourner dans ma chambre pour écrire ce qui s'est passé. L'histoire de Jimmy, ce garçon de six ans tellement maladroit qu'il était un terrible danger pour lui-même. L'histoire que je raconterai consciencieusement à la police, à l'assistante sociale des Services de protection de l'enfance et à mon propre père, dans tous ses détails précis et sinistres.

Mon frère Jimmy a glissé sur la glace et il s'est cogné la tête.

Il arrête pas de tomber ou de se faire mal.
Il est vraiment maladroit.
Non.
Dans mon rêve, mon père revient nous sauver. Il retourne dans sa famille.
J'entends ses pas sur les marches dehors.
Je l'entends qui patauge dans la neige molle.
Il frappe à la porte.
Il va entrer et secouer la neige sur son ciré, courir auprès de Jimmy et le réveiller.
La porte s'ouvre.
Papa, papa.
Mais il ne peut pas parler. Le froid glacial, la neige tourbillonnante. Il ne peut pas parler.
Il me fait signe de m'approcher.
Je cours vers lui dans mon pyjama Batman, qui pour je ne sais quelle raison a changé de couleur – il est gris et terne.
Et mon papa. Quelque chose cloche. Il ne peut pas parler. Il parle mais rien ne sort de sa bouche.
Il m'attrape par mon pyjama et me tire dehors, sous la neige.
Mais il n'y a pas de neige.
Seulement un couloir désert teinté de rouge.
Chut...
Il ne parle pas, mais il arrive presque à murmurer.
Dennis me fait signe de le suivre.
Une clé brille dans sa main.

J'aurais peut-être dû me demander où il l'avait trouvée.
Cette clé.
Mais à trop se poser de questions, on risque de devenir fou.

52

Si vous étiez le gardien de nuit du garage de l'hôpital pour anciens combattants 138, voici ce que vous auriez vu : un aide-soignant à moitié endormi qui traversait le parking vide.
— Longue journée ? lui auriez-vous demandé.
L'aide-soignant aurait hoché la tête et répondu :
— Ouais.
Puis il aurait fouillé dans ses poches, l'air soudain surpris et agacé.
— Zut alors, aurait-il dit après avoir retourné ses deux poches. J'ai perdu mon ticket de parking. Je l'avais là ce matin...
Vous auriez hoché la tête, plein de compassion.
Après tout, ce pauvre type avait l'air d'être à bout de force. Il *empestait* même un peu, à dire vrai, comme s'il avait couru un marathon. Comme s'il avait passé toute la journée à lutter corps à corps avec des patients qui refusaient de rester tranquilles.
Comme s'il avait pris sa blouse bleue puante sur une pile de linge sale dans la blanchisserie de l'hôpital.
— C'est quoi, votre voiture ? lui auriez-vous demandé, par pitié et aussi par souci de débarrasser l'air environnant de sa présence fétide.

— Une Miata, aurait-il répondu. Bleu-gris et pas en très bon état.

— OK. Je vais la chercher.

— Vous êtes sûr ? aurait demandé l'aide-soignant, qui ne voulait surtout pas vous déranger. C'est très sympa de votre part.

— Pas de problème, lui auriez-vous répondu en sortant de votre cabine de verre, plusieurs clés numérotées à la main. Et vous vous seriez acheminé vers le niveau inférieur où, si vos souvenirs étaient bons, vous aviez vu la Miata gris-bleu avec le pare-chocs de travers.

C'est bien là que vous l'auriez trouvée, d'ailleurs. Vous auriez vérifié le ticket sur le tableau de bord, inséré la clé dans la porte, puis vous auriez conduit la voiture jusqu'à l'aide-soignant très reconnaissant. Le pauvre avait besoin d'une bonne nuit de sommeil.

Vous l'auriez regardé prendre place derrière le volant et s'en aller. Vous vous seriez dit que cette voiture et son conducteur allaient bien ensemble. Bien que ni l'une ni l'autre ne soient particulièrement vieux, ils avaient beaucoup roulé.

Ce n'était qu'une question de temps avant qu'ils ne tombent tous deux en panne.

Je suivis les mêmes routes que j'avais déjà suivies.

Pas de souci pour l'essence : j'avais une réserve secrète d'argent – une carte de crédit que je gardais dans ma boîte à gants au cas où. Mon téléphone portable était encore dans le porte-gobelet où je l'avais laissé. Pas besoin de l'éteindre pour le rendre invisible aux signaux indiscrets des satellites : la batterie était vide.

Je reconnaissais le paysage.

Ces forêts épaisses qui vous glaçaient lentement les os.

Je me dirigeais vers un lieu où je m'étais déjà rendu.

Six cabanes en rondins sur la rive de Bluemount Lake.

Je savais quelle sortie prendre cette fois-ci.

Je savais qu'il fallait que je fasse deux fois le tour du lac, comme une incantation, avant d'arriver devant le panneau cloué à l'arbre.

Je savais que la voiture allait trembler de toute sa carrosserie pendant la traversée des bois.

Je savais que quand la forêt me recracherait au bord du lac, personne ne sortirait de cette cabane pour m'accueillir.

Je m'arrêtai devant la petite véranda et attendis une minute, comme si je pouvais peut-être me tromper. Comme si Wren allait ouvrir la porte, m'inviter à entrer pour écouter ses remontrances et respirer la fumée de ses cigarettes.

Rien ne se produisit.

Je sortis et montai les marches. Je poussai la porte et pénétrai à l'intérieur.

Le poêle ne marchait pas du tout cette fois-ci, mais nous étions encore au début de l'après-midi. Il y avait suffisamment de soleil pour que la température soit confortable.

Personne ne s'était soucié de ranger. Je comprenais désormais ce qui s'était passé : quelqu'un avait mis la cabane sens dessus dessous. De la même manière que mon sous-sol avait lui aussi été fouillé avant que j'emménage.

Cette fois-ci, j'examinai tout en détail.

Tout ce qu'ils avaient déjà dû examiner, eux aussi. Je ne m'attendais pas vraiment à trouver quoi que ce soit, il s'agissait juste de faire les choses sérieusement. Car on ne sait jamais. Quand j'avais commencé dans le journalisme, on m'avait appris qu'on appelait ça « chercher de l'or ». Pourquoi ? Parce qu'il faut en général trois tonnes de terre pour obtenir une seule once d'or. Les particules sont si petites qu'on a coutume de dire que l'or est invisible.

Parfois, il faut passer au crible beaucoup de boue avant de découvrir ce qui est invisible.

Il y avait des lettres personnelles adressées à Wren.

Une ancienne amoureuse nommée Dorothea – elle n'avait pas indiqué son nom de famille ; les anciennes amoureuses n'en ont pas besoin – qui évoquait avec nostalgie des moments torrides passés dans les îles au sud de la Floride.

Un M. Poonjab de Micronésie – une connaissance datant de l'époque où Wren était correspondant à l'étranger, peut-être. M. Poonjab lui présentait ses meilleurs vœux ainsi que ceux de sa femme et de ses enfants.

Wren, quant à lui, ne semblait pas avoir eu de famille. Aucune lettre d'épouse. Aucune jolie carte d'anniversaire envoyée par un de ses enfants. Cela avait dû leur faciliter la tâche, que Wren n'ait pas de famille. Ça et son penchant soudain pour la solitude.

M. Poonjab disait qu'il allait envoyer ce que Wren avait demandé dans son prochain courrier.

Impossible de savoir de quoi il s'agissait.

Qu'est-ce que quelqu'un pourrait vouloir de Micronésie ?

Des noix de coco ? Des feuilles de palmier ? Des coquillages ?

Peut-être quelque chose de plus pertinent. Jusqu'aux années soixante, les États-Unis avaient massacré ce lieu idyllique à coups de bombes nucléaires tests – l'archipel était si pollué par la radioactivité qu'il était largement inhabitable. Les États-Unis s'occupaient actuellement de déplacer les populations tout en leur allouant des indemnités dérisoires.

Peut-être Wren avait-il voulu obtenir un compte rendu à la première personne d'un désert nucléaire.

Sous le canapé, il y avait deux revues médicales, l'une d'elles contenait un essai sobre et factuel sur les effets des retombées radioactives.

Il y avait dix pages photocopiées d'un livre chroniquant les débuts du programme nucléaire militaire américain.

On trouvait également une biographie des Hiroshima Maidens – un groupe de jeunes survivantes de la catastrophe nucléaire qui, défigurées, avaient écumé les routes avec leur spectacle de vaudeville.

Une étude de prélèvements du sol de Los Alamos. Évidemment.

Il avait dû se rendre à Littleton Flats, tout comme moi. Ramasser un peu de cette terre rouge et en envoyer quelques fioles au laboratoire Dearborne. Je crois que ce sol est radioactif, avait-il dû leur dire.

Je crois qu'il est chaud.

Il ne se trompait pas.

Il y avait aussi les factures domestiques habituelles – datant principalement des années que Wren avait passées à Littleton.

Le fioul et l'électricité.

Le téléphone et le câble.

Un reçu pour le nettoyage des gouttières.

Un devis pour le lavage des moquettes.

Une facture émise par l'entreprise de Seth Bishop

pour des travaux de placoplâtre : *cinq cents dollars* griffonné par l'écriture en pattes de mouches de Seth.

Il y avait des articles jaunis que Wren avait signés depuis les lieux les plus exotiques comme les plus banals.

La Thaïlande. La Pologne. Newark. Cleveland.

Il y avait des factures provenant de cabinets médicaux. Wren semblait avoir souffert d'une légère arythmie, d'un taux de cholestérol trop élevé et, occasionnellement, de dépression. Je trouvai une ordonnance pour du Xanax – un médicament dont la popularité en salle de rédaction rivalisait presque avec celle des amphétamines. Le Xanax est censé calmer l'anxiété, la plaie de tous les journalistes qui doivent respecter des délais infernaux.

Je regardai tout. Deux fois.

Je fouillai le bureau de Wren, à la recherche d'une lampe torche.

Il faisait encore jour dehors, mais je comptais me promener dans les bois.

Les arbres formaient une voûte presque entièrement noire au-dessus de ma tête.

Leurs troncs étaient humides et couverts de mousse.

Je marchai sur un mélange de feuilles mortes, de terre à l'odeur âcre et de racines enchevêtrées.

De temps à autre, des cerfs manifestaient leur présence en laissant entrevoir le bout d'une queue qui disparaissait aussitôt.

De petits écureuils filaient entre les branches mortes.

J'arpentai un périmètre irrégulier du côté du lac où se trouvait la cabane.

Je n'arrêtais pas de m'enfoncer dans le sol mou ; en dix minutes, j'avais trempé de sueur le tee-shirt

University of Oregon que j'avais acheté cinq dollars dans une grande surface au bord de la route.

J'avais autrefois écrit un article sur un gourou de la médecine légale au Mississippi qui avait disséminé des cadavres partout dans son jardin, pour la plupart des anonymes récupérés à la morgue. L'expert en question souhaitait étudier l'impact du temps, du sol et de divers facteurs météorologiques sur le corps humain après la mort – décrire méticuleusement la décomposition telle qu'elle se produisait au niveau des os, des tendons et des tissus.

Il avait laissé certains cadavres pourrir en plein air.

Il avait enfoui les autres à différentes profondeurs, les déterrant à intervalles réguliers pour prendre la mesure des dégâts.

Il s'était vite rendu compte qu'il n'était pas le seul à creuser. Son jardin jouxtait une réserve naturelle. Des ours et des sangliers arrivaient à renifler les restes humains. Ça ne les dérangeait pas de gratter jusqu'à deux mètres de profondeur pour les trouver.

Il avait décrit la scène.

Comme la table d'un restaurant avec buffet à volonté juste avant d'être desservie.

Un mélange d'os rongés, de dents recrachées et d'excréments animaux.

Enterrez un corps en pleine nature, vous verrez qu'il refera vite surface.

J'avançai au milieu de nuages de moucherons tourbillonnants.

Les moustiques m'attaquaient en piqué comme des kamikazes fous furieux. J'en écrasai au moins dix sur mes bras ; quand je me regardai dans le miroir ce soir-là, j'avais l'air d'avoir survécu à une partie de paint-ball.

Je passai à travers des colonnes de brume embrasée – ces quelques trous dans le plafond de branches au travers desquels le soleil réussissait à percer.

J'essayais de ne jamais perdre de vue le lac, même si je ne faisais que l'entrapercevoir, afin d'éviter de tourner en rond ou, pire, de plonger dans la forêt primitive et de m'y noyer.

Je marchai une heure, puis deux, puis trois, jusqu'à ce qu'il fasse trop sombre et que je doive abandonner.

Je fis demi-tour et allai me coucher dans la même cabane que la dernière fois.

Le lendemain je partis directement de la cabane de Wren et j'avançai en ligne droite à travers les bois.

J'y passai toute la matinée. J'avais chaud et j'en avais marre.

Je finis par m'asseoir sur une souche et contemplai les dessins mouchetés sur les feuilles par terre.

Des traits blancs partant dans toutes les directions, selon la manière dont le soleil filtrait entre les branches. Selon la manière dont il éclaboussait le sol.

J'avais l'impression de regarder un Jackson Pollock et d'essayer d'y trouver un sens.

Dans l'agencement désinvolte du tableau.

Je me concentrai sur un motif en particulier – je le laissai m'inspirer mes propres images.

Quand je regardai en l'air pour trouver sa source, je n'y arrivai pas.

Quand je parcourus des yeux la canopée pour y trouver des fentes, je n'en vis pas.

Pas un seul rayon de soleil ne passait.

J'entendis le bourdonnement dense des insectes. Je sentis quelque chose.

Un vague parfum, musqué, douceâtre.

Une odeur qui avait dû être vraiment atroce, mais qui désormais était supportable – à peine.

Je remarquai les mottes de terre noire et humide dispersées ici et là. Je distinguai les essaims d'insectes – des taons, des moucherons, des scarabées volants.

Mettez-vous à rouler dans les bois à cette heure-ci et on ne vous retrouvera pas avant l'année prochaine.

Je dus écarter une grosse plante grimpante avant de pouvoir m'approcher.

Tout près.

Là où les rais de soleil blanc ressemblaient à un costume d'Halloween froissé que l'on a arraché et jeté dans un coin.

Vous voyez de quel déguisement je veux parler.

Le squelette.

Il fallait que je chasse les mouches de mes yeux.

Mes yeux que je n'arrivais pas à détourner.

Les rayons de lumière n'en étaient pas. C'était des os. Parfaitement blancs.

Brisés en deux pour que la créature qui les avait déterrés puisse atteindre la moelle.

Je n'étais pas expert en os, bien sûr. Je n'aurais pas pu distinguer un os de biche d'un os humain.

Ce n'était pas nécessaire.

Les biches ne portent pas de pantalons.

Un pantalon en toile marron, avec une ceinture Gap encore attachée.

53

Elle décrocha le téléphone dès la deuxième sonnerie, puis, encore plus étonnant, elle ne raccrocha pas.

Peut-être parce que je lui demandai si elle comptait reprendre son nom de jeune fille après son divorce.

Redevenir une *Steiner*.

Elle ne répondit rien. Il y eut un de ces silences tendus qui en disent plus long que des mots. Puis elle accepta de me retrouver à l'angle de Lincoln Boulevard et de Ninth Street.

La première fois que je l'avais rencontrée, elle m'avait parlé de son père.

« Mon père était mécanicien, avait-elle dit quand je l'avais remerciée d'avoir réparé ma bobine d'allumage. Il vivait littéralement sous les capots. »

Comme quelqu'un d'autre dont j'avais entendu parler.

« Il avait pris des cours de mécanique en prison – c'est ça qu'il a fait à sa sortie... Le jeune ingénieur de génie se retrouvait à réparer des bagnoles pour gagner sa croûte. »

Ce n'était pas tout.

Lors de notre second dîner, quand elle m'avait raconté qu'elle connaissait Wren :

« C'est là qu'on s'est rencontrés, avait-elle dit. À la maison de retraite... Il était venu dans l'espoir de réveiller des souvenirs assez terrifiants. »

Et qu'est-ce qu'Anna faisait à la maison de retraite ?

« Mon père. Il a Alzheimer », m'avait-elle dit.

Et quand j'avais demandé à Wren – pas le vrai Wren, mais la personne qui s'était trouvée au bout du fil ce jour-là – si Lloyd Steiner était encore en vie...

— À peine.

— Vous avez essayé de lui parler ?

— Oui. Disons qu'il n'était pas d'humeur bavarde.

C'était possible.

Peut-être même plausible.

« Donc vous pensez que Lloyd Steiner a passé dix années en prison histoire d'apaiser l'opinion publique, et que pendant tout ce temps il a fermé sa gueule. »

Peut-être qu'il avait tenu sa langue.

Mais pas éternellement.

J'appelai la maison de retraite. Je me présentai comme un parent inquiet. L'aide-soignant avait l'air compatissant et je lui demandai des nouvelles de M. Steiner.

— Lloyd Steiner. Comment va-t-il aujourd'hui ?

— Pas de changement, hélas. On doit quasiment le nourrir de force.

« Il faut être là pour les gens qu'on aime, non ? avait-elle dit. C'est mon père. Je ferais tout pour lui. »

C'est ce qu'elle avait dû faire.

Au bout du compte.

Et cette photo qu'elle m'avait montrée.

Cody sur le tricycle. Le petit gamin qui pédalait comme un grand, qui partait à l'aventure. Qui allait où il voulait, à la découverte de l'univers.

Du moins c'est ce qu'il croyait.

Maman était juste derrière lui, elle tenait un manche et guidait Cody dans la direction qu'elle voulait lui faire prendre. Ce n'était qu'une illusion.

« C'est salaud, non ? »

Oui, Anna.

C'était vraiment salaud.

C'est drôle, mais elle éveillait encore quelque chose en moi.

Peut-être qu'il est dans notre nature de laisser le corps pardonner ce que l'esprit ne peut pas.

Sinon nous serions tous en train de nous battre. Tout le temps.

— Il y a trois ans, dis-je, quelqu'un vous a rendu une petite visite. Un type avec une tête inquiétante et une voix de fille.

Nous étions à l'angle de Lincoln Boulevard, en début de soirée. Beaucoup de piétons se dirigeaient vers la Promenade.

Elle hocha la tête.

— Votre père en était encore à la phase initiale d'Alzheimer. C'était probablement sa dernière chance d'exprimer quelque chose. Avant de disparaître, du moins avant de ne plus être capable de communiquer avec le monde. De ne plus pouvoir former de mots.

Elle se retourna, se frotta l'œil comme si quelque chose la grattait.

— Cet homme est venu vous voir. Laissez-moi paraphraser ce qu'il a dit : votre père avait conclu un marché. Des années auparavant. Il devait le respecter. Même s'il avait perdu la tête, même s'il s'était mis à marmonner des trucs aux journalistes du coin. Un secret reste un secret. Un marché reste un marché.

Il y avait bien quelque chose dans les yeux d'Anna.

Des larmes.

— Il s'était mis à parler du passé, dit-elle doucement.

Je hochai la tête :

— Bien sûr...

— Il ne parlait presque plus que de ça. C'est ce qui se passe quand on commence à... Le docteur l'avait dit... Comme quand on vous fait une piqûre et qu'on vous demande de compter à rebours. Vous vous endormez. Vous partez. Parfois, il y était vraiment, de retour dans les années cinquante...

— 1954, dis-je. Je suis sûr qu'il passait beaucoup de temps sur 1954. L'année qui intéressait Wren. L'année de « l'inondation ». Au fait, quel est votre vrai nom ? Je me sens bête à vous appeler Anna.

— Ça a de l'importance ?

— Non. J'imagine que non. Le marché que votre père a conclu. Peut-être qu'il n'aurait pas pu obtenir mieux. Étant donné les circonstances. Je pense qu'ils l'auraient coincé d'une manière ou d'une autre, à cause de son passé. Il a passé dix ans en prison, mais il l'a fait pour sa famille. Il a obtenu quelque chose pour eux. Vous avez dû arriver ensuite. Après sa libération.

Elle hocha la tête.

— Après un coït interrompu de dix ans, dit-elle en se forçant à sourire, ils ont dû vouloir rattraper le temps perdu.

— Vous avez rencontré Wren à la maison de retraite. Peut-être que c'est l'homme à la mine inquiétante qui vous l'a demandé : « Votre père ne peut pas s'empêcher de raconter des trucs qu'il ferait mieux de garder pour lui, et il les raconte à un journaliste. Allez là-bas et surveillez-le. » Ou peut-être aviez-vous d'abord rencontré Wren, quand vous aviez rendu visite à votre père.

Et c'est lui qui était venu vers vous, qui vous avait demandé s'il pouvait parler à Lloyd. À propos d'une inondation. Et d'une petite ville. Peu importe. D'une façon ou d'une autre, vous vous êtes liée d'amitié avec Wren. Vous êtes devenue une sorte de confidente, non ?

— Oui.

— Et on peut dire qu'il était *vraiment* enthousiaste. Comme vous l'avez dit. Il avait découvert que quelque chose s'était produit à trente-cinq kilomètres à peine de Littleton. Quelque chose de terrible. Quelque chose d'incroyable. Votre père avait dû le lui confirmer. Est-ce qu'il avait remis quelque chose à Wren ? Est-ce qu'il lui avait apporté plus que ses souvenirs ?

— Non. Je ne crois pas. Pourquoi ?

— Parce qu'ils ont eu suffisamment peur pour agir. Parce que la mémoire de votre père pouvait facilement être mise en doute, à ce stade-là. Parce que...

— Écoutez, je ne peux pas en parler.

Elle avait toujours l'air triste – mais pas seulement. Effrayée. Même ici, dans la douce brise de Santa Monica, elle crevait de peur.

— De quoi s'est-il servi pour vous menacer ? demandai-je doucement. Votre père est déjà à moitié mort. Votre fils ? Votre mère ? Elle est encore en vie... Il vous a forcée à faire le même choix que votre père ? Protéger votre famille. Ou bien...

Elle ne répondit pas. Ce n'était pas nécessaire.

— Vous êtes devenue leur espionne, poursuivis-je. Vous gardiez l'œil sur Wren. Ils avaient besoin de savoir ce que votre père lui avait dit. S'il lui avait confié quelque chose de tangible. Voilà quelle était votre mission : vous lier d'amitié avec Wren, tout en étant leurs yeux et leurs oreilles. Les aider à remettre l'eau dans la bouteille.

Une voiture tourna lentement au coin de la rue ; Anna fit un pas en arrière, comme si elle s'apprêtait à partir en courant.

— Vous lui avez dit ? Que vous aviez rendez-vous avec moi ici ?

Elle secoua la tête :

— Non.

— Vous êtes sûre ? Vous ne me mentez pas ?

— Non.

— Bien, alors vous pouvez arrêter de regarder par-dessus votre épaule. Votre père. Il a parlé du passé. 1954. Il a vendu la mèche. Le barrage qui n'en était pas un. La petite explosion que les livres d'histoire oublient de mentionner. Mais il n'a rien donné à Wren ? Rien ?

— Non, dit-elle, et elle leva les yeux vers moi. Pourquoi vous n'arrêtez pas de me demander ça ?

— Je vous l'ai dit : ils ont suffisamment eu la trouille pour intervenir.

— Il n'y a pas qu'eux qui ont eu la trouille.

— Wren ?

Elle hocha la tête :

— Il savait. Qu'il était suivi. Il pensait que son téléphone était sur écoute. Il ne savait plus à qui faire confiance.

— Mais en vous il avait toujours confiance, n'est-ce pas ?

— Oui, dit-elle, et elle hocha à nouveau la tête. Il se confiait à moi. Il commençait à craindre que quelque chose ne lui arrive.

— Il avait raison, dis-je. Ils l'ont tué.

Elle devint blanche et se réfugia dans un silence glacial comme elle l'avait fait au téléphone.

— Non, finit-elle par murmurer. Non. Il m'a envoyé un mail...

— Ce n'était pas Wren. Il était enterré au fond des bois. J'ai trouvé son corps.

— Ils m'avaient dit qu'ils ne feraient de mal à personne si j'acceptais de les aider... Je vous le jure... Vous devez me croire... Ils m'avaient promis...

— Je vous crois. Ils vous ont juste dit ce que vous aviez besoin d'entendre. Devenez l'amie de Wren. Nous ne ferons de mal à personne. Posez-lui des questions. Rapportez-nous ses propos... Ils vous ont menti.

Une voiture passa près de nous – le conducteur écoutait le dernier tube d'Eminem : *Yoh... yoh.*

— Alors qu'est-ce que Wren vous a vraiment dit ? lui demandai-je. À part qu'il avait peur que quelque chose lui tombe sur la tête ?

— Il ne m'a pas raconté les détails. Il m'a dit que c'était plus prudent. Il écrivait un article sur l'inondation. Selon lui, ils avaient caché quelque chose – le gouvernement –, un grave accident qui s'était produit dans les années cinquante. L'inondation n'en était que la partie la plus superficielle. Wren disait qu'on ne peut garder aucun secret éternellement. Que c'est mon père qui lui avait permis d'y voir clair. Que je devrais être fière de lui. Qu'il allait révéler toute l'affaire. Même s'il risquait d'y perdre la vie. Que les fruits de son enquête étaient protégés.

— Protégés ? Qu'est-ce qu'il entendait par là ?

— Il n'a pas voulu me le dire. Il m'a expliqué que ce qu'il avait écrit était protégé. C'est tout. Qu'ils ne pouvaient pas y accéder. Et que tôt ou tard quelqu'un s'occuperait de tout sortir à la lumière du jour.

— Sortir à la lumière du jour ? C'est ce qu'il a dit ? Elle hocha la tête.

— Est-ce qu'il a mentionné un vétéran qui avait débarqué en ville ? Eddie Bronson ?
— Non. Pourquoi ?
— Parce que c'est lui qui a été le déclencheur. Cet homme aurait dû mourir dans l'inondation ; mais il était là, bien en vie. C'est à partir de ce moment-là que Wren s'est efforcé de retracer l'histoire de Littleton Flats. Tout comme moi, trois ans plus tard.

Anna avait l'air sincèrement sous le choc. Elle ne mentait pas : ils ne lui avaient dit que ce qu'ils voulaient qu'elle sache.

— Quand vous ont-ils informée qu'ils avaient à nouveau besoin de vos services ? lui demandai-je.
— La veille du jour où je vous ai croisé pour la première fois.
— Mais vous ne m'avez pas croisé accidentellement.
— Non.

J'essayai de me concentrer. Mon cerveau ne fonctionnait plus comme avant. Toutes ces injections l'avaient ramolli, avaient débranché pas mal de bobines d'allumage à l'intérieur.

Benjy s'était fait la malle. Ils savaient où il se dirigeait. Il avait revu sa mère – il avait appelé le bureau du shérif, rien que ça. À qui d'autre avait-il parlé ? Ils avaient pris peur.

— Vous savez pourquoi ils vous ont donné ce nom stupide ?

Elle secoua la tête.

— Voyons, ça sauterait aux yeux de n'importe quel imbécile. N'importe quel imbécile sauf moi. Anna Graham. *Anagramme.* C'est eux qui vous ont ouvert ce compte AOL. Vous ne savez pas pourquoi, vraiment ?
— Non, je n'en sais rien. Pourquoi ?

— Parce qu'il y a deux ans j'ai écrit un article sur un médecin qui m'aurait balancé des anagrammes. Un article que j'avais inventé. Mon réservoir de créativité devait être assez bas à ce stade-là : j'en étais déjà réduit à utiliser des clichés de roman policier.

Elle secoua la tête :

— Je ne pige pas.

— Bienvenue au club. Même si je crois que je commence à y voir plus clair, en fait. Vous avez débranché ma bobine d'allumage. Puis vous l'avez rebranchée. Puis vous avez dîné avec moi, deux fois. Mais vous ne saviez pas qui j'étais ? Tom Valle ? Mon passé sordide ?

— Non.

— La vie est pleine de surprises. Vous n'avez jamais rencontré personne d'autre ? À part l'homme sans visage ?

— Non. Il est venu me trouver il y a trois ans. À Santa Monica. Il a sonné à ma porte et il m'a dit qu'il avait besoin de me parler de mon père. Je lui ai dit : « OK, bien sûr, entrez. » Je lui ai fait du café. C'était avant qu'il ne menace mon fils. Ma mère. Aussi calmement que quelqu'un qui discuterait du temps qu'il fait. Quand je me suis ressaisie, je lui ai dit de se tirer de chez moi et d'aller se faire foutre. J'allais alerter la police, le FBI. Il m'a tendu le combiné du téléphone. « N'oubliez pas d'épeler mon nom correctement », m'a-t-il dit. Vous voyez, il a été très clair à ce sujet : il m'a fait comprendre qu'il était officieusement en mission *officielle*. Que j'étais coincée. Alors j'ai fait ce qu'il voulait. Je n'étais pas au courant pour Wren. Je vous le jure.

Cela me faisait un drôle d'effet. Quelqu'un qui me

suppliait de la croire. Si ce n'était pas la définition même de l'ironie, ça aurait dû l'être.

— Je vous crois, dis-je pour la seconde fois. Vous ont-ils briefée sur ce que vous deviez me dire ? Aviez-vous des instructions précises ? Ce n'est pas un hasard si vous avez mentionné que vous habitiez sur Fifth Street près de la Promenade, n'est-ce pas ?

— Non, c'est vrai. Pourquoi était-ce important ?

— Ils espéraient que je vienne faire un tour par là. Que je vous coure après.

Je me sentis rougir – un garçon maladroit de treize ans tentant de draguer une fille qui n'avait pas envie qu'on la drague. Surtout que *je* la drague.

— Et je vous ai couru après, bête comme j'étais. Vous êtes allée au théâtre récemment ? Vous avez peut-être vu cette comédie sexy et hilarante censée se passer sur la jetée de Santa Monica ?

— Non. Pourquoi ?

— Peu importe. Laissez tomber.

Il y avait un peu moins de piétons. Une brise légère tournoyait autour de nous, faisant onduler les mimosas, faisant trembler la pointe de ses jolis cheveux épais.

Ça aurait été chouette, me dis-je. Si elle m'avait vraiment apprécié. Si le sourire qu'elle m'avait adressé depuis l'autre bout de la salle commune de la maison de retraite ne lui avait pas été préalablement dicté. Si, après avoir écouté mon histoire pathétique, elle avait déclaré : « Je comprends ; je te pardonne. Je vais t'aimer malgré tout ça. »

Et voilà qu'elle levait ses grands yeux noisette vers moi :

— Je ne comprends toujours pas, dit-elle. Pourquoi auraient-ils voulu que je vous révèle quoi que ce soit ?

54

J'avais encore une clé des bureaux du *Littleton Journal*.

J'entrai dans Littleton en pleine nuit.

Je me garai sur le parking devant le centre commercial et restai assis dans ma voiture jusqu'à ce que je sois sûr que les environs étaient déserts. Aucun gamin descendant des bouteilles de bière cachées dans des sacs en papier, ni de M. Yang préparant un canard laqué pour le déjeuner du lendemain.

Je me rendis directement à l'arrière.

C'est là que le journal était mis en pages. Tout était désormais effectué par ordinateur, évidemment. Chaque page était préparée individuellement, puis apportée à l'imprimerie de Yarrow Street qui intégrait l'ensemble.

Les anciens numéros étaient conservés sur microfilm, mais tout ce qui datait de moins de dix ans était stocké sur disque dur.

Quand un numéro était considéré comme bouclé – par Hinch, bien sûr –, il fallait le sauvegarder à part sur un fichier, que l'on classait ensuite par date. Je m'en étais moi-même occupé parfois ; au *Littleton Journal*, nous étions tous polyvalents.

J'allumai l'ordinateur et remontai trois ans en arrière, jusqu'au numéro où figurait l'article sur Eddie Bronson. La dernière contribution de Wren au journal avant sa disparition.

Pas pour le lire encore une fois ; je le connaissais quasiment par cœur.

Je cherchais quelque chose.

Quand je l'aurais trouvé, je saurais de quoi il s'agissait.

Je faisais des allers-retours, cliquant sur un numéro, puis sur le suivant, puis sur le précédent.

Je lisais les articles en diagonale. *Qui est donc Eddie Bronson ?* La critique d'une nouvelle sortie DVD – quatre étoiles. La météo : *chaud et sec*, puis *chaud et sec* et encore *chaud et sec*. Un coupon pour une offre spéciale au supermarché : deux pour le prix d'un.

C'est sans doute ce qu'on appelle la vue périphérique : quand il y a quelque chose que vous ne voyez pas vraiment, mais que, par chance, votre cerveau enregistre quand même. Il en garde une trace qui pourra vous être utile plus tard.

Par exemple, ce numéro écrit en tout petit dans le coin en bas à droite de la page 1.

Chaque numéro du *Littleton Journal* porte effectivement un *numéro*, et ce depuis sa création. Ils marquent le passage du temps ; ils montrent que nous ne sommes peut-être pas un journal particulièrement vénérable, mais que notre histoire est vénérable.

Nous avons des racines. Un passé.

Le numéro où figurait l'article *Qui est donc Eddie Bronson ?* était le 7512.

Je passai au suivant.

Puis je revins une dernière fois en arrière, pour être sûr.

— OK, dis-je à voix haute.
J'avais compris.
J'étais de retour dans ma petite maison de Littleton.
J'étais entré par la porte de derrière, au cas où.
Quelqu'un m'avait précédé.
J'aurais tout aussi bien pu être dans la cabane du lac. Le même capharnaüm. Il faut dire qu'un désordre a tendance à ressembler à un autre.

Je montai à l'étage et restai vingt bonnes minutes sous le jet de la douche, tâchant de me débarrasser de cette odeur d'incarcération qui ne me lâchait pas. Tâchant de reprendre mes esprits. Je me demandais si la folie était contagieuse. J'avais remarqué que mes mains étaient prises de tremblements soudains, mes doigts se serrant puis se desserrant, comme s'il y avait quelque chose qu'il me fallait absolument empoigner.

Je me rendis nu dans ma chambre et ouvris mon tiroir à sous-vêtements.

— Tiens, voilà le flingue, dis-je à voix haute comme si je le faisais tranquillement remarquer à quelqu'un d'autre dans la pièce.

Il l'avait soigneusement remis à sa place.

Le pistolet qui avait blessé Nate the Skate. Qui avait grillé la cervelle de M. Patjy.

Sauf que ce ne sont pas les armes qui tuent. Ce sont les gens.

J'enfilai un survêtement et coinçai le pistolet dans ma ceinture, un peu comme un gangster de ghetto.

J'étais pressé.

S'ils avaient replacé le revolver, c'est qu'ils voulaient qu'on le retrouve.

De préférence dans ma main. Là où il était quand je descendis au sous-sol.

Retenant mon souffle, j'allumai la lumière. Je tenais

le pistolet à bout de bras, comme je l'avais vu faire dans les séries policières à la télévision.

Je ne le remis pas à ma ceinture avant d'avoir effectué une reconnaissance visuelle complète de la pièce.

Elle était déserte.

Je m'assis sur la dernière marche de l'escalier et regardai dans le vide, le benêt de la classe essayant désespérément de ne pas redoubler. Je m'accrochai au peu d'intelligence qui me restait. J'étais de retour à l'Acropolis Diner ; j'avais presque terminé. L'addition allait arriver. Nous devions partir.

« C'est toi », m'avait-il dit. C'est toi... c'est toi... c'est toi...

Oui, je sais.

Et maintenant, j'avais enfin compris pourquoi.

— Hé, mon vieux ! Mais t'étais où, bordel ?

Les premiers mots à sortir de la bouche de Seth quand je lui téléphonai, toujours assis sur la marche du sous-sol.

Il semblait avoir été blessé que je sois parti sans l'en informer personnellement. Les gens lui avaient demandé son avis sur les événements. La blessure de Nate. Le pistolet qui avait disparu. Mon passé humiliant, dont le secret avait enfin éclaté au grand jour. Dieu sait que les jours à Littleton pouvaient être longs, brûlants et éprouvants.

Seth avait dû mentir un peu. Faire comme s'il en savait plus qu'en réalité. Comme s'il avait été mon confident depuis le début. Alors que je l'avais en fait privé du plaisir de s'associer totalement à ma triste notoriété.

— Je travaillais sur une notice nécrologique, lui répondis-je.

— Ah ouais ? Tu ferais bien de commencer la tienne, pendant que tu y es.

— Pourquoi donc, Seth ?

— Le shérif est venu m'interroger.

— Ah ?

— *Ah* ? C'est ça, ta réaction ? *Ah* ? Merde, si j'avais su que tu étais un desperado, j'aurais passé plus de temps à traîner avec toi.

— Qu'est-ce que tu lui as dit ?

— Que tu vaux que dalle au bowling. Que la prochaine chatte que tu te taperas sera ta première. Ça te va ?

— Pas faux. Le shérif était content ?

— Je ne crois pas qu'il ait le sens de l'humour.

— Effectivement.

— Alors, tu comptes me dire ce qui se passe ? Ou faut que j'attende de le lire dans ce putain de *Littleton Journal* ?

— Ça dépend.

— Ah ouais ? De quoi ?

— Si tu peux m'aider ou non.

— T'aider à quoi ?

— À comprendre ce qui se passe.

— Hein ? Je suis un peu bourré, là, OK. Tu pourrais me parler plus clairement, putain.

— Tu as posé du placoplâtre chez Wren il y a quelques années.

— Du placo ? Non.

— J'ai vu la facture.

— T'as vu la facture. OK. Ça veut pas dire que j'ai fait les travaux.

— Où est-ce qu'il voulait que tu poses ça ?

— Où ? Dans son sous-sol.

— Pourquoi ? Qu'est-ce qu'il y avait au sous-sol ? Il avait subi des dégâts ?

— Il se trouve que ouais. Il y avait un putain de trou dans le mur. Il voulait que je le lui répare.

— Pour cinq cents dollars ?

— Hé, c'était mon prix initial, j'aurais accepté de négocier, mon vieux. En plus, il voulait que je lui fortifie toute cette merde.

— Pourquoi ?

— Pourquoi quoi ?

— Pourquoi est-ce qu'il voulait que tu lui fortifies tout le mur de son sous-sol ?

— J'en sais rien. Il m'a dit que l'isolation était merdique et qu'il avait besoin d'être protégé en cas d'inondation.

— En cas d'inondation ? À Littleton ?

— Hé, pas besoin de me causer sur ce ton-là. C'est à *moi* de lui dire qu'il est taré, peut-être ? C'est pas dans vos bureaux à vous qu'il s'est enfermé toute une nuit ?

— C'est à peu près ça. Ce sont vraiment ses mots, ce qu'il t'a dit : « J'ai besoin d'être protégé en cas d'inondation » ?

— Absolument.

— Et tu n'as jamais fait les travaux ?

— Non.

— Pourquoi ça ?

— J'en sais rien.

— Tu n'en sais rien ? Qu'est-ce que ça veut dire ?

— Ça veut dire ce que ça veut dire. Je sais plus. J'ai oublié.

— Quand est-ce qu'il t'a commandé ces travaux ? À la même époque où il s'est enfermé dans nos bureaux, à peu près ?

— À peu près.
— Et quand étais-tu censé les commencer ?
Seth soupira :
— Il m'avait expliqué qu'il risquait de partir. Si je n'avais pas de ses nouvelles d'ici à une quinzaine de jours, je n'avais qu'à démarrer sans l'attendre.
— Alors il t'avait payé ? Par avance ?
Même au téléphone, c'est parfois facile de se rendre compte quand quelqu'un est mal à l'aise :
— Euh... ouais.
— Et plus de quinze jours sont passés sans que tu aies de ses nouvelles ? Tu n'as plus jamais eu de ses nouvelles, en fait ?
— Eh ben non.
— Mais tu ne les as pas lancés, ces travaux ? Pourquoi donc ?
— Ça a dû me sortir de la tête.
— Bien sûr. Ça t'est sorti de la tête. Tu étais déjà en train de dépenser son argent, alors pourquoi faire les travaux ? Il était cinglé et personne n'en saurait rien.
— Faut pas m'en vouloir, je suis qu'un être humain.
— C'est ça.
— Hé, amigo, t'es qui pour me jeter la pierre ?

Il était là depuis le début.
Je l'avais vu de mes propres yeux.
Le jour où j'étais descendu ici pour essayer de comprendre ce que le plombier avait bien pu y faire.
J'avais poussé un livre et découvert le trou dans le mur.
Le livre avec de la poussière de plâtre sur sa jaquette.
Hiroshima.
J'avais cru que le plombier avait fait ce trou. Ce n'était pas le plombier.

C'était Wren.

Au cours de sa dernière nuit à Littleton. Avant qu'il ne parte pour le lac.

Il avait voulu protéger les fruits de son enquête avant son départ.

J'avais jeté un coup d'œil dans ce trou et vu ce qu'on voit habituellement derrière le placoplâtre dans la région. La même chose que ce que le plombier avait dû voir, sans y prêter plus attention que moi.

De vieux journaux en guise d'isolation. On en trouve autant qu'on veut, ça ne vaut pas cher et, comme on n'a pas à se soucier des blizzards en plein désert californien, ça fait largement l'affaire.

Sauf que ce papier journal-là valait cher. Ridiculement cher.

Il avait coûté à Wren sa vie.

J'écartai les livres.

Je glissai ma main dans le trou et doucement, lentement, délicatement, je sortis les feuilles de journal froissé.

La une du *Littleton Journal.*

Beaucoup, beaucoup de copies de cette même première page. Le mur en était bourré.

Le numéro était encore clairement lisible dans le coin droit.

7513.

Celui qui manquait dans les archives.

Le numéro où figurait *Qui est donc Eddie Bronson ?* était le 7512.

Le suivant, où l'on pouvait lire une critique du film *Harry Potter à l'école des sorciers* et un compte rendu de la dernière réunion de la section locale des Daughters of the American Revolution, était le 7514.

Un numéro avait sauté.

C'est ce que j'avais découvert sur l'ordinateur en faisant des allers-retours entre les différentes éditions.

Comment une chose pareille était-elle possible ?

Facile.

Un numéro était parti à l'impression la nuit où Wren s'était enfermé dans les bureaux. Une page de titre. Celle-ci. C'est ça qui l'occupait ce soir-là. Il n'était pas en train de faire une dépression nerveuse. De hurler à la lune. Il hurlait contre l'injustice. Il essayait de faire entendre la vérité. Avant de disparaître dans le néant.

Il n'avait pas eu le temps de sauvegarder cette édition. Mais l'ordinateur lui avait automatiquement attribué un numéro, et quand la suivante avait été imprimée, elle l'avait été avec un numéro de plus que celui qu'elle aurait dû avoir. Personne ne l'avait remarqué – personne ne comptait.

La catastrophe nucléaire inconnue de l'Amérique

Le titre de l'édition jamais parue.

En caractères de près de huit centimètres.

Rouges.

Et ce n'était pas tout : il y avait aussi des illustrations.

Un dessin. Un schéma.

Un putain de *plan*.

Terni, hachuré par endroits – même un profane aurait pu discerner la forme et la fonction de cette chose que l'on construisait.

Le cœur. Les barres de combustible. La coque de béton.

Un vrai plan. Pas comme ceux qu'ils avaient sortis au procès de Lloyd Steiner.

Oui, Anna, votre père avait bel et bien donné quelque chose à Wren.

Quelque chose qu'il avait dû conserver précieusement pendant toutes ces années – caché comme un trésor qu'il comptait laisser en héritage. À vous peut-être. Pour que vous sachiez qui il était. Que bien qu'il soit allé en prison, il n'a jamais été coupable. Pas véritablement. Pas plus que tous ceux ayant participé à la construction d'un réacteur nucléaire en plein désert et gardé le silence une fois qu'il avait explosé.

Règle numéro un de Wren :

Fais des copies de tes notes par mesure de sécurité.

C'est ce qu'il avait fait.

« Tôt ou tard, avait-il dit à Anna. Quelqu'un s'occuperait de tout révéler au grand jour. »

Littéralement.

Il n'avait commis qu'une erreur.

Il avait choisi Seth Bishop.

Seth Bishop qui, n'ayant aucune nouvelle de Wren pendant quinze jours, était censé extraire ces unes du *Littleton Journal* du mur et, même avec sa curiosité intellectuelle limitée, comprendre que quelqu'un devait les voir. Que ces gros titres avec leurs caractères de huit centimètres dénonçaient un CRIME.

Sauf que Seth adhérait à la philosophie de tout grand amateur de fumette. Pas besoin de faire le boulot si vous avez déjà touché le fric – que vous avez probablement claqué en cannabis Panama Red de première qualité et en packs de bière Coors Light.

En sortant de Littleton, j'entendis une sirène qui s'éloignait dans la direction opposée.

Le shérif en route vers l'arrestation finale, sans

doute. Prêt à prendre le coupable en flagrant délit avec son revolver.

Il trouverait une maison vide et un tiroir vide.

Je fis un dernier arrêt avant d'emprunter la route 45.

Mme Weitz m'ouvrit la porte, puis resta là à me dévisager. Ses cent quarante kilos me bloquaient le passage.

— Est-ce que Sam est là ? lui demandai-je.

Elle semblait sur le point de me mentir, mais c'est alors que Sam hurla depuis la cuisine – « Où sont ces foutus gâteaux à la crème ? » –, et elle dut donc me laisser entrer, s'écartant tout de même le moins possible.

— Ne vous inquiétez pas, dis-je en me faufilant difficilement à l'intérieur. Je ne compte pas rester longtemps.

Sam se montra plus hospitalier que sa femme. Il jeta néanmoins un regard discret en direction des différentes fenêtres de son bureau avant de finalement baisser les stores – j'imagine qu'il s'inquiétait de voir la police faire une descente dans son jardin, tous flingues dehors.

— Bon Dieu, commença par me dire Sam. Tu n'imagines pas les trucs qu'ils racontent sur toi.

— Si. J'imagine très bien.

— Il y a du vrai là-dedans ?

— Pas beaucoup.

— OK, ça m'ira. Je resterai toujours solidaire d'un coéquipier de bowling. Tu as besoin d'aide ?

— Juste un tout petit peu.

— Dis-moi... Je pourrai rien te refuser de toute façon... ajouta-t-il avec un petit rire gêné.

Il avait remarqué le revolver qui dépassait de mon pantalon.

— Ça fait combien de temps que tu essaies de me vendre une police d'assurance, Sam ?
— Quoi ? Arrête, tu vas pas me dire que tu es venu jusqu'ici pour une assurance ?
— Si. Exactement.

55

Je suis enfermé ici.

Chambre numéro quatre de ce piège à cafards. Les journalistes disgraciés qui viennent dans ce motel n'en ressortent jamais.

J'ai quasiment fini. Quasiment.

Vous avez tout noté ?

Êtes-vous suffisamment renseignés ? Instruits ? Éclairés ?

Faut-il que je vous régurgite encore une fois tous les faits ?

Qu'est-ce qui vous échappe ?

Ce qu'ils ont fait ? Ce qu'ils ont construit ? Ce qu'ils ont concocté, comme un film assemblé scène par scène par un pool de scénaristes ?

Qu'est-ce que « Wren » a dit au téléphone ? Le faux Wren, bien sûr, un comédien parmi d'autres au sein d'une distribution de première qualité. À mon avis, encore un acteur engagé à partir du même site Internet, à qui l'on avait dicté ses dialogues – une simple voix off dans son cas.

« On aurait dit un mauvais film », avait-il dit.

Vous ne comprenez toujours pas ? Vous ne voyez pas ?

C'était censé être comme dans un mauvais film.
C'était le but.
La raison d'être de la chose.
À New York, quand j'en étais à emprunter les pires clichés des polars :
Des anagrammes.
Des rendez-vous clandestins au milieu des ruines de villes détruites.
Des acteurs/arnaqueurs.
Le jeu de l'Auto Tag.
La totale.
« Je l'ai lue. Toute votre œuvre mensongère », m'avait-il dit.
Je l'ai lue.
Bien sûr qu'ils l'avaient lue. Mais ils ne s'étaient pas contentés de la lire. Ils l'avaient étudiée. Puis ils se les étaient appropriés, ces clichés rebattus, pour tisser la trame d'un véritable chef-d'œuvre : le best of de Tom Valle.

Souvenez-vous à quel point il m'avait provoqué au téléphone – il ne laissait pas passer cinq minutes sans me rappeler ma disgrâce. Comment j'avais déshonoré toute la profession. Comment j'avais renvoyé le journalisme cinquante ans en arrière.

Cinquante ans, précisément.
De retour en 1954.
Pourquoi ?
Pourquoi me provoquer ? M'aiguillonner ? Me pousser ?
Pourquoi me donner tant de précieuses informations ?
Cela faisait partie du script.
Ce sont eux qui m'ont parlé de Lloyd Steiner.
Eux qui ont dépêché Anna Graham à la fête d'anniversaire de Belinda, puis sur le parking de Muham-

med Alley, où elle a tracé cette anagramme sur mon fuselage.

Kara Bolka, ma muse, ma sirène.

Et le plombier. Quand je m'étais réveillé la première fois, attaché et drogué.

Comme il a été utile. Un vrai moulin à paroles. Une vraie pipelette.

Pourquoi ?

Ça vous échappe toujours ?

Ils s'efforçaient de *cacher* quelque chose, me dites-vous. N'est-ce pas ?

Oui.

Et non.

« Vous ne remettrez pas l'eau dans la bouteille. Elle s'est vidée », avais-je dit au plombier ce soir-là.

Il ne m'avait pas contredit.

Il n'aurait pas pu.

Les plombiers réparent les fuites, bien sûr.

Mais, parfois, ils font exactement le contraire. Ils *vident* les vieilles canalisations qui fuient ; ils expulsent toute cette eau pourrie à 200 kilomètres-heure. Ils purgent le système.

« On ne peut garder aucun secret éternellement », avait dit Wren à Anna.

C'est un fait.

Quelqu'un a dit un jour que deux personnes peuvent garder un secret, si l'une d'entre elles est morte.

Wren est mort. Eddie Bronson aussi, j'imagine. Sans parler du pauvre employé de la station-service qui a, pour ainsi dire, été pris entre deux feux.

Et Benjy Washington.

Qui s'était enfui de chez les fous pour rentrer à Littleton.

Ça, ça avait dû les faire paniquer.

Il avait réussi à entrer dans la maison de retraite. Il avait vu sa mère. Il avait appelé le bureau du shérif. À qui d'autre avait-il parlé ? À côté de qui s'était-il assis pour raconter son histoire ?

D'abord Bronson qui s'échappe. Et maintenant lui. Où cela finirait-il ?

Après tout, Wren avait beau être mort et bien mort, ils avaient encore très, très peur de lui. Peur d'un cadavre.

Pourquoi ?

Parce qu'il avait déclaré à Anna, sans ambiguïté :

« Les fruits de mon enquête sont protégés. »

L'enquête. Le secret.

« L'article était caché là où ils ne pourraient pas le trouver. »

Mais quelque part où quelqu'un d'autre pourrait éventuellement mettre la main dessus. L'article pouvait être révélé « au grand jour ».

Qu'est-ce qu'il pouvait bien vouloir dire ?

Ils avaient mis sa maison à sac pour tenter de le découvrir. Pareil avec sa cabane.

Après le retour de Benjy à Littleton, ils avaient à nouveau envoyé le plombier chez moi à trois reprises.

Voilà l'ironie :

S'ils avaient vraiment saccagé sa maison, s'ils étaient allés jusqu'à arracher les murs, ils auraient trouvé exactement ce qu'ils cherchaient.

Caché derrière le placoplâtre. L'enquête que Wren avait conduite méticuleusement, qu'il avait rédigée et mise en pages lui-même en pleine nuit, trop paranoïaque pour la partager même avec Hinch. « Il ne savait plus à qui se fier. » Littleton lui avait fait perdre la tête, et pour cause.

Mais ils n'avaient pas saccagé sa maison.

L'épée de Damoclès pendait toujours au-dessus de leur tête.

Et c'est Wren qui la brandissait.

Qu'est-ce qu'un plombier se devait de faire dans une telle situation ?

Facile.

Vous créez un site Internet pour les acteurs désespérés qui, s'ils ne sont pas prêts à tuer pour obtenir un rôle, vous laisseront faire sans ciller.

Vous dépêchez le plus grand menteur de l'univers sur la route 45 pour qu'il couvre un *accident*.

Vous faites de l'Auto Tag avec lui sur une route déserte.

Vous envoyez un docteur lui faire une petite visite au milieu des ruines d'une ville abandonnée.

Vous vous arrangez pour qu'une fille ravissante répondant au nom d'*anagramme* lui sourie en battant des paupières sur le parking du bowling.

Vous le guidez vers Fifth Street, à hauteur de la Promenade de Santa Monica.

Vous le provoquez.

Vous l'aiguillonnez.

Vous le poussez.

Vous volez son revolver et vous tirez sur quelqu'un avec.

Vous l'enfermez dans un hôpital psychiatrique.

Pendant quelque temps – juste assez pour nuire encore un peu plus à sa crédibilité.

Alors vous mettez la clé de sa cellule entre les mains de Dennis et vous le libérez.

Vous comprenez, maintenant ?

Vous voyez, maintenant ?

Parfois, ce n'est pas si grave qu'un secret soit révélé.

Ce n'est pas si grave.

Tant que vous contrôlez les circonstances.

56

J'ai rallumé mon téléphone portable il y a quinze jours.

Il a émis son signal vers ces infatigables satellites qui orbitent lentement dans l'espace, qui l'ont ensuite renvoyé vers la terre, où un technicien insomniaque de la NSA ou du FBI, ou peut-être simplement du département de l'Énergie, a dû calculer mes coordonnées par triangulation avant de les transmettre aux parties intéressées.

Il y a quinze jours, quand je suis arrivé dans la chambre quatre.

Comment les gens faisaient-ils avant Microsoft Word ?

Avant les ordinateurs portables, les curseurs, les touches *Supprimer*, les *Bureau* – avant les copies de sauvegarde, les copier-coller et les glisser-lâcher ?

Avant qu'on puisse obtenir deux documents à partir d'un seul. En faire une copie sur le *Bureau*, la modifier, la raccourcir, la réviser jusqu'à ce qu'elle soit au point.

Ceci est le *Document un*.

Qui réussira peut-être, peut-être pas, à arriver à destination.

Par contre, je ne m'inquiète pas pour le *Document deux*, le seul qui reste encore sur mon ordinateur.

Il ressemble remarquablement à celui-ci – avec deux ou trois choses en moins. Des analyses. Des conclusions. Du tissu conjonctif. Pour en revenir à cette analogie qui doit maintenant sembler usée et assommante : imaginez un dessin où il faut relier les points, mais où encore aucun point n'a été relié.

Les points sont bien en place.

L'ensemble des personnages.

Miss Anagramme et Sam Savage et le Docteur la Mort.

Benjy et Bronson et Bailey et les autres.

Il s'agit de l'histoire telle qu'ils voulaient que je l'écrive.

Voilà pourquoi ils m'ont aidé tout en m'empêchant d'avancer, me lâchant du lest puis tirant d'un coup avec la laisse. Voilà pourquoi ils m'ont incriminé, puis enfermé, avant de me libérer.

Pour obtenir ceci.

Une autre citation me vient, empruntée à Staline ou à un de ses sbires, les orchestrateurs du premier Karabolka.

Pardonnez-moi si je ne m'en rappelle pas exactement. Ça concerne l'histoire. « Ce n'est pas ce qui se passe au cours de l'histoire qui est important », avait dit cette personne.

« C'est qui l'écrit. »

Moi.

C'est moi qui l'écris.

Tom Valle.

J'étais destiné à raconter l'histoire que personne n'était censé raconter.

Avant que quelqu'un d'autre ne la raconte.

Parce qu'une fois qu'une histoire a été discréditée – une fois qu'on l'a tournée en ridicule, qu'on l'a mise en pièces, disséquée et qu'on l'a jugée coupable – elle perd pour toujours le droit de revendiquer une quelconque légitimité. Elle se transforme en légende urbaine, tombe entre les mains des théoriciens du complot et finit dans le dépotoir de l'histoire parallèle. Vous vous souvenez de ce reportage télévisé sur la façon dont un certain président avait été réformé de la Garde nationale ? Après que les graphologues eurent montré l'inexactitude des documents, après qu'un célèbre présentateur du journal eut démissionné et qu'un producteur respecté par toute la profession eut été licencié – après ça, cela n'avait plus d'importance que le fond de cette histoire ne puisse être contesté : elle avait été mise à la poubelle. Balayée comme un tissu de mensonges. Oubliée.

C'est précisément le sort qui attend le *Document deux*.

On le disséquera, histoire d'amuser le public. On en rira, on s'en moquera et, au bout du compte, on le vilipendera. On s'en servira dans les cours de journalisme des universités sérieuses de ce pays comme exemple de ce qu'il ne faut pas faire – un avertissement pour tous les jeunes journalistes avant leur entrée officielle dans la jungle de la profession.

On se l'appropriera aussi : ceux qui pensent que Lyndon Johnson a fait assassiner Kennedy, que l'armée américaine abrite des extraterrestres dans certaines de ses unités... Les Bailey Kindlon de ce monde.

Parce que même si vous étiez prêt à croire aux anagrammes, aux comédiens, il vous faudrait prendre en compte la source de toutes ces informations.

Enfin voilà.

C'est ce qu'ils voulaient.
C'est ce que je vais leur donner.
Je laisse ça sur mon ordinateur – ouvert à la page 1.
J'écris ceci aussi vite que je le peux.
Mais moi, là, maintenant, je sors me promener.

Je viens d'appeler l'accueil pour leur demander d'envoyer Luiza afin qu'elle fasse à nouveau le ménage dans la chambre. J'ai dit au gérant que j'allais faire un tour pour lui laisser le champ libre. Derrière le motel, peut-être, où j'ai vu un chemin qui partait dans la poussière du désert.

Quand je l'entends frapper à ma porte, je suis déjà debout, je m'apprête à sortir.

Peut-être une demi-heure, je pense.

Au moins ça.

Leur donner le temps d'entrer, de mettre en pratique ce qu'ils ont appris dans *La Lecture rapide pour les nuls* et de comprendre l'essentiel.

Je laisse une offrande sur l'autel dans l'espoir d'apaiser les dieux. La vengeance leur appartient, mais si l'on accomplit le sacrifice approprié, peut-être existe-t-il une petite chance d'être épargné ?

Luiza me croise sans dire un mot alors qu'elle pénètre dans la chambre, et soudain je suis dehors, sous le soleil brûlant de l'après-midi. Le parking désert. Le silence parfait.

Je descends l'escalier une marche de bois branlante après l'autre.

Je ne jette aucun coup d'œil ni à droite ni à gauche. Et certainement pas en arrière. Je l'ai assez fait comme ça. Maintenant, je ne regarde plus que devant moi.

Je traverse le parking à grandes enjambées, les derniers pas d'un condamné à mort.

C'est ce que je suis.

D'une manière ou d'une autre.

J'ai dit que ceci est mon testament final, et c'est le cas. J'ai dit que vous étiez son exécuteur, c'est vrai aussi.

Elle est au chaud, cette histoire, sur un CD qui brille dans ma poche.

À côté d'un faux permis de conduire obtenu grâce à Luiza – elle l'a glissé sous ma porte il y a quelque temps, après que nous avons eu notre conversation au sujet des papiers que se procurent les immigrés clandestins. Après que je lui ai filé cinq cents dollars.

Ce n'est qu'un permis de conduire, mais ça ira pour commencer.

Tom Valle sera bientôt mort.

D'une manière ou d'une autre.

Mort.

Dans mon autre poche se trouve le Smith & Wesson.

Au cas où le sacrifice ne suffirait pas. Au cas où il soit préférable que l'auteur ne survive pas. Ce journaliste cinglé qui a dû se tirer une balle dans le désert, derrière un motel miteux. Le dernier refuge d'un menteur.

Je n'en sais rien.

Je ne lis pas dans leurs pensées.

Je compte marcher sans m'arrêter, ne pas revenir en arrière, ne pas me retourner avant d'entendre le bruit de leurs pas, et alors je saurai.

L'air est étouffant ici derrière le motel, là où le désert s'étend sur des kilomètres et des kilomètres en direction du Nevada. Curieusement, j'ai l'impression de me réchauffer enfin, après avoir frissonné pendant des années.

L'histoire est dans ma poche. Sur un CD qui scintille.

Je l'emporte avec moi et on verra.

Je marche, je marche, je marche.

J'ai conscience du temps qui passe – qui est passé. Pas les minutes : les années. Depuis la vieille époque jusqu'à maintenant. L'Acropolis Diner, chez nous dans le Queens, la nuit de la tempête de neige, « Qu'est-ce qui s'est passé, Tommy ? » et quelqu'un qui se penche par-dessus mon épaule droite pour lire l'article que je rédige maladroitement. Des hot-dogs, des promenades à Bryant Park et ce jour terrible où je n'ai pas eu le courage d'entrer dans son bureau pour lui dire... quelque chose. Peu importe quoi. Encore un jour où la vérité a refusé de sortir de moi.

Quand je les entends enfin, ce ne sont pas leurs pas.

Ce sont leurs roues.

Leurs moteurs.

Deux jeeps, je crois.

Ne vous inquiétez pas.

Il me reste un dernier secret.

Un seul.

J'ai nommé un autre exécuteur testamentaire.

J'ai respecté les règles de Wren en protégeant mon enquête.

Mon ancien rédacteur en chef. Il est cloîtré dans sa maison à la montagne, dans l'État de New York. Sa réputation est ternie bien sûr, mais elle brille encore, elle reste une source d'espoir pour ceux qui croient que l'on peut faire des choses utiles et bonnes dans ce monde.

Il y a des réputations que, même atteintes, on peut encore restaurer. Des injustices qui peuvent encore être réparées. Des dettes incroyables qui peuvent encore être remboursées.

À l'heure qu'il est, Sam a dû le lui envoyer.

On a dû sonner à sa porte, il a dû signer l'accusé de réception du colis puis l'ouvrir avec le canif qu'il avait jadis accepté avec réticence en guise de cadeau d'anniversaire – lui qui refusait qu'on le lui fête.

Il a dû pousser ses lunettes bifocales au bout de son nez pour mieux lire ce qui ressemblait à la première page du quotidien d'une petite ville de Californie. Le *Littleton Journal*. Où avait-il déjà entendu ce nom ?

Il l'aura lue plus d'une fois. Il aura vu le mot que j'y ai joint. Où j'explique pourquoi cette une-là n'a jamais été diffusée. Jusqu'à présent. Car il n'est pas trop tard. Il n'est jamais trop tard. Pour un article, il n'y a aucune prescription – c'est ce qu'il avait coutume de dire.

Il ne l'aura pas prise au sérieux, cette première page.

Dans un premier temps.

Il se sera souvenu de mon coup de fil ; il aura été à deux doigts de la transformer en avion en papier destiné à atterrir dans la corbeille. Mais il y aura aussi ce *plan*. Il ne pourra pas s'empêcher de l'étudier – comment faire autrement ? La date, le lieu et le nom y sont inscrits avec des caractères ayant l'air très officiels. Il regardera sur Internet. Recherchera des informations sur Littleton Flats. L'inondation. Le barrage. Lloyd Steiner. L'hôpital pour anciens combattants 138. C'est un journaliste. Il fera ce qu'un journaliste fait. Il enquêtera.

Il ne cessera pas d'enquêter avant d'avoir trouvé. D'une manière ou d'une autre.

Cette histoire, il la révélera à la face du monde.

Et pas en signant de la plume d'un *fabulateur* tombé en disgrâce – une façon polie de parler de moi, le menteur pathologique. Non. Cette enquête sera signée par un rédacteur en chef très respecté dont le seul crime fut de m'avoir engagé.

J'entends les moteurs vrombir de plus en plus fort.

Je ne me suis toujours pas retourné.

J'attends qu'ils soient tout proches.

Je serre le revolver dans ma poche gauche. *Mano a mano.* Duel dans le désert. Comme dans tous ces westerns que j'ai vus à la télé dans notre salon du Queens.

Peut-être que je m'en sortirai. On ne sait jamais.

Quoi qu'il arrive, Tom Valle mourra. Il disparaîtra. On l'oubliera.

S'il ne finit pas avec la gloire, au moins il se sera racheté. J'ai enfin réglé son compte au menteur qui est en moi.

Je serre le revolver. Je me retourne.

Des paroles me viennent soudain à l'esprit. Quelque chose que quelqu'un a lu aux funérailles de Jimmy. Des mots qui m'ont marqué à jamais. Des années plus tard, je les avais retrouvés pour les mémoriser. Une manière appropriée de dire au revoir à Jimmy, à Benjy, à Eddie Bronson, à tous les enfants maudits de ce monde, ceux qui ont grandi et ceux qui ne grandiront jamais. De dire au revoir à tous ceux qu'on ne peut pas s'empêcher de pleurer.

À moi-même, aussi.

Je me tiens sur ce rivage. Un bateau près de moi déploie ses voiles blanches dans la brise matinale et prend la mer. Bientôt, il flotte telle une poussière de nuage à l'endroit où l'océan bleu et le ciel se confondent. Et juste au moment où quelqu'un à mes côtés s'exclame : « Ça y est ! Il a disparu ! », je sais que d'autres yeux regardent le bateau s'approcher, et que

*d'autres voix sont prêtes à s'exclamer joyeusement :
« Ça y est ! Il arrive ! »
 Voilà ce qu'il en est de la mort.*

J'espère que c'est vrai.
J'espère que c'est vrai.

Remerciements

Je souhaite exprimer ma gratitude envers Kristen Weber et David Shelley pour leur travail éditorial judicieux ainsi qu'envers les nombreux journalistes auxquels j'ai parlé durant l'écriture de ce livre afin de mieux coller à la réalité.

Composé par Nord Compo
à Villeneuve-d'Ascq (Nord)

Imprimé en Espagne par
Liberdúplex
à Sant Llorenç d'Hortons (Barcelone)
en janvier 2013

POCKET – 12, avenue d'Italie – 75627 Paris cedex 13

Dépôt légal : février 2013
S18358/01